U0648248

本书系2010年度教育部人文社会科学研究青年基金项目
（批准号：10YJC820097）最终研究成果
本书出版得到甘肃政法学院重点学科建设经费资助
本书出版得到国家司法文明协同创新中心兰州基地资助

田庆锋 著

清代中国
西部宗教立法研究

人民出版社

目　录

序　一

　　田庆锋博士的论著《清代中国西部宗教立法研究》，选题富有历史意义与当代价值。该著系统探讨了清代中国中央政府对西部藏传佛教与伊斯兰教立法的基本原则、法律形式、立法进程，以及对宗教行为与宗教财产的法律调整等重要的法律问题，并在此基础上认真总结了清代中国西部宗教立法的特点与经验，尤其在清代中国西部民族宗教立法的体系确认、宗教行为的法律调整、宗教立法的原则等问题上提出了一些独到的见解，在一定程度上填补了此前清代法律史研究的空白，结论所提出的宗教立法应坚持平等、因势利导等观点对现代民族、宗教立法也有一定的启发性。该著史料较为丰富，观点正确，论证严密，结构清晰，研究方法上具有较大的创新性，体现了扎实的基础理论、良好的科研能力与作风。文如其人，该著的厚重与扎实反映了田庆锋博士敦厚、朴实的品格。希望田庆锋博士今后能够在该领域有进一步深入的研究成果奉献给社会和学界。

张晋藩

2014 年 9 月 10 日

序　二

　　田庆锋在攻读博士学位期间，广泛搜集与研读清代政书、档案、地方志等历史文献，认真学习和思考法学、宗教学、历史学相互结合的理论和方法，以清代西部宗教立法为课题申报了 2010 年教育部人文社会科学研究青年项目，撰写了《清代中国西部宗教立法研究》。他将微观考察分析与宏观综合论证很好的结合，对清代中国西部宗教立法的历史进程、基本原则、主要形式、重要内容和特点等问题进行了系统的扎实的富有新意的研究，在民族法制与宗教法制的交叉领域奉献了有重要价值的学术成果。

　　希望庆锋在今后的学术生涯中能够继续以诚待学，以学为本，在民族法制和宗教法制领域持续探索，深入研究，写出更为优秀的著作。

刘广安

2014 年 9 月 29 日于中国政法大学法律史学研究院

绪　论

一、缘起与意义

（一）缘起

宗教是人类社会发展至一定水平而形成的社会意识形态、文化体系、生活方式和社会组织制度。其特点是信仰者相信现实世界之外存在着超自然、超人间的能够主宰自然和社会进程，决定人世祸福的神秘力量或实体，并对其产生敬畏和崇拜，进而由此创造出自己的信仰理论体系，形成一定的社会群体组织，拥有自己独特的行为模式。① 以人类历史整体发展而言，宗教毫无疑问对人类社会的进步与发展作出了非常重要的贡献，促使人类不断挖掘自身的智慧、才华和能动性，鞭策人类探索未知的世界。而其复杂性也众所周知。从古至今，宗教的种类众多，不同宗教的信仰者均宣称自己信仰的神灵是真神，却又无法向他者证明。这种先验的逻辑思维方式使得各种宗教、教派之间的竞争日趋激烈。故而伯尔曼指出，没有

---

① 关于宗教的定义和概念，学界探讨较多，但是尚未有一个定义能够涵盖所有研究领域，并且有强行将西方宗教概念移植于中国宗教研究之嫌。其中，有学者将其定义为"个人（包括团体）认为神圣并加以信仰的事物"。笔者认为此界定具有一定价值。宗教作为内心的一种确信和复杂的社会现象，应慎重由法律进行调整，而法律则完全以人的社会行为作为调整对象，故法律之中的宗教概念的外延应当更加广泛，否则具有对思想进行强制规范的嫌疑。请参见任继愈：《宗教大辞典·绪论》，上海辞书出版社1998年版，第1页；许育典：《宗教自由与宗教法》，台湾元照出版公司2005年版，第109页。

法律的宗教"易于变为狂信"。①

　　作为一种社会力量，宗教对社会、国家、民族等产生着巨大的影响，在中国多民族的历史与传统语境之中，尤其是中国西部地方多民族的语境之下，影响尤为丰富和复杂。宗教立法应置于这样的语境中进行检讨，而不可以西方所谓"宗教自由"相关法律理论进行简单涵括。从法律上思考中国的宗教现象，调整相关的社会关系，分析相关的制度设计，必须慎重对待这种特定的语境。正如孟德斯鸠所说："法律应该和国家的自然状态有关系；和寒、热、温的气候有关系；和土地的质量、形势与面积有关系；和农、猎、牧各种人民的生活方式有关系。法律应该和政制所能容忍的自由度有关系；和居民的宗教、性癖、财富、人口、贸易、风俗、习惯相适应。最后，法律与法律之间也有关系，法律和它们的渊源，和立法者的目的，以及和作为法律建立的基础的事务的秩序也有关系。应该从所有这些观点去考察法律。"②

　　藏传佛教和伊斯兰教是中国历史上和当代西部地区信众较多、影响较大的两种主要宗教。藏传佛教是佛教传入西藏之后与该地苯教融合而形成的具有藏族特色的佛教形态，教派众多，教义与仪式丰富。其中较为重要的教派有萨迦派、噶举派、宁玛派、觉囊派等。15 世纪，以宗喀巴为首的格鲁派兴起，赢得了多数信众的信仰，经济和政治实力日趋扩大，逐渐成为西藏占优势地位的教派。16 世纪后半期，格鲁派开始大规模向漠南蒙古地区传布。格鲁派领袖索南嘉措从拉萨来到青海湖畔，与俺答汗会晤，互赠封号，始有"达赖喇嘛"之称号。在漠南蒙古贵族支持下，藏传佛教开始在该地区大规模传布，对蒙古习惯与法律产生了深刻影响，蒙古传统的萨满教信仰与血祭传统因此而被法律强行禁止。③ 索南嘉措圆寂之后，藏传佛教格鲁派上层僧侣遂以此为契机认定俺答汗之孙为达赖喇嘛

---

① ［美］伯尔曼著、梁治平译：《法律与宗教》，中国政法大学出版社 2003 年版，第 12 页。

② ［法］孟德斯鸠著、张雁深译：《论法的精神》（上册），商务印书馆 1982 年版，第 7 页。

③ （清）固始噶居巴·洛桑泽培著、陈庆英等译：《蒙古佛教史》，天津古籍出版社 1990 年版，第 67—68 页；同时参见田庆锋等：《清代蒙藏地方立法中的藏传佛教因素探析》，《西藏研究》2013 年第 3 期。

转世灵童，即历史上的四世达赖喇嘛。① 格鲁派还派遣高僧至漠北蒙古地区传教，并赠与阿巴岱以"法教之大瓦齐尔巴尼合罕之号"，以此争取蒙古世俗贵族的支持和信仰②。17 世纪，在漠北地区喀尔喀蒙古贵族的支持下，格鲁派成为漠北蒙古地区重要的藏传佛教派别。为进一步促进格鲁派在该地区的传播，达赖喇嘛遂认定土谢图汗之子为宗喀巴第三弟子的转世，封号哲布尊丹巴，并派遣高僧护送返回本地。③ 几乎与此同时，格鲁派也开始于漠西蒙古地区大规模传布。该地蒙古贵族首先委派出一批蒙古贵族青年前往西藏学佛，而格鲁派则从中重点培养拜巴噶斯养子咱雅班第达，令其学成后返回故乡传教。在漠西蒙古各部世俗贵族的支持下，咱雅班第达在四卫拉特组织僧团，积极传布格鲁派教义，经过约半个多世纪的努力，终于使格鲁派成为该地蒙古各部信仰的主要教派，并积极参与协调蒙古各部政治关系的活动。④ 藏传佛教在蒙古地区自上而下的传布方式使其一开始即与蒙古各部上层贵族结合在一起，体现出其与西部地方世俗政治势力之间较为扑朔迷离的关系。

清朝在关外兴起之时，正是藏传佛教在西部蒙藏地方传布与发展的重要时期。具有众多蒙古信徒的藏传佛教使清政府不能忽视其存在的价值和影响。至皇太极统治后期，满洲贵族逐渐确立起利用藏传佛教的宗教政策，以此巩固满蒙政治军事联盟。这种宗教政策在清朝统治中国的近三百年中未曾有大的变化，并逐渐被规范化与制度化。清代中国西部宗教立法以巩固满蒙联盟为主要目的，以维护国家政治统一和西部政治稳定为最终目标，以藏传佛教为最初的切入点，制定了多层次、内容互补、形式多样的法律规范，经过顺、康、雍、乾、嘉四个时期的努力终于确立起较为完善的法律规范体系与制度。鸦片战争之后，清代中国西部宗教立法开始遭

---

① （清）五世达赖喇嘛著、陈庆英等译：《一世——四世达赖喇嘛传》，中国藏学出版社 2006 年版，第 262—263 页。

② （清）萨囊彻辰著、道润梯步译注：《蒙古源流》，内蒙古人民出版社 1980 年版，第 409 页；乌兰：《〈蒙古源流〉研究》，辽宁民族出版社 2000 年版，第 437 页。

③ （清）魏源著、魏源全集编纂委员会编校：《魏源全集》（第三册），岳麓书社 2004 年版，第 125 页。

④ 参见中国社会科学院中国边疆史地研究中心：《清代蒙古高僧传译辑》，全国图书馆文献缩微复制中心 1990 年版，第 4—10 页。

遇严重的挑战。在内忧外患不断加重的情况之下，清政府欲对作为国家法律体系重要组成部分的传统西部宗教立法进行改革，全面加强国家对西藏、蒙古等西部地区的政治法律管辖，实行较为彻底的政教分立。然而欲速则不达，这些改革使得蒙藏地方政教关系和民族关系进一步紧张，最后随着辛亥革命的爆发，其改革的诸多目标也迅速化为泡影。清朝虽已成为历史，而其对藏传佛教立法的伤疤至今仍然在隐隐作痛。另外，其立法中所包含的政治、法律智慧及相关经验至今依然值得深入思考。

清代中国西部的伊斯兰教变化也颇为巨大，影响深远，奠定了今日西部伊斯兰教之生态格局。清政府占领北京宣布成为中国正统王朝的继承者之后，一方面承认伊斯兰教之合法性，允许中国境内的穆斯林从事其传统的宗教活动，但另一方面却对伊斯兰教不时表示出歧视的政治法律态度。在清朝统治者眼中，回民是同而未"化"者，其中最重要的原因是回民不学儒家经典，以伊斯兰教信仰自异于他者。这种政治法律态度使伊斯兰教信仰的合法性大打折扣，也扭曲了西部地方以宗教信仰为基础的民族关系。乾隆统治时期，一些带有宗教歧视的有关回民刑法条款不断出台。[①] 清代前期，中国西部的伊斯兰教与内地相同，尚未形成严格的教权制度，组织较为分散。然而随着苏非派思想的传布、伊斯兰教的发展，花寺、哲赫忍耶、库布忍耶等教派先后兴起，其内部教权制度亦开始形成。自乾隆前期伊始，新兴教派围绕着宗教仪式、宗教布施、宗教信众等问题展开激烈争竞，时有暴力冲突发生。在处理这种新式的教派纷争的过程中，因清代中国西部地方政府的裁决缺乏公正性与合法性，偏袒一方而压制另一方，解决问题的方式过于粗暴，而中央政府亦未及时总结教训，确立起较为有效的解纷机制，遂使教争常常演变为反对国家的大规模的政治事变/起义。[②] 其中影响较大的回民事变/起义有乾隆朝苏四十三回民事变/起义、乾隆朝田五回民事变/起义、同治朝陕甘回民事变/起义、光绪朝河湟回民事变/起义等。苏四十三回民事变/起义是满洲贵族抚临中国之

---

① 相关研究请参见胡云生：《论清代法律中的回回问题》，《回族研究》1998 年第 4 期；王东平：《〈大清律例〉回族法律条文研究》，《西北民族研究》2000 年第 2 期；等等。

② 参见（清）龚景瀚编、李本源纂修：《循化厅志》，台湾成文出版社 1968 年影印版，第 177 页。

后遭遇的第一次具有宗教性质的民变/起义。自此以后，清政府对伊斯兰教的政策和法律管辖由宽容而骤变为严格限制，并将宗教问题与民族问题捆绑起来，以宗教信仰筑起回汉隔离的高墙。同治朝陕甘回民事变/起义是清朝西部宗教、民族矛盾长期积累的结果，其影响扩及漠南、漠北、漠西蒙古等广大地区。如果说太平天国运动导致了清朝在中国南部统治的松弛乃至瓦解，那么陕甘地区频繁的回民事变/起义则震撼了整个中国西部地区，使清朝在蒙藏地区的统治遭受沉重打击。① 河湟回民事变/起义的爆发也表明，清政府虽然在陕甘地区受到回民事变/起义之一次次冲击与挑战，但是直至清朝末年，其相关宗教立法仍裹足不前，始终停滞于乾隆时期"只论逆顺、邪正，不论教之新旧"原则的水平之上。清代中国西部回民事变/起义与清王朝西部宗教立法的缺失与专制具有较为密切的关系。清政府在此方面负有不可推卸的政治与法律责任。

　　清代中国新疆周边的哈萨克、吉尔吉斯等部落已全部改信伊斯兰教。中亚地区伊斯兰教苏非派教团从元朝末年即开始进入该地传教。17 世纪初，中亚纳合西班底教团带着其内部尖锐的矛盾进入天山南路地区（回疆），逐渐取代当地伊斯兰化蒙古贵族统治者，并进而形成白山派与黑山派两个大的教派。为争夺该地区政治、宗教资源，两派冲突频繁，最后为准噶尔部所征服。新疆南部遂成为准噶尔部的属地。② 清朝统一准噶尔部之后，将白山派和卓放归回疆，尝试以其招抚回疆各地，但是后者返回不久旋即反叛，欲建立独立的政教合一政权。清政府最后不得不以武力荡平以大小和卓为首的宗教势力的叛乱。③ 为有效治理回疆地区，清政府于嘉庆时期开始制定《钦定回疆则例》，作为对回疆伊斯兰教组织与信众进行管理之主要法律依据。然而自道光朝伊始，和卓后裔即时常掀起武装暴乱，成为清政府挥之不去的梦魇。

　　总之，以藏传佛教与伊斯兰教为基础形成的宗教社会关系是清代中国西部主要社会关系之一，也是清代国家西部宗教立法调整的主要对象。这

---

　　① 部分穆斯林攻破漠北蒙古地方重镇乌里雅苏台，部分穆斯林进入漠南蒙古地区，使清政府在蒙古地区的权威遭到沉重打击，该地已建立的政治与秩序一片混乱。参见卢明辉：《清代蒙古史》，天津古籍出版社 1990 年版，第 345—346 页。

　　② 参见《准噶尔史略》编写组：《准噶尔史略》，人民出版社 1985 年版，第 90—91 页。

　　③ 参见钟兴麒等：《西域图志校注》，新疆人民出版社 2002 年版，第 4 页。

种历史语境和传统在当下的中国也有一定的延续和发展，成为中国一体多元文化的重要表征之一。在当下的语境之中，藏传佛教与伊斯兰教依然是当代中国西部的主要民族宗教，已经成为蒙、藏、回等民族日常生活的重要组成部分，而且更为重要的是经常为以国外反华势力为后盾的民族分离主义组织所利用，这绝非宗教的本意。我国当代宗教立法，在立法原则、立法目的等方面可以从清代中国西部宗教立法中取得一些宝贵的启示和血的教训。故而，以"清代中国西部宗教立法"为研究对象具有重要的意义和价值。

（二）意义

1. 系统考察清代中国西部宗教立法具有重要的现实意义

当代中国西部的民族宗教格局是对清代的继承与发展。清代中国对西部广大地区民族宗教活动的有效管理为现代中国对西部的主权奠定了坚实的基础。明末清初，分布于西部广大地区的蒙古各部贵族先后改信藏传佛教格鲁派，并从后者手中获取其统治的合法性。藏传佛教成为蒙古各部占主导地位的意识形态，并最终成为蒙古族传统文化的重要组成部分。清朝将藏传佛教纳入国家信仰体系，依靠藏传佛教将内陆亚洲从文化上联结为一个有机整体。[①] 以苏非派思想和理论为基础形成的纳合西班底教团在新疆地区经过明末清初的长期传布，积累起大量的宗教资源，形成黑山派和白山派两个较大的争斗不息的教团。双方均试图在新疆南部建立神权政治统治，对清代中国新疆，尤其是回疆/南疆的政治安定造成了严重的威胁。苏非派思想在陕甘地区的传布使该地区传统的伊斯兰教产生了诸多的派别。这些教派一直存续至今天。当时这些变化在法律、政治、经济等方面对清朝提出了一系列挑战。清政府如何应对这些变化，制定有何种法律，其中经验不但是宗教立法史研究的重要问题，而且对于维护当代陕甘地区各教派信众之间的团结、新疆的民族和谐亦具有重要的借鉴价值。此外，清代国家西部宗教立法的缺失所导致的民族隔阂至今犹存。在西部某些农村地区，"回回来了"[②]

---

① 参见李勤璞：《蒙古之道：蒙古佛教与太宗时期的清朝国家》，内蒙古大学 2007 年博士学位论文，第 193—194 页。

② 此口头禅在 1950 年代马长寿先生社会调研时曾特别提及，时至今日著者在甘肃武威仍曾听到，2013 年被访者铁玉英先生和刘雪莲女士回顾说其与清末回民起义有较大关系，后来就在民间流传下来。请参见《同治年间陕西回民起义调查》，陕西人民出版社 1993 年版，第 3 页。

这样的口头禅依然在汉族的生活中一定程度的保留着。在当代国家应当如何为信仰不同宗教和教派的族群之间的沟通和交流提供有效的法制保障方面，清代中国西部宗教立法的历史经验应当能够为该问题的解决提供重要的启示。

2. 系统考察清代中国西部宗教立法有助于宗教法学的成长和发展

以国家法为重要研究对象的宗教法学至今尚未成长为一个较为成熟的法学学科，也未形成自己成熟的研究方法与理论体系，这与我国学界对宗教立法的历史研究不充分有着重大的关系。清代中国西部宗教立法为宗教法学相关理论问题的探讨提供了较为丰富的历史素材。清朝是中国历史上唯一一个对西部宗教进行过深入而系统立法的王朝，对中国传统宗教政策既有继承又有发展，其立法成就远远超过其他大一统的王朝。清代中国西部宗教立法的系统性和稳定性在一定程度上体现着人类宗教立法的规律性。故而，对清代中国西部宗教立法进行系统而整体的省思与考察，有助于推进我国当代宗教法学相关理论与方法的发展，能够为现代宗教立法的原则、立法的范围、宗教法制调整的对象和方式、宗教组织与信众权利义务的合理配置、宗教立法权的设置、政教关系的法律调整等重要问题的探讨提供宝贵的理论和经验借鉴。

3. 系统考察清代中国西部宗教立法有助于深化对中国民族法律文化的考察与研究

宗教信仰在民族或族群形成过程中具有重要影响。它"使民族成员逐渐形成了特有的心理经验或心理意识，从而使某民族成员表现出与其他民族成员不同的行为模式与心理活动特点。"[1] 西部地区许多民族全民族信仰藏传佛教或伊斯兰教，使民族问题和宗教问题具有较大的关联性。"一个国家的各民族的宗教情况（宗教种类、教派势力、信教人数）对该国的立法会产生相当大的影响。清代各少数民族的宗教情况对清代的民族立法的影响就特别大。"[2] 清代国家对西部藏传佛教宗教事务较为稳妥的处理是解决西部民族问题的基础和关键之一。在藏传佛教仍然是藏族主要

---

① 孙玉兰等：《民族心理学》，知识出版社1990年版，第26页。

② 刘广安：《清代民族立法研究》，中国政法大学1989年博士学位论文，第152页。

宗教信仰的当代语境下，系统考察清代西部宗教立法的特征与规律依然有助于深化我们对民族立法这一复杂领域的认识。

4. 系统考察清代中国西部宗教立法有助于深化对中华法系的研究

清代中国西部宗教立法对西部宗教社会关系的调整涉及政教关系、宗教行为、宗教团体、僧侣犯罪等诸多方面。作为文化传统的中华法系，在中国古代起着整合、凝聚中华各族群的重要作用。著名法学家张晋藩先生曾经指出，中华法系的特点之一是"人本主义"，在法律上的表现之一是"存留养亲，免死承嗣"①。"存留养亲"在清代中国西部宗教立法中亦有体现。《钦定理藩院则例》规定：

> 蒙古地方喇嘛等，有犯偷窃等罪，声明亲老丁单援请留养之案，查明该犯亲老属实，平日在该旗当差仍与老亲同居籍以养赡者，方准照例留养。如从师居住庙宇不养老亲者，概不准留养。②

由此可见，喇嘛"存留养亲"的适用条件除法律规定的一般条件之外，还必须具备两个条件：（1）平日在该旗当差；（2）与父母同居并养赡后者。在这两个条件中，法律规定重点强调不养老亲者不准留养。故而，系统考察清代中国西部宗教立法的丰富内涵有助于深化研究中华法系的特征、考察中华法系的影响范围及清代西部宗教立法对中华法系的贡献。

二、重要概念

（一）宗教立法

宗教立法③是国家有关宗教的法律规范和政策的统称，属于国家法的

---

① 张晋藩：《我对中华法系认识的发展轨迹》，收入朱勇主编：《中华法系》第1卷，法律出版社2010年版，第10页。

② （清）理藩院修、杨选第等校注：《理藩院则例》，内蒙古文化出版社1998年版，第358页。

③ 广义的宗教立法有三种含义：宗教组织自己制定的内部规范、国家机构制定的涉及宗教事务的法律和法规、宗教组织与国家之间签订的具有法律约束力的协议。学术界对狭义的宗教立法的界定存在分歧，有学者认为是指宗教组织自己制定的自律性内部规范，有学者认为是国家机构制定的涉及宗教事务的立法。请参见第刘建等主编：《宗教问题探索2001年文集》，宗教文化出版社2002年版，第46页；国家宗教事务局宗教研究中心：《国外宗教法规汇编·前言》，宗教文化出版社2002年版；廖瑞芳：《宗教立法的法理思考》，湖南师范大学2004年硕士学位论文，第2页。

范畴，逐渐形成于国家处理相关宗教事务①的过程中，其内涵与西方学术界"religion law"② 这一范畴的含义大致相一致。一方面，国家有关宗教的政策属于国家公共政策中的具体政策，具有一般政策所具有的三个核心构成要素，即秩序、权威和专门知识。政策的秩序性要求行为的系统和一致性；政策的权威性则一定程度上体现着国家的强制性；政策的专业性则对政策制定主体提出了较为专业的要求，即必须拥有某一领域内的专业知识。③ 政策既具有相对的稳定性和原则性，指导国家某个领域的立法；又具有一定的灵活性，其制定的主体能够依据具体的情况不断及时地调整自身的内容。从生成过程来看，国家成文法制定、修订和颁布程序具有复杂性。这种复杂性使得成文法律具有先天的滞后性，而且在治理国家的过程之中，政策从其产生至转化为较为系统而稳定的成文法则需要一个较为缓慢的过程。另一方面，国家的政策和成文法律在内容、效力渊源上存在一定的重合性，在适用的过程中需要一个较为稳定的衔接。这个衔接的部分可能为成文的法律所缺乏，但必定是国家政策的重要内容，而且在事实上承担着成文法的角色。虽然政策和狭义的法律规范上的区别主要在于稳定性、强制性、可预测性、准确性等方面存在一定的不同，但是不能随意扩大这种差异。国家有关宗教的政策和狭义的法律在效力来源、稳定性、普适性等方面具有同源性、同质性。某种程度上，宗教政策是宗教立法的初级形式和基础，有关宗教的狭义的法律规范是宗教立法发展的高级部分和系统化。在中国古代语境下我们有时很难对二者作出较为明确的区分，也不能否认两者之中均包含着以国家强制力为基础所形成的权利与义务关系。在当代中国，由于成文法律规范在宗教相关领域方面的不完善性，党

---

　　① 　一般认为宗教事务是指"宗教与国家、社会、群众之间存在的各项社会公共事务"（《上海宗教事务条例》），是"宗教方面与国家、社会、公民之间涉及国家利益、社会公共利益，以及社会公共活动涉及宗教界权益的关系和行为"（《宗教事务条例》细化意见），其重要特征是社会公共性和宗教关联性。再，请参见姚俊开：《〈宗教事务条例〉的法理分析》，《西藏民族学院学报》2008 年第 1 期，第 78 页。

　　② 　Russell Sandberg, *Law and Religion*, Cambridge：Cambridge University Press, 2011, pp. 8-12.

　　③ 　参见［英］克尔巴奇著、张毅等译：《政策》，吉林人民出版社 2005 年版，第 12—13 页。

和国家的宗教政策遂即担当起成文法律规范应有的国家强制角色。因此，从广义的法的角度出发，国家的政策即是一种法律，与成文法律规范具有一定的同质性，一定程度地弥补了后者的缺失。现代学术界，如历史学界，更倾向于从政策的角度去分析清代国家对藏传佛教和伊斯兰教相关事务的管理与规制。无视这种政策分析与研究的成果是一种不负责任的态度，也是对相关学科努力的漠视。当然笔者并不是说政策研究与法的研究可以互相取代，而是认为应该根据不同的语境对研究范围和对象进行适当扩大、缩小或区分。本书的研究未做纯政策的分析，而是尽量关注和重视相关学科的已有的政策方面的研究成果，将其融入相关法理分析之中。总之，笔者认为，依广义和整体角度而言，国家有关宗教的政策和法律规范均可以被称为"宗教立法"。这样的界定有助于避免由于概念定义过于狭隘而带来的困难与封闭，更有助于找到一条沟通古代"政策"范畴与现代法律概念的较为有效的路径。

宗教立法的创制方式包括制定和认可两种形式。其内容包括宗教管理体制、政教关系、宗教行为、宗教财产、宗教或教派关系等问题。宗教管理体制的核心是宗教管理权的分配与管理制度的建构。政教关系的核心是国家政权和宗教组织之间的关系，其外延包括国家对宗教活动干预的边界、宗教团体或信仰对人们世俗生活的影响范围。宗教行为是信仰者的宗教观念与宗教体验的必要的外部表现形式。宗教财产是宗教组织赖以存在和发展的经济基础，也是信仰者进行宗教体验的必要条件。教派或宗教之间的关系是社会关系的特殊形式，具有一定的社会公共利益性。宗教立法的目的是在确保公民宗教信仰自由权利的同时，对这些复杂的社会关系和行为进行合理的调整，达到社会关系的和谐，促进社会的稳定与发展。宗教立法在不同时期有不同的表现形式和内容，并最终决定于一个国家的政治文化传统、经济发展水平、信众人口的多少与宗教的生态环境。

本书所用的"清代中国西部宗教立法"这一概念主要是指清代中国中央政府在处理中国西部宗教相关事务过程中制定和认可的规范的统称，其法律形式包括律、例、谕旨、令、会典、习惯法等。清代中国西部宗教立法是以国家对藏传佛教和伊斯兰教的立法为主要内容，是具有有特定适用范围的有机规范体系。其核心规范是《钦定理藩院则例》的《喇嘛事例》。《喇嘛事例》单独成卷，有较为明确的调整范围，与其他国家事务有较为明确的区分，体现了清政府对宗教问题和世俗问题相区分的基本法律态度。其中有两个较为重要的立法现象可以证明。首先，《钦定理藩院则例》不是将大活佛呼毕勒罕的选定视为西藏和蒙古地方行政领导人员之拣选问题，将其相关规范列入《西藏通制》或其他相关世俗事务的卷目之下，而是将其视为宗教事务问题，列入《喇嘛事例三》之中。① 其次，有关达赖和班禅所派遣的西藏来使的规范也未列入《西藏通制》，而是被编入《喇嘛事例二》。② 《钦定理藩院则例》将《喇嘛事例》与调整蒙藏地区其他事务的法律编纂在一起，一方面表明清代中国西部宗教立法是国家立法的重要组成部分，体现了国家法制统一的原则，另一方面也表明清代中国西部宗教立法具有宗教与民族立法的双重性格。

本书的研究过程之中，清代中国西部宗教立法的内涵也稍有扩大，将国家执政者的宗教法律观念等也涵括了进去。这是因为，从"语义学的规范观念出发，我们可以发现法律并不是成文法规的集合，也不是裁判的集合，而是一些价值观念与行为标准的集合，是一些存在于我们意识之中，存在于我们脑中的'意义'。不论包括的范围多广，法律不是，或至少可以说不只是任何成文文件的集合，而毋宁是一种观念的丛结。"③ "从法的一般原理来说，一切法律产生的终极原因，固然都是经济运动和私有制发展的结果，但是历史发展并不是单线条的。"④ 故而，在中国古代高度君主专制体制之下，君主对宗教问题的看法和主张属于王朝的国家法范畴，是宗教立法的重要渊源。

（二）清代中国西部

清代中国西部既是一个历史与文化概念，代表着一种历史与文化语境；又是当代的一种政治与法律概念，因为无论怎样强调清代的独特和历史情境，将清代历史与中国其他时期的历史过分区别，忽视包括西部的中

---

① （清）理藩院修：《理藩院则例》，杨选第等点校，内蒙古文化出版社1998年版，第403页。
② 故宫博物院：《钦定理藩院则例》（道光朝）第二册，海南出版社2000年影印版，第280页。
③ 颜厥安：《法与实践理性》，中国政法大学出版社2003年版，第77页。
④ 张中秋：《中西法律文化比较研究》，南京大学出版社1991年版，第1页。

国大地上不同族群的融合与文化创新是一种学术上的短视；清代中国对西部的政治统一是中国历史自元明清以来长期融合和发展的成果，不能以西方的"帝国观"等同视之。① 从历史地理与政治地理的角度看，其范围包括：清代内札萨克蒙古六盟四十九旗、归化城土默特左右两旗、游牧察哈尔八旗，外札萨克喀尔喀四部落八十六旗、西宁办事大臣所属蒙古二十九旗、科布多参赞大臣所属蒙古十九旗、伊犁将军所属十三旗、西藏、回疆、陕甘等地区，主要含括今之内蒙古、蒙古国、西藏、新疆、青海、陕西、甘肃、宁夏等大部分地区。② 其中内札萨克蒙古、土默特、察哈尔，本书统称漠南蒙古；喀尔喀八十六旗，本书又称漠北蒙古；科布多参赞大臣所属蒙古十九旗、伊犁将军所属十三旗，本书统称漠西蒙古；回疆主要指清代中国天山以南的喀什噶尔、英吉沙尔、阿克苏、乌什、和阗、库车、喀喇沙尔七城及其所辖地区③，吐鲁番和哈密实行世袭札萨克的政教合一制度，不在本书研究范围之内，另撰文论述。从宗教传播学的角度看，藏传佛教与伊斯兰教使这一区域具有整体的性质。藏传佛教从青藏高原向漠南蒙古、漠北蒙古和漠西蒙古迅速传布，蒙古各部"东西数万里，熬茶膜拜，视若天神，诸番王徒拥虚位不复能施其号令。"④ 伊斯兰教将新疆和陕甘联为一个文化整体，陕甘地区门宦"其来源有三个方面：一是来自新疆，二是来自阿拉伯，三是自创的。而直接来自新疆者又居

---

① 当代美国所谓的"新清史"研究实际上仍然带有西方的话语霸权，忽视中国的历史情境，过度放大和解构不同族群之间的差异，忽视中国不同族群之间的交流，并最终将清代与中国相割裂。中国学术界不能与西方新清史的研究进行适时对话与中国当下学术研究方法、深度等具有重要关系。其中最为典型的代表是长期以来我们经常使用"汉化"一词来表达中国各族群的文化进步与历史发展，但是这是一种相当狭隘的一种族群概念。民国时期学者已不用该概念而使用"华化"，以此分析研究民族、文化与政治认同。这种方法迄止当下也有重要参考价值。参见刘凤云等编：《清朝的国家认同——"新清史"研究与争鸣·序》，中国人民大学出版社 2010 年版；陈垣：《元西域人华化考》，上海古籍出版社 2000 年版，第 3—6 页。
② （清）理藩院修、杨选第等校注：《理藩院则例》，内蒙古文化出版社 1998 年版，第 50—64 页。
③ 赵云田点校：《乾隆朝内府抄本〈理藩院则例〉》，中国藏学出版社 2006 年版，第 388 页。
④ （清）魏源著、魏源全集编纂委员会编校：《魏源全集》（第三册），岳麓书社 2004 年版，第 197 页。

多"①。因此，从整体上观察，这一区域具有共同的特点：宗教性、边疆性、民族性。藏传佛教和伊斯兰教犹如十字桥梁，巧妙地将游牧与农耕两个区域整合为一个独特的文化特区。

清代是指清朝占领北京后的近三百年（1644—1911 年）。清朝在西部地区直接管辖的边界不断变化：康熙三十年（1691 年）漠北蒙古才完全归附清廷，康熙晚年西藏才由清廷直辖；平定罗布藏丹津叛乱之后，清政府在青海地区始设盟编旗；乾隆二十四年（1759 年）之后，新疆地方才完全纳入清政府直接统治范围之内。尽管如此，清初清政府的势力影响已扩及这些地区：崇德三年（1638 年），漠北蒙古与清政府建立朝贡关系②；顺治年间，漠北蒙古向清政府献"九白"之贡，"世祖遂设八札萨克"③；顺治帝敕封五世达赖与和硕特部顾实汗"确定了清朝与西藏之间的从属关系，使清朝朝廷的统治权到达了西藏地区"。④ 更为重要的是清政府在 1644 年入关之前即已确立起尊崇藏传佛教的基本国策，且不断对藏传佛教进行立法规范。⑤ 清军入关之后，此种政策并未发生中断，其有关西部的宗教立法逐渐增多。清代中国西部的统一是中国西部各族群长期经济、文化、政治交流的必然结果，以现代西方所谓的"主权"或"宗主权"理论对清代中国西部宗教立法进行苛责并不可取，且具有危险性，不能反映清代中国西部丰富多彩的文化、政治与法律的发展历史。

三、研究综述

（一）研究现状

1. 清代藏传佛教立法的相关研究

（1）史料整理方面。清末民初，有关藏传佛教立法资料的收集和整理工作已得到当时学者们的高度重视。张其勤、吴丰培等学者开始对清代

---

① 白寿彝主编：《中国回回民族史》（上册），中华书局 2003 年版，第 405 页。

② 陈庆英：《蒙藏关系史大系·政治卷》，外语教学与研究出版社、西藏人民出版社 2002 年版，第 254 页。

③ ［日］稻叶君山著、但焘译：《清朝全史》第二册，上海中华书局 1915 年版，第 135 页。

④ 德勒格：《内蒙古喇嘛教史》，内蒙古人民出版社 1998 年版，第 139 页。

⑤ 张羽新：《清政府与喇嘛教》，西藏人民出版社 1988 年版，第 2 页。

藏传佛教立法方面的著作和档案进行汇编整理。20 世纪 80 年代以降，学界开始批量翻译整理有关藏传佛教立法方面的朱批奏折等清宫档案；清实录、地方志、文集、法典、碑刻等史料的整理也取得有较为丰硕的成果。①

（2）清代藏传佛教政策方面。台湾学者朱宝唐和札奇斯钦等人较早地对清朝的蒙藏宗教政策进行了探讨。② 20 世纪 80 年代后，大陆学界也开始对该问题进行关注和研究。张羽新先生在这方面较早地发表了一系列论文和专著，较为系统地考察了清朝历代帝王同藏传佛教的政治关系，清朝利用藏传佛教的原因、方法及其影响，指出清政府利用藏传佛教的原因是藏传佛教在蒙藏地区有着长久的历史、得到普遍的信仰、政治上居于统治地位，以及五世达赖喇嘛等宗教首领在清朝夺取、巩固封建中央政权的过程中给予了积极的合作与支持；清政府利用藏传佛教的主要做法是优待喇嘛教、大量修建寺庙、加强行政管理、限制寺庙势力、将藏传佛教置于封建法律之下；该政策有利于维系清代多民族国家的统一与各民族经济文化的交流，但也麻痹了蒙藏人民的斗志，致使藏传佛教势力在蒙藏地区恶性膨胀，严重地影响了蒙藏地区人口的增殖和经济文化的发展，出现这样的后果的原因是清朝封建专制制度的日趋没落、农民起义对清朝的沉重打击、乾隆帝是有神论者；该政策始于努尔哈赤，乾隆时期依然奉行，并将其纳入加强多民族国家统一、巩固封建政权的总体战略目标之中，主要表现为清理教徒、颁发度牒、广建寺庙、尊崇喇嘛、对妨害国政的喇嘛正之以法、削弱大喇嘛行政权力、防止僧俗势力的结合等方面。③ 赵云田先生

① 请参见田庆锋：《60 年来西藏法制史料整理、立法制度研究述评》，《西部法学评论》2010 年第 2 期。

② 朱宝唐：《清代对藏之宗教政策》，《中国边政》第 40—41 卷，1972 年；札奇斯钦：《满清对蒙古宗教政策的商榷》，《边政研究》1974 年第 5 期。

③ 《清政府与喇嘛教》，《西藏民族学院学报（哲社版）》1981 年第 2 期；《努尔哈赤与喇嘛教》，《西北第二民族学院学报（哲社版）》1983 年第 2 期；《乾隆与喇嘛教》，《西北民族学院学报（哲社版）》1985 年第 1 期；《康熙对西藏佛教的政策》，与阎清合著，《世界宗教研究》1985 年第 1 期；《康熙在加强国家统一过程中是如何对待喇嘛教的》，《西藏民族学院学报》1985 年第 2 期；《清政府对喇嘛教的政策》，收入中国人民大学清史研究所编《清史研究集》第 2 辑，中国人民大学出版社 1982 年版，第 253—260 页；《清政府与喇嘛教》，西藏人民出版社 1988 年版。

认为清代利用藏传佛教的宗教政策形成于皇太极时期，其实施过程可分为"利用""分而治之""抑制""完全控制""疏远"等几个阶段，清政府在不同时期对待藏传佛教之态度不同，其完全控制藏传佛教的标志是金瓶掣签制度的形成。① 陈国干对清政府在蒙古地区的藏传佛教政策进行了考察，将其形成和演变历史分为入关前、顺治至雍正、乾隆至嘉庆、道光以降四个时期，指出该政策稳定了北部边疆，保留了蒙古文化遗产，但也阻碍了蒙古地区生产力的发展。② 徐晓光从行政立法、刑事立法等方面对清代的藏传佛教立法进行了初步考察和分析。③ 此外，陈生玺、王钟翰、陈楠、白燕、曾国庆、柳岳武、星全成等学者对清代的藏传佛教政策也进行了考察。④

　　（3）政教关系方面。学界对政教关系的含义、类型与构建等诸多问题多有探讨。其中，刘澎将政教关系中的"政"解释为"政治、政府"，将"教"解释为"宗教、教会（宗教组织）"，并由此推出四对不同的概念关系，即"宗教与政治""宗教与政府""教会与政治""教会与政府"，指出实际上还存在"宗教与社会""宗教与社会组织"两种关系，在所有的关系中，西方政治学意义上所说的政教关系是宗教组织与国家，即"教会与政府"这对关系，并进而将政教关系的类型分为"政教合一型""政教分离型""国教型""国家控制宗教型"。⑤ 顾肃认为，宗教实

---

① 赵云田：《清代前期利用喇嘛教政策的形成和演变》，《西藏民族学院学报》1984年第1期。

② 陈国干：《清代对蒙古的喇嘛教政策》，《内蒙古社会科学（汉文版）》1982年第1期。

③ 徐晓光：《清朝政府对喇嘛教立法初探》，《内蒙古社会科学（汉文版）》1988年第1期。

④ 陈生玺：《皇太极对喇嘛教的利用与限制》，《历史教学》1986年第11期；王钟翰：《清代民族宗教政策》，《王钟翰清史论集》第2册，中华书局2004年版；陈楠：《论清代前期西藏宗教政策之确立与发展》，中央民族大学历史系主编：《民族史研究》第5辑，民族出版社2004年版；白燕：《元清两朝藏传佛教政策之比较》，《西藏研究》2004年第1期；曾国庆：《清政府藏传佛教政策及其影响》，《康定民族师范高等专科学校学报》2005年第2期；柳岳武：《清初政权的西藏及黄教政策研究》，《内蒙古师范大学学报（哲社版）》2006年第3期；星全成：《清代的藏传佛教政策及其在蒙藏地区的实践》，《青海民族研究》2007年第1期；等等。

⑤ 刘澎：《国家·宗教·法律》，中国社会科学出版社2006年版，第9—11页。

体与国家政权之间的关系大致可分为"政教合一"和"政教分离"两种，但在具体表现形式方面，广义的"政教合一"又可分为"政教高度合一制""神权统治制""国教制""宗教军事体制"，中国传统政教关系是"混合制""弱国教制"。①

对于中国西部地区的政教关系问题，藏族著名史学家东噶·洛桑赤列通过系统考察西藏政教合一制度产生以前政治、经济、宗教的状况，认为"政教合一"是指政权和教权都掌握在一个人手中，该制度在西藏出现的经济原因是佛教组织和僧侣占有大量的动产和不动产，为保持和扩大自己的政治、经济特权，宗教上层贵族始欲控制政权；该制度形成于元代，是元朝加强对西藏的统治和萨迦派扩展本派宗教势力两种因素结合的产物，是元朝中央政府直接治理下的政教合一，而非萨迦派单独掌控西藏政权；黄教兴起之后，在蒙古贵族支持下建立的政教合一的西藏地方政府，其势力由于清朝中央政府对五世达赖喇嘛的册封而逐渐增强。② 学界由此逐渐展开对西藏地区政教关系问题的深入考察。其中争论的相关问题主要集中于1721年以前西藏地方政教关系方面。杨许浩将西藏政教合一制度分为萌芽期、发展期、完备期和衰亡期，指出黄教在西藏取得完全统治权之后政教合一制度才日趋完备；17世纪中叶以后，政教合一制度日益衰败。③王辅仁认为清初清政府在西藏政教关系方面实行的是政教分离政策，从封号上可知达赖喇嘛并非政教合一的双重领袖人物。④ 申新泰则认为清初西藏是蒙藏联合执政，具有政教结合的特征。⑤ 罗润苍认为清初和硕特蒙古治理西藏的75年中清朝在西藏一直奉行政教分离政策，政权始终由清朝册封的蒙古汗王掌管；所谓五世达赖喇嘛建立"甘丹颇章"政权，对西藏进行"政教合一"统治的说法，是一种似是而非之论。⑥ 王献军从政治

① 顾肃：《宗教与政治》，译林出版社2010年版，第51—54页。
② 东噶·洛桑赤列：《论西藏政教合一制度》，《西藏民族学院学报》1981年第4期。
③ 杨许浩：《简析西藏的"政教合一"制度》，《西藏研究》1983年第2期。
④ 王辅仁：《略论清朝前期对西藏的施政》，中国人民大学清史研究所编：《清史研究集》第2辑，中国人民大学出版社1982年版，第181—195页。
⑤ 申新泰：《略谈甘丹颇章地方政权建立初期的行政体制和清初对西藏地方的施政》，《藏学研究论丛》第2辑，西藏人民出版社1990年版，第173—196页。
⑥ 罗润苍：《西藏佛教史上的政教关系》，《中国藏学》1994年第2期。

史的角度对西藏地方甘丹颇章政权政教合一制度进行了系统考察，认为1642—1705 年间清政府欲在西藏实行政教分离，但直到康熙晚年驱逐准噶尔后才实现，在此期间西藏实际为政教合一；和硕特蒙古汗王与甘丹颇章政权之间的关系类似于后来清朝中央政府与西藏地方政府的关系，五世达赖喇嘛拥有立法、行政任免、封赐等权力，而且更为重要的是自己也认为拥有这些政治权力；那种认为清初西藏实行的是政教分离的观点或政教结合的观点是站不住脚的；仅仅依据清政府对桑结嘉措的册封说明其没有政治权力也是不妥的。① 李凤珍认为五世达赖喇嘛在蒙古汗王统治西藏时期，仅控制西藏部分地区政权，后藏、昌都、乍雅等地不属达赖管辖；达赖喇嘛的政治实权是以宗教身份所表现的领主的行政权；达赖喇嘛的势力后来在清政府的支持下开始扩展至全藏，但这种认识并非否认五世达赖喇嘛之历史贡献。② 此外，齐琳娜、陈文祥、平措塔杰、李加东智、马连龙、牛绿花等学者对该问题也有论述。③

　　（4）藏传佛教管理制度。藏传佛教管理制度包括以活佛转世制度为基础确立的金瓶掣签制度、僧官制度、驻京呼图克图制度、贡赏制度等。

　　活佛转世制度产生的宗教法理基础方面，韩官却加通过系统考察藏传佛教活佛转世制度的产生、发展和清代改革的历程，指出宗教上层为防止因宗教领袖的去世而丧失政治特权和雄厚的经济利益是创立佛教化身学说的原因，转世制度将世俗之世袭制成功而巧妙地移入佛教圣职之中，以保

① 王献军：《西藏政教合一制度研究》，南京大学 1997 年博士学位论文。
② 李凤珍：《试析五世达赖喇嘛与西藏政教合一制》，《西藏民族学院学报》1999 年第 2 期。
③ 齐琳娜：《13—18 世纪的西藏政教合一制》，《南都学坛》2003 年第 5 期；陈文祥：《论西藏政教合一制度产生条件及其影响》，《阿坝师范高等专科学校学报》2006 年第 2 期；《再论西藏地方政教合一制度的概念和 1642—1705 年政教合一制度的有关问题》，《西藏大学学报》2006 年第 2 期；李加东智：《略论西藏政教合一制度产生的思想渊源》，《康定民族师范高等专科学校学报》2008 年第 1 期；马连龙：《历辈达赖喇嘛与中央政府关系研究》，青海人民出版社 2008 年版；牛绿花：《试论政教合一体制下相关法律框架及其特点与启示》，《西藏大学学报》2009 年第 4 期；牛绿花：《元以来历朝对藏传佛教的法律调整及其历史启示》，《西南政法大学学报》2010 年第 4 期；等等。

证政治特权和经济势力的延续，进而巩固其宗教地位。① 颜民政认为活佛转世产生的原因是宗教之神秘性、喇嘛教教义之灵魂转世说、西藏政治经济发展的特点、诸教派之间的互相争斗、宗教与世俗统治势力之间的密切联系，指出活佛转世制度实为活佛权力、地位和财产之延续，不单是宗教问题，更是重要的社会政治问题。② 次旦伦珠认为活佛转世制衍生于佛教"轮回转世"理论，并非凭空捏造；藏传佛教僧团不过是以佛家的"轮回转世"说为依据，以释迦牟尼的前生故事为楷模，加以具体运用和发挥而已，这种做法亦为世俗世袭领主所使用。③ 巴桑罗布从宗教学、文化学和社会学角度对活佛转世制度的内涵进行了较为系统的考察，指出活佛转世传承法的宗教理论基础包括灵魂观念、轮回思想、修行成佛和利乐众生说等缺一不可的四个方面内容。④ 此外，桑德、降边嘉措、郑金德、周炜、蔡志纯等学者对活佛转世的历史演变、转世的宗教仪轨和程序等方面也进行了考察。⑤

金瓶掣签制度是清代藏传佛教立法的核心内容，受到学界高度重视。柳陞祺和邓锐龄依据朱批奏折、录副奏折和藏文史料，第一次系统地考察了金瓶掣签制度确立的原因、过程及其实践，指出乾隆帝创立金瓶掣签之本意在于维护黄教，恢复黄教的纯粹宗教传统，使其不受西藏某一政治势力的左右，最终目的系辑安西藏与蒙古，以利于全国之统一；两位学者并进而认为金瓶掣签虽然没有杜绝西藏内部的权力争夺，但类似雍正和乾隆前期两次巨大的分裂那样的情况没有再次出现，蒙藏关系一直保持于宗教的范围之内，乾隆帝的预期目标已大部分实现，而且认为该制度废除了护法降神确认转世灵童传统权力。⑥ 刘广安教授以法学的视角，将金瓶掣签

① 韩官却加：《西藏佛教的活佛转世制述略》，《西藏研究》1984年第4期。
② 颜民政：《简析西藏佛教的活佛转世制度》，《西藏研究》1985年第3期。
③ 次旦伦珠：《活佛转世制的产生及历史作用》，《西藏研究》1989年第1期。
④ 巴桑罗布：《活佛转世传承的文化内涵》，《西藏研究》1992年第4期。
⑤ 桑德：《活佛转世理论刍议》，《西藏研究》1992年第3期；降边嘉措：《古代藏族的灵魂观念与活佛转世制度》，《中国藏学》1995年第2期；郑金德：《从佛教观点看西藏转世喇嘛》，《内明》(香港)，1981年；嘎达哇才仁主编：《藏传佛教活佛转世制度研究论文集》，中国藏学出版社2007年版；蔡志纯等：《活佛转世》，中国社会科学出版社1992年版；周炜：《活佛转世揭秘》，中国藏学出版社1994年版；等等。
⑥ 柳陞祺、邓锐龄：《清代西藏实行金瓶掣签的经过》，《民族研究》1982年第4期。

制度置于民族立法的范畴进行考察，认为金瓶掣签制度的创立是清朝
"因俗制宜""因地制宜"民族立法原则的应用，是清朝治理多民族国家
的一种重要方式。① 曲青山认为金瓶掣签是清朝全面治藏政策的产物，是
对西藏完全行使主权的重要组成部分，也是蒙藏地区大小活佛和呼图克图
抬高自己身价，给自己罩上神圣光环的一种需要；西藏地方势力以种种借
口欲免除金瓶掣签，意在形式上造成一种否决中央对西藏行使主权的声
势；该制度始终是中央拥有对达赖、班禅转世的特批权的一个法典依据，
并进而依据《番僧源流考》等史料对金瓶掣签的具体仪式进行了考察。②
苏发祥通过对乾隆朝以后金瓶掣签制度实践的考察，指出其在执行过程中
发生了一些变化，主要表现于掣签地点由大昭寺改为布达拉宫，签牌实际
仅用满藏两种文字，抽签人由达赖喇嘛与班禅额尔德尼彼此拈定改为由驻
藏大臣拈定，并对金瓶掣签制度废除护法降神确认转世灵童的观点进行反
驳。③ 陈庆英以史学的视角，系统而又详细地考察了金瓶掣签制度确立的
历史背景、目的及其实践，指出金瓶掣签制度在藏传佛教的活佛转世认定
过程中具有深远影响，已成为一项历史定制，受到僧俗各界普遍重视和遵
行，至今仍具有重要现实意义。④ 任杰和梁凌从政策学的角度对金瓶掣签
立法进行了考察，认为金瓶掣签制度从设想的提出到具体办法以及"金
瓶"样式等，均出自乾隆之主意，他"处处从教义上找到依据，使之无
懈可击"，其立法改革符合宗教仪轨，体现了释迦牟尼的"法断"，维护
了国家主权，得到了僧众和广大信徒的拥戴，有助于弘扬正法、杜绝营私
舞弊的流弊、避免教内外纷争。⑤ 此外，郑堆、陆莲蒂、祝起源、刘宝
银、明非、李勤璞、廖祖桂、吴云岑、赵学毅、孙镇平等学者对此问题也

---

① 刘广安：《清代民族立法研究》，中国政法大学 1989 年博士学位论文。

② 曲青山：《试论金瓶掣签的产生及其历史作用》，《青海社会科学》1989 年第 1 期。

③ 苏发祥：《试论金瓶掣签仪式及其变迁》，《西藏民族学院学报》1997 年第 3 期；
《清代治藏政策研究》，民族出版社 1999 年版。

④ 陈庆英：《清代金瓶掣签制度的制定及其在西藏的实施》，《西藏民族学院学报》
2006 年第 3—6 期。

⑤ 任杰、梁凌：《中国的宗教政策——从古代到当代》，民族出版社 2006 年版，第
257—258、269—270 页。

有研究。①

僧官制度方面。谢重光等从宗教史和政治制度史的角度对清代藏传佛教的呼图克图制度、喇嘛制度、师号制度以及藏传佛教组织内部僧官的设置进行了较为系统的考察。② 贺其叶勒图对清代藏传佛教呼图克图职衔进行了详细的历史考证。土呷对清代昌都地区帕巴拉呼图克图、察雅切仓罗登西饶呼图克图、类乌齐帕曲呼图克图、八宿达察济咙呼图克图的世系进行了较为系统的考证。③

朝贡制度方面。喇嘛朝贡制度是清朝管理藏传佛教的一种重要方式。苏发祥对喇嘛朝贡的人数、贡物、贡道、贡使护送、在京寓所、贡使待遇等方面进行了较为系统的历史考察，指出国外学者强调朝贡是贸易，是为"西藏独立"寻找理论依据；国内有些学者论述清代蒙藏喇嘛朝贡活动时本末倒置，忽视了其政治性。④ 此外，李凤珍、孙镇平等学者对清代藏传佛教僧侣朝贡也有论述。⑤

丹书克制度方面。丹书克制度是清代中央政府管理藏传佛教事务的一项重要的法律制度。学界对丹书克的含义、制度的特点、丹书克的内容及其与年班制度的区别等问题进行了辨析。其中，李凤珍认为丹书克作为一种文书虽然产生较早，但是至乾隆时期才正式成为较为完善的制度，具有

---

① 郑堆《略述达赖喇嘛转世制度》，《中国藏学》1993 年第 4 期；陆莲蒂：《七辈班禅为九辈达赖请免金瓶掣签—汉文奏折补释》，《西藏民族学院学》1983 年第 1 期；祝起源：《从金瓶掣签谈中央政府在西藏行使主权问题》，《民族研究》1989 年第 5 期；刘宝银：《活佛转世与金瓶掣签》，《中国民族》1989 年第 3 期；明非：《藏传佛教达赖、班禅活佛转世制度的建立》，《法音》1989 年第 4 期；李勤璞：《金瓶掣签制度的渊源》，《藏学研究论丛》第 2 辑，西藏人民出版社 1994 年版；廖祖桂等：《清朝金瓶掣签制度及其历史意义》，《中国藏学》1995 年第 3 期；吴云岑：《金瓶掣签的设立及其意义》，《西藏研究》1996 年第 1 期；赵学毅等：《清代中央政府对大活佛转世事宜的管理》，《社会科学战线》1997 年第 4 期；孙镇平：《谈清代"金奔巴瓶"掣签制度》，《政法论坛》1998 年第 6 期；等等。

② 谢重光等：《中国僧官制度史》，青海人民出版社 1990 年版，第 294—316 页。

③ 贺其叶勒图：《藏传佛教呼图克图职衔考释》，《中国藏学》1997 年第 3 期；土呷：《昌都清代的四大呼图克图》，《中国藏学》2001 年第 4 期。

④ 苏发祥：《清代治藏政策研究》，民族出版社 1999 年版，第 174—182 页。

⑤ 李凤珍：《清代西藏喇嘛朝贡概述》，《中国藏学》1991 年第 1 期；孙镇平：《清代西藏法制研究》，知识产权出版社 2004 年版，第 266—278 页；等等。

上盖达赖班禅钦赐印章、呈递有固定日期、派专人呈递、达赖班禅递呈丹书克时准西藏僧俗官员随附丹书克呈进贡物、丹书克贡物在御前呈递等特征，其内容包括达赖和班禅恭请圣安奏书、献贡物和清朝降敕，其制度宗旨是"厚其赏赉，以作其忠诚"，并进而指出丹书克具有政治、经济两方面属性。桑丁才仁则认为丹书克在皇太极时期已经出现，是藏文中已有的一种文书形式，西藏地方与清朝中央政府建立广泛联系之后，才将其移植于双方文书制度之中，使其成为西藏上层贵族向清帝呈递的一种公文形式；丹书克每年元旦、冬至与万寿三节始向皇帝呈递；皇太后寿辰时也需呈递丹书克，以示祝贺；丹书克不同于一般公文，一般不做陈报政务之用。①

　　驻京呼图克图制度方面。白文固通过对清代驻京呼图克图待遇、地位等问题的考察，指出驻京呼图克图实质上是一个以原青海各寺活佛为主体的格鲁派宗教势力，标志着青海格鲁派的兴起；也是一个在清廷精心培植、权力催化下产生的宗教势力。而陈庆英则通过对北京雍和宫中驻京呼图克图及其佛仓的系统考察，指出在雍和宫拥有佛仓的呼图克图包括阿嘉、洞阔尔、章嘉等七位活佛，清政府将雍和宫改为藏传佛教寺院的一个重要目的，就是要通过雍和宫加强朝廷与蒙藏地区佛教界人士的关系，扩大其对藏传佛教的影响力，强化清朝对藏传佛教的管理。②

　　以上研究主要集中于西藏地区。与有关清代西藏宗教立法相关研究成果相比，由于大量蒙文档案尚未翻译和整理等原因，对清代蒙古宗教立法的相关研究成果相对较少。但是仍然取得了一定的成绩，札奇斯钦、李毓澍、赵云田、德勒格、胡日查、杨选第、金峰、丁守璞、金山等学者分别从政治制度史、宗教史、蒙藏文化关系史、管理制度史等角度对清朝的蒙古宗教问题展开有益的探讨，初步对蒙古地区寺庙的相关档案进行了利

---

　　① 李凤珍：《试论清代西藏递丹书克制》，《西藏民族学院学报》1997 年第 1 期；桑丁才仁：《略述清代西藏丹书克的有关问题》，《中国藏学》1997 年第 1 期。
　　② 白文固：《清代的驻京呼图克图》《文史知识》2006 年第 2 期；陈庆英：《雍和宫的佛仓简说》，嘎达哇才仁主编：《藏传佛教活佛转世制度研究论文集》，中国藏学出版社 2007 年版。

用，而且有些成果是以蒙古文的形式发表和出版的。①

2. 清代伊斯兰教立法的相关研究

（1）史料整理方面。学界对清代伊斯兰教立法史料的整理首先是搜集《清实录》中的相关史料，出版有《清实录穆斯林资料辑录》《清实录宁夏资料辑录》《清实录新疆资料辑录》等，为深入研究清朝的伊斯兰教立法提供了极大的方便。其次是对地方志、政书、奏折、石刻文献等史料的点校与出版，如《青海回族史料集》《那彦成奏议》《钦定西域同文志校注》《钦定石峰堡纪略》《钦定兰州纪略》《钦定平定七省方略》《钦定回疆则例》《清代新疆稀见史料汇集》《循化厅志》《中国回族金石录》等。②

（2）清代伊斯兰教政策方面。李兴华最早对该问题进行了探讨。他通过对清代伊斯兰教政策历史的系统考察，指出清代伊斯兰教政策可划分

① 如李毓澍：《外蒙政教制度考》，台湾"中央"研究院近代史研究所 1978 年版；札奇斯钦：《西藏佛教在内蒙古的兴衰》，《蒙古史论丛》下，台湾学海出版社 1978 年版；札奇斯钦：《蒙古与西藏历史关系之研究》，台湾正中书局 1978 年版；［俄］波兹德涅耶夫著、刘汉明等译：《蒙古及蒙古人》第 1、2 卷，内蒙古人民出版社 1989、1983 年版；［日］田山茂：《清代蒙古社会制度》，商务印书馆 1987 年版；赵云田：《清代蒙古政教制度》，中华书局 1989 年版；［意］图齐等：《西藏和蒙古的宗教》，耿昇译、王尧校订，天津古籍出版社 1989 年版；乔吉：《内蒙古寺庙》，内蒙古人民产生 1994 年版；德勒格：《内蒙古喇嘛教史》，内蒙古人民出版社 1998 年版；奇格：《古代蒙古法制史》，辽宁民族出版社 1999 年版；乌力吉巴雅尔：《蒙藏文化关系史大系·宗教卷》，外语教学与研究出版社 2001 年版；王景泽：《清朝的黄教政策与蒙古社会》，《东北师大学报》2002 年第 1 期；［日］内田吟风等：《北方民族史与蒙古史译文集》，余大钧译，云南人民出版社 2003 年版；佟德福：《蒙古语族诸民族宗教史》，中央民族大学出版社 2007 年版；［美］拉铁摩尔：《中国的亚洲内陆边疆》，唐晓峰译，江苏人民出版社 2005 年版；金山：《清代蒙古地方立法研究》，内蒙古大学 2007 年博士学位论文；胡日查：《清代内蒙古地区寺院经济研究》，辽宁民族出版社 2009 年版；胡日查：《清代蒙古寺庙管理体制研究》，辽宁民族出版社 2013 年版；等等。
② 章家容安辑：《那彦成奏议》，沈云龙主编《近代中国史料丛刊》第 21 辑，台湾文海出版社 1966 年版；刘义棠校注：《钦定西域同文志校注》，台湾商务印书馆 1984 年版；吴忠礼等：《清实录宁夏资料辑录》，宁夏人民出版社 1986 年版；杨怀忠点校：《钦定石峰堡纪略》，宁夏人民出版社 1987 年版；杨怀忠点校：《钦定兰州纪略》，宁夏人民出版社 1988 年版；《钦定平定七省方略》，中国民族图书馆整理，中国书店 1985 年版；《钦定回疆则例》，全国图书馆文献缩微中心 1988 年版；马塞北：《清实录穆斯林资料辑录》，宁夏人民出版社 1988 年版；中国社科院中国边疆史地研究研究中心：《清代新疆稀见史料汇集》，全国图书馆文献缩微复制中心 1990 年版；喇秉德等：《青海回族史料集》，青海人民出版社 2002 年版；余振贵等：《中国回族金石录》，宁夏人民出版社 2001 年版；等等。

三个时期：清朝建立至乾隆四十六年，既没有将伊斯兰教看作邪教，也没有像对待佛教那样对其持尊崇态度，而是采取了允许存在、适当利用的宽容政策；乾隆四十六年至道光末年清朝的伊斯兰教政策发生了巨大变化，开始以防范、高压、屠杀政策为主。陈慧生考察了回疆伊斯兰教黑山派和白山派形成的过程及清政府的政策。任杰和梁凌通过考察，认为清政府的伊斯兰教政策是"各行其道"，承认伊斯兰教的合法性；尊重穆斯林生活习惯，但理解片面；以儒教思想教化回民，在新疆建立政教分离的管理体制；争取伊斯兰教上层支持，以回治回。① 于本源认为清政府对伊斯兰教的一般政策是以社会的安定为着眼点，允许"各行其道，不必强使伊斯兰教信仰改宗"，"强调对回民回教一视同仁"，"坚持以儒学思想训导回民"，"不干预伊斯兰教的传习、抄录携带经卷"；在教派政策方面"实行存一派灭一派的政策"，"借刀杀人，让新旧两派自相残杀"，达到从中控制的政治目的。② 此外潘志平、陈国光等学者对此问题也有探讨。③

　　（3）政教关系方面。余振贵通过考察清代伊斯兰教政策产生的社会背景，指出清代前期确立了宽容与利用、管理与限制的政策，经过了一个"从重佛轻回"到"联回抗准"，从"和平招抚"到"乱则声讨"，统一回疆后实行"政教分离"的过程；清朝从乾隆晚年开始对伊斯兰教先后确立起"以回治回"和"剿抚并施"再到"安定边疆"的政策，严厉打击白山派宗教分离势力。齐清顺等通过对清朝统一回疆的历史和行政建制的考察，指出清政府回疆地区政教关系的基本立法原则是"政教分离、限制利用"。陈慧生等依据大量汉语和穆斯林史料，从宗教史的角度系统

　　① 任杰、梁凌：《中国的宗教政策——从古代到当代》，民族出版社 2006 年版，第278—283 页。
　　② 于本源：《清王朝的宗教政策》，中国社会科学出版社 1999 年版，第158—176 页。
　　③ 李兴华的《清政府对伊斯兰教（回教）的政策》，陈慧生的《试论清代白山派和黑山派之间的斗争及其影响》均收入宁夏社会科学研究所主编的《清代伊斯兰教论集》（宁夏人民出版社 1981 年版）；潘志平：《论乾隆嘉庆道光年间清朝在天山南路推行的民族政策》，《民族研究》1986 年第 6 期；陈国光：《清朝统一新疆前后对穆斯林民族与宗教问题的态度和政策》，《甘肃民族研究》1995 年第 2 期；等等。

地考察了清代新疆地区伊斯兰教的发展过程及其政教关系的历史变迁。①
张践教授则将清代有关藏传佛教和伊斯兰教的政教关系放入中国古代政教
关系通史的视角之下进行了考察，认为清代国家与伊斯兰教及其信仰者之
间的关系在政策方面表现为宽容保护、笼络上层、乡约管束等几个方面，
并指出具有制造派系纷争、残酷镇压回民起义等特点。②

（4）门宦制度方面。门宦制度是清代西部伊斯兰教发展史上的重要
内容，也是清政府急于解决的政治法律问题，对于考察和探讨清代对西部
伊斯兰教的立法具有重要意义。马通先生在长期调研的基础上，利用碑
刻、传记等多种文献资料及社会调查资料，对伊斯兰教在中国的传播和发
展、教派和门宦的源流、门宦产生的社会基础等问题进行了系统的探
讨。③ 曹庆锋从宗教哲学的视角对清代门宦的特质进行了分析，认为门宦
具有严密而系统的道统继承制、掌教的神权化、发达严密的组织性等内在
特质，门宦成为回民抗清事变的主导力量的原因是争夺宗教资源、宗教牺
牲精神、宗教神权特征等，此种有序的组织性与回民传统松散单一的教坊
制不同，遇有多事之秋便成为信众凝聚的核心。④ 此外，勉维霖、朱刚、
高占福、马宗保等学者也从社会学、宗教学等角度对伊斯兰教门宦制度进
行过理论上的深入探讨。⑤

------

① 参见余振贵：《中国历代政权与伊斯兰教》第 6 章，宁夏人民出版社 1996 年版；
齐清顺等：《中国历代中央王朝治理新疆政策研究》第 5 章第 6 节，新疆人民出版社 2004
年版；陈慧生：《中国新疆地区伊斯兰教史》第 1 册第 11—17 章，新疆人民出版社 1999 年
版。

② 参见张践：《中国古代政教关系史》，中国社会科学出版社 2012 年版，第 1062—
1072 页。

③ 请参阅马通：《中国伊斯兰教与门宦制度史略》，宁夏人民出版社 1983 年版；《中
国伊斯兰教门宦溯源》，宁夏人民出版社 1995 年版。

④ 曹庆锋：《清代西北穆斯林抗清视域中的伊斯兰教门宦制度》，《青海社会科学》
2008 年第 4 期。

⑤ 请参阅朱刚：《华寺门宦的创始人马来迟》，《青海社会科学》1982 年第 2 期；高
占福：《中国西北回族等穆斯林民族的门宦宗教教理》，《回族研究》1995 年第 3 期；瞻甫：
《青海伊斯兰教派门宦》，《青海民族研究》1995 年第 1—2 期；马宗保：《宗教社会学视野
中的门宦》，《宁夏社会科学》2006 年第 1 期；马桂芬：《胡门门宦的宗教思想及其礼仪特
点》，《世界宗教研究》2008 年第 2 期；杨桂萍：《从西北地区的清真寺和道堂经济看伊斯
兰教派与门宦的组织模式》，《回族研究》2008 年第 4 期；丁明俊：《西北苏非主义门宦形
成与组织形态研究》，《北方民族大学学报》2009 年第 5 期；等等。

（5）回民事变/起义方面。回民事变/起义是清代中国西部地区的重要历史事件，其中蕴含着值得深思的经验教训。对清代回民事变/起义的深入研究能够为深入考察清代对伊斯兰教的立法提供一种精细的语境与知识体系。历史学界和民族学界非常重视该问题资料的整理和研究。中国大陆方面，20 世纪 50 年代，马霄石、林干、白寿彝、马长寿等学者即开始展开对清代回民事变/起义的研究。其中白寿彝的著作具有重要的史料学意义，收录了西北回民事变/起义的相关资料，内容包括奏议、檄文、诗词、誓词等大量资料。① 20 世纪 80 年代以降，回民事变/起义研究再次受到史学界的高度关注。吴迈善、李范文、余振贵、韩敏、邵宏谟等学者除对 20 世纪 50 年代的成果进行整理之外，还展开了对陕甘回民事变/起义的系统考察。其中，李范文等学者从事变/起义的背景、地点、时间、经过、善后措施、影响等几个方面，系统地整理了明清时期中国西北历次回民事变/起义的相关资料；吴万善对清代西北地区爆发的米喇印事变、苏四十三事变、田五事变、同治年间陕甘回民事变和新疆回民事变的历史进行了较为系统的考察。②

台湾学者也非常重视清代回民事变/起义研究，王树槐、黄嘉谟、高文远、王中复等学者用功颇力。其中王中复不再以传统民变为视角和立场，而是从社会和文化适应的角度，从回民族性的社会层面与伊斯兰宗教本质的文化层面，对陕甘、新疆伊斯兰教信众的反清运动进行了深入的系统分析和考察，指出清代穆斯林起事频发不单有政治上的原因，还有回民再伊斯兰教化及其与中国社会适应的因素。③

综览 60 余年来学界清代中国西部宗教立法的相关研究成果，可以归

① 参见马霄石：《西北回族革命简史》，东方书社 1951 年版；林干：《清代回民起义》，新知识出版社 1957 年版；白寿彝：《回民起义》，神州国光社 1952 年版。
② 参见李范文等：《西北回民起义研究资料汇编》，宁夏人民出版社 1988 年版；吴万善：《清代西北回民起义研究》，兰州大学出版社 1991 年版；马长寿：《同治年间陕西回民起义历史调查记录》，陕西人民出版社 1993 年版；韩敏：《清代同治年间陕西回民起义史》，陕西人民出版社 2006 年版；邵宏谟等：《陕西回民起义史》，陕西人民出版社 1992 年版；等等。
③ 参见高文远：《清末西北回民之反清运动》，台湾学海出版社 1988 年版；王中复：《清代西北回民事事变——社会文化适应与民族认同的省思》，台湾联经出版事业有限公司 2001 年版；等等。

纳出如下几个特征：

首先，研究领域较为广泛。清代中国西部宗教立法的相关研究成果可以分为藏传佛教与伊斯兰教两个方面，涉及清代国家的藏传佛教与伊斯兰教政策、国家与藏传佛教和伊斯兰教关系、国家对藏传佛教和伊斯兰教事务管理的体制等诸多问题。其中，有关藏传佛教的宗教政策、政教关系，有关伊斯兰教的回民事变/起义和门宦制度等问题的研究在深度上取得了较为长足的进展。这些研究为进一步深化对清代中国西部宗教立法的考察提出了较为重要的论题和方向，也为清代中国西部宗教法制体系的整合性研究奠定了较为坚实的基础。

其次，研究方法以历史分析方法为主。学者们对清代中国西部宗教政策的历史变迁、西部政教关系的历史演进、回民事变/起义的具体进程与善后处理、西部伊斯兰教教派分化发展等问题进行了较为系统的史实考证与梳理。这种研究方法及其所取得的成就澄清了许多重要的史实问题，为深化清代中国西部宗教立法研究提供了极为重要的史学基础，并为将来以法学、宗教学、社会学、民族学等跨学科方法进一步全面深入归纳分析清代中国西部宗教法制问题准备了较为充分条件。

再次，研究成果涉及相关领域不均衡，缺乏深入的理论分析和阐释。整体而论，现有的相关研究成果主要集中于清代国家有关藏传佛教的宗教政策、宗教管理制度、政教关系变迁、西藏地方与中央的关系等问题的历史实证考察、分析与梳理之上，有关伊斯兰教的研究成果则主要集中于回民事变/起义、门宦制度等方面，而有关伊斯兰教的宗教政策、政教关系等问题的研究成果则相对较少，且多集中于 20 世纪 80 年代；缺乏在中国西部语境与历史情境之下的对藏传佛教与伊斯兰教立法问题进行整体性、比较性的考察和研究，更未将清代中国西部宗教立法问题视为一个独立的问题进行探讨；因研究方法相对比较单一，缺乏法学、宗教学、行为科学、历史学、民族学等跨学科的多视角的深入分析，而无法对中国当代宗教立法、宗教法制的建构与宗教法制理论的发展提供强有力的本土的理论与经验支持。

（二）文献使用

清代后期至民国时期，虽然中国遭遇了诸如太平天国运动、陕甘回民事变/起义、八国联军侵华战争、日本侵华战争等大规模战争的破坏，但是迄今为止在各界人士的努力下仍然保存下来了中国历史上最为丰硕的相关法律文献与史料。这些法律文献与史料较为全面地记录了清代中国西部宗教立法的相关进程、主要内容与法律实践过程。

1. 档案法律文献

档案法律文献是研究历史和法律问题的最直接、最珍贵、最有权威的史料，主要包括中国第一历史档案馆未出版的"宫中朱批奏折""军机处录副奏折"，已出版的《清宫历世达赖喇嘛档案荟萃》《乾隆朝上谕档》《康熙朝满文朱批奏折》《雍正朝满文朱批奏折》《康熙起居注》《乾隆朝起居注》《年羹尧满汉奏折译编》《西藏奏疏》《西藏历史档案荟萃》《宫中档雍正朝朱批奏折》《雍正朝汉文朱批奏折汇编》《清代新疆稀见奏牍汇编（同治、光绪、宣统朝卷）》《抚远大将军允禵奏稿》《清初五世达赖喇嘛档案史料选编》《满文老档》《清初内国史院满文档案译编》《那彦成奏议》《俄中两国外交文献汇编（1619—1792）》《清高宗御制文》《元以来西藏地方与中央政府关系档案史料汇编》等中央与地方档案。这些档案法律文献基本上反映了当时清朝君臣对西部宗教立法的法律观念，较为真实地记载了清政府对中国西部宗教立法所做的基本工作历程。

2. 论著法律文献

论著法律文献是清代国家或个人对相关法律档案和有关法律问题的史料进行整理与初步研究的成果，如《大清历朝实录》《东华录》《东华续录》《钦定廓尔喀纪略》《廓尔喀纪略辑补》《皇清开国方略》《钦定历代职官表》《亲征平定朔漠方略》《清史稿》《章嘉国师若必多吉传》《清代蒙古高僧传译辑》《乌里雅苏台志略》《清朝藩部要略稿本》《蒙古逸史》《番僧源流考》《九世达赖喇嘛传》《蒙古志》《蒙古佛教史》《皇朝文献通考》《洮州厅志》《岷州志》《五世达赖喇嘛传——云裳》《七世达赖喇嘛传》《清真指南》《回疆通志》《寒松堂集》《清代新疆稀见史料汇集》《五世达赖喇嘛传》《循化厅志》《魏源全集》《蒙古源流》《中国回族金石录》《钦定西域同文志》《钦定西域皇舆图志》《钦定石峰堡纪略》《钦定兰州纪略》《光绪朝东华录》《左宗棠全集》《回疆志》《乾隆西宁府新志》《新疆图志》等。这些法律文献记载了清政府对西部相关宗教事务处理的过程。其中一些地方志较为详细地记载了清政府对中国西部不同地区政教关系进行法律调整的状况。

3. 法典法律文献

清政府继承了中国古代历代中原王朝的成文法传统，编纂和汇编了大量法典。其中较为重要的有：《钦定大清律例》《钦定大清会典》《钦定大清会典则例》《钦定大清会典事例》《康熙六年〈蒙古律书〉》《蒙古律例》《钦定理藩院则例》《钦定回疆则例》《乾隆朝内府抄本〈理藩院则例〉》等。这些法典规定和记载了当时清政府处理中国西部有关宗教事务的法律依据，反映了清代中国西部宗教立法的基本内容和大致特征。

在本书的研究过程中，笔者认真梳理和分析各种史料，坚持论从史出，同时使用法学、宗教学等学科的理论和方法进行综合考察，以期发现清代西部宗教立法的基本特征、规律和历史经验。

四、创新和局限

（一）研究创新

1. 方法的创新

本书主要以立法学、宗教学、历史学、民族学等相关学科的理论和方法对清代中国西部宗教立法问题进行跨学科的系统探讨和考察，在历史实证分析、阶级分析、民族分析、宗教分析的基础上进行规范分析，以及宏观与微观的比较研究，进而探究清代西部宗教立法的特征、经验和得失。

2. 研究对象与范围的创新

本书力图将宗教问题与民族、政治等问题适当剥离，将清代中国藏传佛教和伊斯兰教信众居住的西部地区作为一个独立的法律文化单元进行考察，以探求清代中国中央政府对西部宗教立法的基本特征、历史经验以及西部宗教立法在国家法律体系中的地位。

3. 史料的创新

本书在研究过程中使用了大量的地方志以及军机处录副奏折、朱批奏折等新的史料，对清代中国西部宗教立法的进程和成果进行了较为系统的考察。

4. 观点上的创新

（1）清代中国西部宗教立法以维护国家统一为目的，以对藏传佛教和伊斯兰教的立法为切入点，逐渐确立起维护国家政治统一、因势利导和循序渐进三个立法基本原则，其法律形式有"律""例""谕旨""令""章程""会典""习惯法"等。

（2）清代中国西部宗教立法以各种重要政治事件为契机而逐渐展开，以因势利导和循序渐进为主要方法，在清朝君主的领导下，经过近三百年的发展，逐渐形成了较为完备的宗教法律体系。

（3）清代中国西部宗教立法以加强国家管理为基本思路，对中国西部地区政教关系的法律调整始终以加强国家宗教监督、缩减宗教对国家世俗事务的影响、维护地方政治稳定为重要原则。

（4）清政府对藏传佛教的管理具有组织化和自治性特征。清代中国西部宗教立法将喇嘛朝贡、喇嘛朝觐、喇嘛年班、喇嘛敕封、喇嘛廪饩等制度统一使用于蒙藏地区，通过敕封制度和喇嘛僧官制度实现了对宗教管理权的法律配置，通过朝贡制度和年班制度在法律上确立了国家与受权者之间互动和沟通的有效机制，保证了喇嘛僧官制度和敕封制度的有效运行，而喇嘛僧官本身的宗教领袖身份，则使清代中国对藏传佛教的管理呈现出较强的组织化和自治性特征。

（5）清代中国西部宗教立法以世俗性规范为主要内容，缺乏平衡性。清代中国中央政府有关藏传佛教和伊斯兰教立法主要调整宗教团体和信众的世俗行为，在主体、立法进程、立法体例、调整方式、管理制度等规范建设方面具有不均衡性，对当下宗教立法原则的设定、宗教立法体制的建构、宗教行为的法律调整等具有重要的借鉴意义。

（二）研究局限

"清代中国西部宗教立法"是一个内涵较为丰富的研究领域，涉及法学、民族学、宗教学等多个学科，其中存在较多的研究困难。藏传佛教和伊斯兰教拥有悠久的历史，教理深邃，信仰主体复杂，涉及多种语言和多个民族，在中华民族的形成和发展、中国西部地区族群和谐与政治稳定，乃至古代国际关系等方面有着较为独特的重要贡献，存有大量的较为丰富宝贵的文献。

对该论题的深入探究存在着文献资料方面的语言障碍、相关学科理论和研究方法的正确运用等诸多问题。其中最为重要的障碍是研究该论题所需的大量相关的藏文和蒙古文档案法律文献尚未翻译整理，这需要学界同仁的共同努力。本书的研究主要是在前人研究基础之上，以清代国家中央立法为中心，以已整理之档案法律文献为主要史料，对清代中国西部宗教立法进行综合性的、宏观与微观相结合的尝试性考察和初步分析。该论题中尚有大量问题笔者未有时间、精力或能力对其进行深入考察与系统分析。例如，清代中国西部地方之宗教立法及其与中央立法之相互关系、清代中国西部宗教立法之历史渊源、清代中国西部宗教法制之丰富实践、清代中国回疆涉外宗教立法、清代中国西部宗教立法与民族自治体制之关系、清代国家宗教法律观念在西部宗教法制建构中之作用、清代中国西部宗教立法经验对当下中国西部宗教法制理论与体系的发展和完善之法律意义等问题的探讨，有待于对相关档案法律资料的进一步整理和深入挖掘，也有待于笔者对相关学科理论与方法的进一步掌握和熟练运用。

第 一 章
清代中国西部宗教
立法的基本原则与法律形式

清代中国西部宗教立法的基本原则和法律形式决定于清代中国西部历史语境，即其政治、经济、文化的发展水平及宗教格局。清代中国西部的多民族性、多宗教性毋庸赘言。长期以来，清代中国西部地区与所谓的中原地区之间形成了一种密切的包含政治、经济、文化在内的全方位的联系和互动。尤其是西部地方的蒙古族、藏族、维族等族群，元代以来，与中原在政治、经济文化等方面缔造了一种中国特色的依赖关系。① 这种关系也仅仅只可以在中国语境中进行解读，不能以西方殖民主义等理论进行检讨。本章拟在此种语境之下探讨清代中国西部宗教立法基本原则的主要内容、法律形式及其相互关系。

第一节 清代中国西部宗教立法的基本原则

一、维护国家政治统一原则

维护国家政治统一原则，是清代中国西部宗教立法的首要原则，也是

---

① 著名藏学家石硕先生对蒙藏地方与中原的这种全面依赖关系进行了论述。这种长期以来所形成的全方位密切联系也同样适用于维吾尔族、回族等其他民族，维吾尔族与中原的这种关系甚至可以追溯至唐代。请参见石硕：《青藏高原的历史与文明》，中国藏学出版社 2007 年版，第 261—360 页。

清代中国西部宗教立法的动力性原则，是对中国传统"因俗而治"与"羁縻"政策的发展和扬弃。其基本内涵是维护国家政治的稳定和统一，加强国家对宗教事务的监督与管理。

清代维护国家政治统一原则的确立决定于中国当时面临的国内、国际形势。国内形势是蒙古问题与宗教问题的连锁性和紧迫性。清朝是中国历史上少数民族入主中原建立的第二个大一统政权，在兴起的过程中非常注意与漠南蒙古贵族结成政治、军事同盟，而且正是依靠与漠南蒙古贵族结盟的政策，才拥有了稳定的后方，逐步实现了南下中原以统一中国的战略。然而，清政府欲巩固满蒙联盟，扩大自己的势力，即应当重视与漠南蒙古族同文同种的漠北、漠西蒙古各部的力量，完成蒙古各部之统一，否则将会动摇已形成的满蒙联盟。更为重要的是在完成漠南蒙古统一的过程中，满洲贵族获得了明朝统治者未曾找到的作为元代蒙古各部法定最高权力代表的玉玺，这也增加了满洲贵族统治者统一蒙古的自信。现实也正是如此，皇太极等满洲贵族也正是以这样的态度对待其他蒙古各部。崇德八年（1643年），皇太极向朝鲜通报称"诸蒙古尽归一统，威力愈盛"；在祭祀祖先时也称"诸蒙古尽归一统"。[1] 顺治元年（1644年），清政府继续向漠北蒙古土谢图汗部强调政治统一的重要性，谕称："……中原平定，朕诞登大位，我等与红缨蒙古素为一家，今应一统"[2]；次年，清政府敕谕车臣汗："奉天之恩，我获仇明国之政，遂登大宝。吾等由来是一体之国，现为众生休养生息计，当需政体和睦一致矣。"[3] 但是，其他蒙古各部贵族并不认同满蒙一体。清初，漠北蒙古各部贵族仍以"大国"自居，"动以佛教为言"[4]，兴兵构怨，"谋掠归化城"[5]，与清政府关系极

① 中国第一历史档案馆：《清初内国史院满文档案译编》上册，光明日报出版社1986年版，第217页。
② 中国第一历史档案馆：《蒙文老档》，蒙字1，敕谕档，转引自张永江：《清代藩部研究：以政治变迁为中心》，黑龙江教育出版社2001年版，第84页。
③ 中国第一历史档案馆藏蒙文顺治二年档，蒙2号，转引自齐木德道尔吉：《1640年以后的清朝与喀尔喀的关系》，《内蒙古大学学报（人文社科版）》1998年第4期，第13页。
④ 《清太宗实录》卷53，崇德五年十月癸丑。
⑤ 《清太宗实录》卷42，崇德三年七月丁卯。

度紧张，成为严重威胁现存满蒙联盟与西部安全的重要因素。天聪年间，漠北蒙古诸部贵族遣使察哈尔，"说察哈尔部，勿归满洲，速来漠北"。① 崇德五年（1640 年）八月，札萨克图汗举行了包括居于伏尔加河流域的土尔扈特部在内的漠西与漠北蒙古的大会盟。② 双方在会盟中提出消除分歧、抵制外来势力、进一步扩大藏传佛教格鲁派的影响等诸多问题，制定了《1640 年蒙古—卫拉特法典》。该法典显然具有"抵制刚刚勃兴在东部的'大清'政权"③ 的目的与倾向。顺治三年（1646 年）车臣汗硕垒诱使漠南蒙古苏尼特部额驸腾机斯叛逃漠北地区，欲害清朝公主，并于顺治五年（1648 年），"来犯喀伦"；顺治十年（1657 年）掠巴林部。④ 自康熙元年（1662 年），漠北蒙古贵族又开始内讧。先是和托辉特部台吉额琳沁·罗卜藏赛音杀札萨克图汗旺舒克，后是札萨克图汗成衮与土谢图汗察珲多尔济因人丁户口归属问题而产生纠纷。康熙二十五年（1677 年），漠北蒙古各部贵族在清政府的主持和达赖喇嘛使者的参与下进行了会盟，并且于佛像前设立重誓，规定自今以往，永当和谐；然而，土谢图汗和哲布尊丹巴呼图克图最终仅将札萨克图汗部之属民归还一半，并未完全履行盟约，为漠北蒙古的内争埋下了祸根。⑤ 漠北蒙古贵族内部的纷争，为后来漠西准噶尔部东扩提供了重要条件和借口。

　　漠北蒙古问题尚未解决，在藏传佛教格鲁派及西藏地方贵族支持下，漠西蒙古准噶尔部又迅速崛起，并对清政府西部政治军事安全提出新的挑战。准噶尔部贵族噶尔丹争得汗位之后，迅速统一漠西蒙古各部，并向中亚、回疆和漠北蒙古地区扩张势力，试图统一蒙古各部。康熙十七年（1678 年），清政府得知噶尔丹准备进攻青海后急令甘肃提督张勇等由兰

　　① ［日］稻叶君山著、但焘译：《清代全史》第 2 册，上海中华书局 1915 年版，第 134 页。
　　② 达力扎布：《清太宗邀请五世达赖喇嘛史实考略》，《中国藏学》2008 年第 3 期，第 78 页。
　　③ 赵云田：《清代蒙古政教制度》，中华书局 1985 年版，第 238 页。
　　④ （清）余正燮撰、于石等点校：《余正燮全集》第 1 册，黄山书社 2005 年版，第 381 页。
　　⑤ 《亲征平定朔漠方略》卷 4，康熙二十六年十月戊午，文渊阁四库全书史部纪事本末类，总第 354 册，台湾商务印书馆 1986 年影印版。

州移驻甘州。① 康熙二十六年（1678 年）噶尔丹兵分两路进攻土谢图汗部，而后者趁机将札萨克图汗沙喇杀害，致使关键时期漠北蒙古内部再次分裂。次年，噶尔丹以其弟多尔济扎卜和札萨克图汗被害为由大举进攻土谢图汗部，欲吞并漠北蒙古各部，"擒哲布尊丹巴"。② 康熙二十九年（1690 年），噶尔丹向清政府提出"圣上君南方，我长北方"③ 的政治要求，试图"在西藏神权势力的支持下，依靠沙俄的军援，一举占领喀尔喀蒙古地区"④。在噶尔丹的军事打击之下，土谢图汗、哲布尊丹巴等率部纷纷南迁至漠南蒙古汛界，表示愿意归附清政府，并请求后者予以赈济。康熙二十九年（1690 年），土谢图汗部 6000 余人乏食，清政府因此调独石口仓粟予以赈济，并按口赈济车臣汗部、哲布尊丹巴呼图克图之属众。⑤ 哲布尊丹巴呼图克图遣使上奏清政府："我众弟子众多，愿依皇上神圣太平之治，以副凤望。"⑥ 次年，清政府在多伦诺尔主持漠北蒙古各部会盟，进行设盟编旗，进一步调解其内部矛盾，在斥责土谢图汗和哲布尊丹巴呼图克图挑起漠北蒙古内部纠纷的同时，保留其各部汗王原有头衔和哲布尊丹巴呼图克图的名号，漠北蒙古各部内部纠纷遂逐渐平息。⑦ 清政府对漠北蒙古的收集离散、尊重黄教的政策很快取得了较好的效果。康熙三十年（1691 年），车臣汗部 1000 户从俄罗斯控制的地区进入内蒙古乌珠穆沁；康熙三十二年（1693 年），土谢图汗部车凌扎布等台吉率属下 600 户亦由俄罗斯控制地区归附。⑧ 与此同时，噶尔丹仍然向清政府索要土谢图汗和哲布尊丹巴呼图克图，其前锋直抵乌兰布通。面对噶尔丹的步步紧逼，清政府果断采取军事措施，在乌兰布通和昭莫多两次战争中打败

---

① 《清圣祖实录》卷 72，康熙十七年三月己未。
② 《清圣祖实录》卷 136，康熙二十七年八月己酉。
③ 《亲征平定朔漠方略》卷 7，康熙二十九年七月己酉，文渊阁四库全书史部纪事本末类，总第 354 册，台湾商务印书馆 1986 年影印版。
④ 郭松义：《清代全史》第 3 卷，辽宁人民出版社 1995 年版，第 165 页。
⑤ 《清圣祖实录》卷 144，康熙二十九年正月庚申。
⑥ 《亲征平定朔漠方略》卷 4，康熙二十七年九月丁卯，文渊阁四库全书史部纪事本末类，总第 354 册，台湾商务印书馆 1986 年影印版。
⑦ 《清圣祖实录》卷 151，康熙三十年五月丙戌。
⑧ 苏联科学院远东研究所等：《十七世纪俄中关系》第 2 卷第 2 册，商务印书馆 1975 年版，第 634—636 页。

噶尔丹，噶尔丹在战败之际死去。此时清朝也亟需休养生息。而策旺阿拉布坦趁噶尔丹大败之时收集准噶尔部余众，使准噶尔再次进入兴盛时期，并于康熙末年派兵攻占拉萨，试图控制佛教圣地西藏。① 在与准噶尔的长时期对峙之中，清朝没有放弃统一西部的基本国策，漠西蒙古准噶尔部贵族也未放弃统一蒙古各部的目标，而且"在策略上更注意利用西藏的宗教势力"②。清政府与漠北蒙古贵族之间的对抗一直持续至乾隆初期。乾隆十九年（1754 年），清政府以准噶尔贵族内讧为契机制定出彻底解决困扰其半个多世纪的准噶尔问题的基本战略，逐渐实现国家政治统一。③

　　清代中国所面临的国际形势是俄罗斯的东来及其给清政府带来的挑战。俄罗斯经过几个世纪的扩张，将其边界推进至清朝"龙兴"之地黑龙江以及漠北和漠西蒙古地区。俄罗斯一方面向清政府派出使者议定边界，另一方面"在黑龙江的侵略活动有增无减，并逐步升级"。④ 康熙十一年（1673 年），俄罗斯"移殖无数农民于雅克萨附近，建设村落，开拓土地，以为持久之计，至是清廷始悟俄人之真意"。⑤ 尽管清政府与俄罗斯签订有《尼布楚条约》，"通过国际法意义的条约（尽管还不完善）将其阻挡在国门之外"⑥，但是俄罗斯并未停止其入侵漠北和漠西蒙古地区的步伐。在漠北蒙古地方，俄罗斯曾计划向所有部落散发用蒙文书写的致哲布尊丹巴的公开信，并"号召他们归顺俄国"⑦。在漠西蒙古地方，俄罗斯一直试图不断扩张领土。1616 年，俄国托波尔军政长官 N. C 库拉金派出以托米洛·彼特洛夫和伊凡·库尼金为首的使团与杜尔伯特部达赖台什谈判，劝说漠西蒙古贵族加入俄国国籍。⑧ 1688 年，为与准噶尔缔结俄

①　马大正等：《卫拉特蒙古史纲》，新疆人民出版社 2006 年版，第 100—107 页。

②　马大正：《中国边疆经略史》，中州古籍出版社 2000 年版，第 254 页。

③　《清高宗实录》卷 464，乾隆十九年五月壬午；马大正等：《卫拉特蒙古史纲》，新疆人民出版社 2006 年版，第 120—121 页。

④　王荣笙：《清朝全史》第二册，辽宁人民出版社 1995 年版，第 373 页。

⑤　［日］稻叶君山：《清朝全史》第二册，上海中华书局 1915 年版，第 116 页。

⑥　张永江：《清代藩部研究——以政治变迁为中心》，黑龙江教育出版社 2001 年版，第 321 页。

⑦　［俄］尼古拉·斑蒂—卡缅斯基：《俄中两国外交文献汇编（1619—1792）》，商务印书馆 1982 年版，第 402 页。

⑧　马大正等：《卫拉特蒙古史纲》，新疆人民出版社 2006 年版，第 136 页。

准联盟，俄罗斯官员戈洛文在伊尔库次克乾多次召见准噶尔使者。① 乾隆十七年（1752 年），俄罗斯指令奥伦堡总督涅普留耶夫和捷夫凯列夫将军竭力争取达瓦齐，认为达瓦齐是当时有希望控制准噶尔全境的贵族人物，"而跟他在一起的另一个人，因为是那里的准噶尔统治者的叔伯兄弟，为了往后的事，尤其是关于准噶尔领主对西伯利亚领土纠纷不已的要求，应尽可能加以抚慰和召来奥伦堡"②。清朝也坚持其既定的统一漠北、漠西蒙古的国策，关注漠北和漠西蒙古形势的发展。康熙二十一年（1682年），清政府特意向哲布尊丹巴通报"三藩之乱"平定的相关情况，以表示其对漠北蒙古地区和藏传佛教事务的关心。③ 乾隆时期，在统一准噶尔的过程中为索取叛臣阿睦尔撒纳，清政府曾经以与俄罗斯开战相威胁。④

维护国家政治统一原则即是在上述语境中逐渐确立起来的。鉴于藏传佛教格鲁派在蒙古各部落的巨大影响和当时面临的复杂政治形势，清政府将该原则用于指导西部宗教立法，主要表现于不断加强国家对藏传佛教的行政监督，强化相关管理主体的法律责任。在漠北蒙古地方，哲布尊丹巴呼图克图被中央政府确认为该地区最大的宗教领袖，而其重要活动则须向后者汇报和审批，相关管理主体也必须按照国家宗教立法履行自己的职责。乾隆二十七年（1762 年），漠北蒙古王公奏请"将哲布尊丹巴移驻多

① 郭松义：《清代全史》第三卷，辽宁人民出版社 1995 年版，第 165 页。

② ［苏］伊·亚·滋拉特金著、马曼丽译：《准噶尔汗国史》，商务印书馆 1980 年版，第 409 页。

③ 彭建英：《中国古代羁縻政策的演变》，中国社会科学出版社 2004 年版，第 270 页。

④ 乾隆帝谕称："是逆贼一日不获，西路之事一日不能告竣。揆之事理，实有不能中止之势也。但目今时届寒冬，士马亦宜休息。兆惠、富德、及顺德讷等，俱已有旨令其暂回军营。一面令理藩院行文俄罗斯萨纳特衙门，令其将逆贼阿睦尔撒纳即行送出。俄罗斯乃我朝与国，素称和好。从前议定：彼此不许容留逃人，即前年平定伊犁时，俄罗斯逋逃在彼者，俱经送还；若果逆贼在伊境内，遵谕缚献，以全信义，则渠魁就获，准噶尔一事便可从此奏功；设因阿睦尔撒纳之摇尾乞怜，遂至受其愚弄，为之窝藏隐匿，又或别有他意，其应如何索取之处，另行相机筹办，候旨遵行。朕非穷兵黩武，特以事势所迫，不得不然。在军营诸臣心存怯懦，未尝不欲借渡河溺死一语，遂图草草收局。而外省诸提镇不识事机，方且飞章奏贺。朕既为之一笑，且深叹任事之无人也，可将此通行晓谕知之。"（《清高宗实录》卷 547，乾隆二十二年九月丙辰）

伦"，"照王公例食俸，所管徒众亦照蒙旗例，分设佐领管理，并赏戴花翎，允当官差"①，实际上是不满清朝中央政府对哲布尊丹巴转世灵童的监督和干涉。乾隆帝婉转地拒绝了这些请求，并指出从前哲布尊丹巴"所以移驻多伦者，因蒙乱未平，恐有警犯，故暂行移驻，现蒙境安谧，假令仍驻多伦，恐伤外蒙人民信仰之心，应仍常川驻锡库伦为是"②；"哲布尊丹巴为出家之人，不与王公等相同，发给俸禄亦与体例不合，其徒众等不当官差原出于圣祖之体恤，况各旗差使本不甚繁，分派军台所用无多，已经敷用，无须再派哲布尊丹巴之徒众等，著仍照旧办理"。③乾隆三十年（1765 年），照看哲布尊丹巴呼图克图僧众的库伦蒙古办事大臣桑斋多尔济因私图渔利，擅自与俄罗斯签订互市条约而被罢免；清政府认为库伦满洲大臣毫无觉察、隐匿不报，将其"解京正法"。④ 乾隆三十三年（1768 年），"因俄人越境多，令于恰克图驻扎官兵一百名"。⑤ 这些均是加强国家对漠北蒙古地方宗教行政监督和管理的重要立法内容。

在西藏地方，清政府也逐渐加强对该地宗教组织财政等方面的行政监督。廓尔喀战争后，乾隆帝将达赖和班禅为首的宗教组织视为京城内的满洲亲王贵族，在改革西藏宗教组织财政制度时，谕称：

> 布达拉、扎什伦布两处商上向不归驻藏大臣经管，达赖喇嘛、班禅额尔德尼平素自奉以及例需应用各项，俱听其自便。今改隶驻藏大臣综理，亦不可过于严切，应如在京派令经管阿哥家务大臣相似，不过代其稽查出纳，不致如从前为达赖喇嘛、班禅额尔德尼弟兄亲族暨噶布伦商卓忒巴等籍端侵渔。至达赖喇嘛、班禅额尔德尼自用及公用

① 蒙文原著、陈仁先译：《蒙古逸史》，台湾广文书局有限责任公司 1976 年版，第226—227 页。
② 蒙文原著、陈仁先译：《蒙古逸史》，台湾广文书局有限责任公司 1976 年版，第225—226 页。
③ 蒙文原著、陈仁先译：《蒙古逸史》，台湾广文书局有限责任公司 1976 年版，第227 页。
④ 蒙文原著、陈仁先译：《蒙古逸史》，台湾广文书局有限责任公司 1976 年版，第236—237 页。
⑤ 蒙文原著、陈仁先译：《蒙古逸史》，台湾广文书局有限责任公司 1976 年版，第240 页。

各项仍照旧听其自行支用，不可管束太过，以示体恤。①
达赖喇嘛商上收支主要供给藏传佛教组织佛事活动和日常生活费用，乾隆
帝从西藏地方政治稳定和国家政治统一的角度考虑，认为驻藏大臣有必要
对其进行监督，但财务监管不可过严，应如同在京大臣对阿哥家务的经
管。在宗教活动方面，清政府规定西藏佛教组织有涉外宗教活动时必须报
告驻藏大臣，并谕令："此后藏地诸事必须关白驻藏大臣，不得再私遣人
与贼来往，如此明白断定，俾喇嘛及唐古特人等咸喻此意，方可协力同仇
剋期藏事。"② 驻藏大臣的职责已形成定例。达赖喇嘛选择经师、受戒及
举办重大佛事活动等事务，均应由驻藏大臣奏请清朝中央政府审批，以保
证西藏宗教组织在政治上与中央保持统一。③

总之，维护国家政治统一原则是清政府的一项基本国策，也是清代西
部宗教立法的首要原则，决定于当时中国西部政治、民族宗教格局等方面
的发展趋势，在宗教立法上的主要表现是加强国家对西部宗教的行政监督
和管理。

二、因势利导原则

因势利导原则，是清代中国西部宗教立法的一项重要技术性原则。其
具体内涵是承认西部宗教组织的合法性，同时对其宗教活动进行规范与限
制，引导西部宗教与清朝统治相适应，引导宗教维护西部社会政治安定，
进而达到国家政治团结与统一的目的，即"广教安民"④ "兴黄教即所以
安众蒙古"⑤。

这一原则首次明确提出于福康安等在处理廓尔喀第二次侵藏善后事宜
和宗教立法的过程中，并得到清政府的默认。乾隆五十八年（1793 年）

① 吴燕绍辑、吴丰培增订：《廓尔喀纪略辑补》卷40，中国社会科学院民族研究所历
史室 1977 年油印本，中央民族大学图书馆藏。
② 吴燕绍辑、吴丰培增订：《廓尔喀纪略辑补》卷16，中国社会科学院民族研究所历
史室 1977 年油印本，中央民族大学图书馆藏。
③ 第一历史档案馆朱批奏折，档案号：04—01—14—00821—048，04—01—14—
0092—079。
④ 《清高宗实录》卷41，乾隆二年四月壬午。
⑤ 《清高宗实录》卷1427，乾隆五十八年四月辛巳。

二月，福康安等奏称：

> 查达赖喇嘛、班禅额尔德尼及大呼图克图转世，当其立教之初，前数辈或尚不迷本性。此后出世之呼毕勒罕是否实有根气，其事原属渺茫未必确有征验，亦未闻有真能记忆前生来历、认取前辈物件者，然无此转世之呼毕勒罕，则众喇嘛等无所统属，皈依转难安辑。仰惟圣主振兴黄教之意，亦因各部蒙古番俗崇信佛法，因势利导，以便方俗而安外番。①

由此可见，因势利导原则确立的主要现实原因在于宗教是一个非常复杂的问题，清政府认可转世制度是由于现实中对僧人有效管理和安藏辑藩的需要。同年三月，驻藏大臣和琳也奏称：

> 自去年闰四月到藏以来，遵旨认真整饬，近来番民疲顽积习颇觉改观。达赖喇嘛遇有公事无不向臣和琳告知，而噶布伦以下人等亦皆各知畏法不敢妄行滋弊。嗣后循此章程，诸事由驻藏大臣主持，会同达赖喇嘛商办操纵，随时事权归一，使喇嘛番目等既知畏服又乐遵从，惩劝互施，因势利导，自可收默化潜移之效。②

但因势利导作为一种稳定的处理西部宗教事务的事实上的原则，最早可以追溯至清初。藏传佛教传入蒙古各部之后，"蒙古王公们一开始就积极利用喇嘛教及其影响来为自己争夺特权。而喇嘛也认为这是巩固它在蒙古的影响和增加自己的财富的补充手段，因而不拒绝任何人向他请求这种帮助。喇嘛教领导人慷慨颁封轰动一时的头衔和受人尊敬的称号，以此强调汗和王公们的才能和功勋"。③ 这导致宗教问题与民族政治问题纠结在一起。如土谢图汗之子被确定为哲布尊丹巴呼图克图，受到蒙古贵族的拥护，成为漠北蒙古最大的活佛；曾经称雄漠西蒙古、统一天山南北的准噶尔贵族噶尔丹一出生即被认定为西藏温萨活佛的转世灵童。其中更可玩味的是关于哲布尊丹巴的前世安排，一般认为是西藏觉囊派活佛多罗那它的

---

① 吴燕绍辑、吴丰培增订：《廓尔喀纪略辑补》卷50，中国社会科学院民族研究所历史室1977年油印本，中央民族大学图书馆藏。

② 吴燕绍辑、吴丰培增订：《廓尔喀纪略辑补》卷51，中国社会科学院民族研究所历史室1977年油印本，中央民族大学图书馆藏。

③ ［苏］伊·亚·滋拉特金著、马曼丽译：《准噶尔汗国史》，商务印书馆1980年版，第159页。

转世。但据陈庆英等考证，哲布尊丹巴的前身并不是多罗那它。一世哲布尊丹巴一开始即属于格鲁派，其出家时所拜第一个师傅是温萨巴活佛，而温萨巴活佛又称温萨活佛。① 若此说正确，则意味着一世哲布尊丹巴是噶尔丹前世的弟子。这种蒙古教权格局的安排，其对抗目标很显然是刚刚崛起的清朝。正是因为藏传佛教传入蒙古后与蒙古贵族发生的这种复杂的联系，皇太极才逐渐确立起尊崇藏传佛教、使藏传佛教组织承担起维护国家政治统一义务的政策。在与准噶尔半个多世纪的多方面的较量中，清政府进一步认识到藏传佛教的重要性，哪一方控制了格鲁派和西藏，哪一方即拥有了号召和统一蒙古各部的力量。康熙三十五年（1696 年），清廷曾敕谕达赖喇嘛："朕统御寰区，以生成为务，尊崇佛教，以道律为本，故特往召班禅，将以化导悖乱，中外礼法归一也。"② 并在法律层面上承认以达赖喇嘛为首的藏传佛教对国家政治统一和稳定所做的贡献。康熙四十五年（1706 年）再次谕称："视昔之达赖喇嘛，不知其他，但其身存日，六十年来，塞外不生一事，俱各安静，即此可知其素行不凡，不可轻视也。"③

因势利导原则的表现之一是优待藏传佛教僧侣。天聪六年（1632年），皇太极将庆缘寺葛根察哈尔迪彦齐一世莎木腾阿斯尔进贡的枣骝马归入御骑，封之为"金座"之例；对来归的慈寿寺葛根察罕迪彦齐一世、崇禧寺葛根额尔德尼迪彦齐一世等宗教上层人士以贵宾待之，加倍优礼。④ 顺治年间，清政府多次迎请五世达赖喇嘛，并总结优待藏传佛教高层人士的历史和现实原因："当太宗皇帝时尚有喀尔喀一隅未服，以外藩蒙古惟喇嘛之言是听，因往召达赖喇嘛。其使未至，太宗皇帝晏驾。后睿王摄政时往请，达赖喇嘛许于辰年前来，及朕亲政后召之，达赖喇嘛即启行前来，从者三千人。"⑤ 清政府因此进而制定出一系列关于藏传佛教的法律规范。而较为系统的对因势利导原则的内容进行论述的清朝君主则是乾隆帝。他在其《御制喇嘛说》中对清政府的宗教立法基本原则进行了较为精致的解释和阐述："兴黄教，即所以安众蒙古，所系非小，故不可不保护之"。①

因势利导原则的表现之二是广建寺庙，支持藏传佛教的传布。在清朝中央政府的支持下，北京、热河、盛京、漠南蒙古等地方修建和重修了大量的寺庙。这个修建过程从皇太极开始，至乾隆时期达到了高峰。北京地区先后修建和重修的寺庙有雍和宫、妙应寺、崇福寺、福佑寺、黄寺、黑寺等33座；热河地区修建或重建的寺庙有溥仁寺、溥善寺、开仁寺等8座，在多伦诺尔地区先后修建了汇宗寺、善因寺、会心寺、曼陀罗庙等19座；呼和浩特地区修建和重建了大召、锡勒图召、崇福寺等7大召，以及延喜寺、广缘寺等8小召，此外还有五塔寺、隆福寺广化寺等72座寺庙；五台山地区重修和修建有文殊寺、镇海寺等24座寺庙，盛京地区修建有实胜、长宁寺、广慈寺等10座寺庙。据不完全统计，清代中期内蒙古寺庙约有1800余座，喇嘛15万人左右。② 至19世纪中期，漠南蒙古共有寺庙1200余座③，喇嘛仍有约10万余人④。祁韵士等大臣明确指出，清政府大规模修建寺庙，"盖以绥靖荒服，非阐扬黄教也"。⑤

因势利导原则的表现之三是引导宗教与国家政治治理相适应，巩固国家政治统一。如清朝对漠北蒙古地区宗教的管理即基本遵循这一原则。清政府根据漠北蒙古的宗教信仰，以宗教的方式使二世哲布尊丹巴及其以降的呼毕勒罕均转世于西藏，避免了该地区因世俗贵族争夺呼毕勒罕转世而导致的政治动荡。清政府在处理漠北地区哲布尊丹巴转世灵童的纠纷时，也是依照因势利导的原则，接受章嘉国师若必多吉的建议，进行灵活的处

---

① 《清高宗实录》卷1427，乾隆五十八年四月辛巳。
② 德勒格：《内蒙古喇嘛教史》，内蒙古人民出版社1998年版，第452页。
③ ［意］图齐、［德］海西希：《西藏和蒙古的宗教》，耿昇译，天津古籍出版社1989年版，第353页。
④ 乌云毕力格等：《蒙古民族通史》第四卷，内蒙古大学出版社1993年版，第334页。
⑤ （清）祁韵士等：《皇朝藩部要略》卷18，续修四库全书史部地理类第740册，上海古籍出版社2002年影印版，第518页。

理，未导致政教关系紧张。据《章嘉国师若必多吉传》记载：

> 喀尔喀地方的一个喇嘛也宣称：哲布尊丹巴之呼毕勒罕是假的，而他自己的一个侄子才是真正的呼毕勒罕。一些喀尔喀人也人云亦云，随之起哄讹传。王桑杰道尔向大皇帝奏报了此事。大皇帝本来另有处置，这时也按章嘉国师的建议，将其召来热河居住。象这种无知狂徒干出飞蛾扑火自取灭亡之事，章嘉国师以护持众生的布施使之免于灭亡之事例还有许多。①

虽然该记载主要是为了表彰章嘉国师对佛教做出的贡献，但是也说明清政府在处理相关宗教问题时能够接受佛教高僧大德的建议，将宗教的方法和国家世俗的方式相结合，为维护漠北地区政治稳定留下协商的余地。

在国家宗教立法的宣传方面，清朝中央政府也尽力体现其因势利导的立法基本原则。清政府敕建寺庙的碑文经常提及国家保护藏传佛教的原因。如《惠远庙碑文》曰：

> 朕御极以来加意护持，俾安净土，因思古今之有佛教，特以劝善惩恶、济人觉世为本。黄教之传，所以推广佛经之旨也，演教之地愈多，则佛法之流布愈广，而番彝之向善者益众。西藏既有班禅额尔德尼，而近边之番彝离藏遥远，皆有皈依佛法之心，因思川省打箭炉之外有地曰噶达，昔年达赖喇嘛曾驻锡于此，爰相虑川原，创建庙宇。②

相对于普通信众和其他臣民而言，清政府通过这样的方式向世人宣示国家给予藏传佛教政治特权和尊崇的法律地位的原因，是它具有"劝善惩恶""济人觉世"的社会作用。相对于宗教团体而言，这并非简单的宗教说教和政治演说，而是通过一种特殊方式引导藏传佛教宗教组织充分发挥其教育信众的重要功能，为中国西部民族地区的政治稳定做出自己应有的贡献。

对于伊斯兰教，清政府也通过这样的方式宣示自己的宗教立法。乾隆二十八年（1763年），清政府在今北京西长安街敕建清真寺，其碑文曰：

---

① （清）土观·洛桑却吉尼玛著、陈庆英等译：《章嘉国师若必多吉传》，民族出版社1988年版，第295页。
② 张虎生：《御制惠远庙碑文校注》，《中国藏学》1994年第3期，第97页。

　　……朕寅承天地祖宗鸿庥，平准噶尔，遂定回部各城。其伯克霍集斯、霍什克等并赐爵，王公赐居邸舍，而余众之不令回其故地者，咸居之长安门之西，俾服官执役，受缠旅处，都人因号称回子营。夫齿繁则见庞，辨类则情涣，思所以统同合异，使瞻听无奇邪，初不在辟其教而矫揉之也。且准部四卫拉特内附，若普宁寺，若固尔札庙，既为次第创构，用是宠绥。回人亦吾人也，若之何望有缺耶！爰命将作，支内帑美金，就所居适中之地，为建斯寺。……尔回之俗，向惟知有鲁斯讷墨，今则朔奉朝正矣；向惟知有腾格，今则铸颁泉府矣。越及屯赋，觏享诸令典，其大者靡弗同我声教，而国家推以人治人之则，更为之因其教以和其众。①

该碑虽有清政府纪念回疆统一的意思表示，但是同时也是在向伊斯兰宗教组织和神职人员强调其应当引导西部乃至全国的穆斯林臣民服从清廷的专制统治，维护穆斯林聚居区的政治稳定和对清政府合法性的认同。

　　因势利导原则还体现于国家法律规范对宗教财产的调整方面。为达到维护西藏地方政治稳定的目的，清政府不是鼓励藏传佛教组织聚敛财富，而是将佛教教理引入成文法律，以此引导西藏宗教贵族减少对佛教信徒的宗教税收剥削。如《钦定西藏善后章程二十九条》第九条规定：

　　释迦牟尼高居上苍，普度众生。达赖喇嘛率领众喇嘛在世讽经说法，旨在为众生造福消灾，惠及番众。此次寇贼侵藏，边地百姓饱尝痛苦。被兵之济咙、绒辖、聂拉木三处免收一切钱粮差徭二年，宗喀、定日、喀达、春堆等处免收一年。铁猪年以前，前后藏一切欠缴租赋，全行蠲免；各地僧俗官员、大小头目人等所欠之税赋，减半蠲免。如此方能符合大皇帝仁慈广被藏地众生之至意，且对达赖喇嘛等藏地百姓造益无量。②

该法律条文的前半部分规范内容表明清朝中央政府试图从佛教教理方面寻找此次宗教财产立法的原因，后半部分规范内容则是要求达赖喇嘛为首的宗教组织减免宗教税收。这不但较为充分体现了清政府的政治法律智慧，

① 余振贵等：《中国回族金石录》，宁夏人民出版社 2001 年版，第 199—200 页。
② 中国藏学研究中心等：《元以来西藏地方与中央政府关系档案史料汇编》，中国藏学出版社 1994 年版，第 828—829 页。

而且也说明清政府宗教立法对因势利导原则的遵守与应用达到了一定的水平与高度。

在对伊斯兰教的立法中，因势利导原则集中表现于清政府承认伊斯兰教信仰在中国的合法性，没有在全国推行禁绝伊斯兰教的政策，即使在苏四十三回民起义/事变之后，依然从总体上对伊斯兰教坚持一种宽容的政治法律态度，否决了某些地方封疆大吏有关禁绝伊斯兰教的提议。①

综上所述，因势利导是清代中国西部宗教立法的技术性原则，体现了清政府对藏传佛教与伊斯兰教立法的较为稳妥的态度和审慎的精神。清政府深深领悟到了西部民族政治问题的关键，同时也掌握了中国西部宗教立法的金钥匙，正如有学者指出：清政府在西藏、蒙古、甘青地区的民族宗教政策"有效地维护了祖国的统一和领土完整，值得充分肯定"。②

三、循序渐进原则

循序渐进原则，也是清代中国对西部宗教立法的较为稳定的技术性原则，即对中国西部宗教活动采取循序渐进的立法方式，尽量不激化与宗教上层和信众的矛盾，抓住有利时机渐次进行立法。

清代对藏传佛教的立法从清初至乾隆后期，其历程近百余年。清政府不断依据有利时机进行适时立法。在西藏地方，康熙后期，和硕特部拉藏汗被准噶尔部策旺阿拉布坦杀害之后，清政府立即进兵西藏，确立对达赖喇嘛为首的西藏宗教贵族的直接法律政治管辖；雍正年间，以后藏贵族颇罗鼐战胜前藏贵族为契机，实行政教分立，将七世达赖喇嘛从拉萨移驻理塘，防止僧俗贵族矛盾激化，同时册封其父索诺木达尔扎为公爵，禁止其干预西藏政事；乾隆五十七年（1792 年），以反击廓尔喀侵藏和善后立法为契机，确立金瓶掣签制度、扩大驻藏大臣对藏地僧俗事务的管理权限。正如乾隆帝自己所说："盖举大事者，必有其时与其会，而更在乎公与明，时会至而无公与明以断之，不能也；有公明之断，而非其时与会，亦望洋而不能成。"③ 由此可见，清政府在藏传佛教事务处理方面的基本态

① （清）左宗棠：《左宗棠全集》第 16 册，中国书店 1986 年版，第 14583 页。
② 王钟翰：《王钟翰清史论集》第二卷，中华书局 2004 年版，第 837 页。
③ 张羽新：《清朝治藏典章研究》，中国藏学出版社 2002 年版，第 609 页。

度，即根据形势的发展和需要进行渐进性改革与立法。

清政府对漠南蒙古地方宗教的立法也体现了循序渐进的原则。雍正元年（1723年），山西巡抚诺岷向清廷上奏五台山喇嘛"不守安分"，强占民人作佃户，"淫荡扰民"，认为应当将其调往别处寺庙，选择忠厚贤良的和尚主持寺院，并转呈民人对喇嘛的诉状。雍正帝朱批：

> 此奏甚是，殊属可嘉。唯五台山有众多蒙古大庙，若给和尚，蒙古人只要涉及喇嘛之事就全不顾身命，此事颇关系蒙古人心。先惩办恶者，从严立法，观察看看。①

由此可见，雍正帝不但否决了山西巡抚请求将喇嘛调离五台山寺庙的建议，而且指令其不可操之过急，应当严格立法，以观后效。

清代国家对漠北蒙古地方宗教事务的立法，经过了一个漫长的循序渐进的过程。清政府并未采用激烈的方式进行立法改革，而是利用哲布尊丹巴呼图克图转世的机会以谕旨的方式对相关宗教事务进行调整，创造了一系列惯例。如雍正元年（1723年），一世哲布尊丹巴圆寂后，清政府旋即对哲布尊丹巴僧众的管理体制进行改革，谕令设立商卓特巴和堪布诺门汗，各给敕印，分管僧众之行政和宗教管理事务，以达到分割哲布尊丹巴教权和安定僧众之政治目的。② 这样的立法既符合稳定宗教团体和信众的实际需要，又有助于顺利实现国家对宗教团体和信众监督的目的。乾隆十九年（1754年），清政府以哲布尊丹巴宗教事务繁忙为辞，谕令将其管理僧众的世俗权力取消。③ 正如学者所说："清代对蒙政策的成功处，正在不以雷霆万钧之势，以威服外藩。"④

渐进性原则，体现了清政府对宗教组织利益的重视，维护了蒙藏边疆地区政治团结与稳定，避免了乾隆中期以前因立法改革过度而导致西部地区政治动荡局面的出现。

---

① 中国第一历史档案馆：《雍正朝满文朱批奏折全译》，黄山书社1998年版，第522—523页。

② （光绪朝）《大清会典事例》卷974《理藩院一二》，中华书局1990年影印版。

③ ［俄］阿·马·波兹德涅耶夫著、刘汉明等译：《蒙古及蒙古人》第1卷，内蒙古人民出版社1989年版，第561页。

④ 李毓澍：《外蒙政教制度考》，台湾"中央"研究院近代史研究所专刊（5），1978年，第177页。

第二节　清代中国西部宗教立法的法律形式

清代中国西部宗教立法的法律形式较多，主要包括律、令、谕旨、则例、会典及事例、习惯法等。这些法律形式互相联系，互相补充，形成了较为完善的体系。

一、清代对藏传佛教立法的法律形式

（一）律

律是清代中国最基本、最稳定的法律形式。乾隆五年（1740 年），清政府在总结顺、康、雍时期立法经验的基础上，采用律例合编的形式，正式颁布《大清律例》。正如张晋藩先生所说："清初由简单地袭用明律，经过近百年的时间，几经修订终于完成《大清律例》，这个过程反映了清统治者从抚临中国的实际经验中越来越认识到建立统一法制、加强司法的重要。"①《大清律例》是清政府处理藏传佛教问题的重要的法律依据之一。如在处理红帽活佛沙玛尔巴勾结廓尔喀侵掠后藏的事件中，驻藏大臣和琳等先后将沙玛尔巴之亲属 7 名拿获，并于乾隆五十七年（1792 年）十月奏称：

> 查律载：谋反大逆者，兄弟子年十六岁以上者皆斩。今沙玛尔巴始而潜往阳布，原属谋叛；迨后唆使贼匪纠约多人抢掠扎什伦布，即与谋反无异，应请照谋反大逆兄弟之子皆斩例，将其亲侄乐伞建本、难结敦柱卜、策旺班珠尔三犯一体拟斩，并将其财产查抄入官。再查，沙玛尔巴尚有堂侄阿里一名，堂侄女现充女尼一名，并难结敦柱卜等之母，名曲米热殿，妻一口，名乌珠曲结；幼子一，名罗布藏泽殿；幼女二口，一名色楞卜痴，一名白噶那仲。现在一体拿解。虽律无缘坐之条，但沙玛尔巴主唆抢掠，酿成边衅，实属罪首祸魁。今虽伏冥诛，究属幸逃，国宪必当将其家属严加惩治。所有阿里等男女大

---

① 张晋藩：《中华法制文明的演进》，法律出版社 2010 年版，第 767 页。

小七名口应否发两广、福建烟瘴地方安插，赏给功臣为奴之处，统俟命下之日钦遵办理。①

清帝令军机大臣传谕福康安等："……所有沙玛尔巴亲侄乐傘建本等三犯竟著解京，交部治罪。其阿里等七名口，即交四川总督，分发两广、福建烟瘴地方安插，不必解京。"② 这是清政府首次对西藏僧侣贵族私通外国行为进行的最为严厉的处罚。依据《大清律例》卷二十三《刑律·盗贼上》规定："谋反，及大逆，但共谋者，不分首、从，皆凌迟处死。正犯之祖父母、父、子、孙、兄弟及同居之人，不分异姓，及伯叔父、兄弟之子，不限籍之同异，年十六以上，不论笃疾、废疾，皆斩。"③ 由此可见，清朝中央政府对沙玛尔巴亲属的处罚的最后判决还是有所减轻，并未严格按照国家法律判处死刑，但已足以说明《大清律例》的统一适用性。

（二）令

令是中国传统重要的法律形式之一，具有较高和较为稳定的法律效力。虽然经过较长时期的演变，作为重要法律形式的"令典"在清代已不复存在，正如刘广安教授所说："'律令体系'的概括性说法，只适用于秦汉至唐宋时期的法律体系，不适用于先秦时期的法律体系，也不适用于元明清时期的法律体系。"④ 但是作为法律生成过程中重要的形式，令之重要性仍然在清代的法律政治实践中有所体现，是清代处理相关国家事务的重要法律规范，与其他法律形式仍然有一定的区别，且发挥着重要的规范作用。

这种法律形式的外部表现形态一般是经过皇帝审批的大臣的奏议或皇帝的谕旨，但是与一般的谕旨不同。最重要的区别是在奏议或谕旨中大臣或皇帝先就某些重要问题表达自己一些较为重要的看法，然后标明"著为令"，最后由皇帝正式批示。如雍正二年（1724年），刑部等衙门议奏：

五台山喇嘛索纳木巴丹强奸民人杜青云妻王氏，王氏乃誓拒，至

① 吴燕绍辑、吴丰培增订：《廓尔喀纪略辑补》卷43，中国社会科学院民族研究所历史室1977年油印本，中央民族大学图书馆藏。
② 吴燕绍辑、吴丰培增订：《廓尔喀纪略辑补》卷43，中国社会科学院民族研究所历史室1977年油印本，中央民族大学图书馆藏。
③ 张荣铮等点校：《大清律例》，天津古籍出版社1998年版，第358页。
④ 刘广安：《令在中国古代的作用》，《中外法学》2012年第2期，第378页。

夜，忿极自缢。王氏建坊、入祠；喇嘛比光棍为首例，斩立决。著为令。从之。①

这条"令"的内容主要表达了大臣认为应对喇嘛犯强奸罪进行立法的看法，最后经过皇帝的审批而成为法律。再如乾隆五十六年（1791 年）九月，乾隆帝谕内阁曰：

> 从前西藏戴绷、第巴缺出，皆由达赖喇嘛处定补，曾降旨令驻藏办事大臣会同达赖喇嘛商议拣选补放。至噶布伦责任更要，遇有缺出时，若即将达赖喇嘛议定正陪之人奏放，仍不免徇情滋弊，著交驻藏大臣，嗣后凡噶布伦缺出，会同达赖喇嘛于应升用人内，择其能事者，秉公选定正陪，于各人名下，注明如何出力之处，奏请补用，俟朕拣放。驻藏大臣倘有徇私不公者，一经发觉，必加重谴。著为令。②

该令的内容主要表达了皇帝对某些问题的重要决定，最后表示对这件事情非常重视，应当作为具有普遍适用性的规则来遵守。此令所规定的拣选"噶布伦"的程序被次年所制定的《钦定西藏善后章程二十九条》第十一条所吸收。③再如嘉庆十六年（1811 年），漠北蒙古土谢图汗等由理藩院转奏，表示愿意代替哲布尊丹巴办理乌拉差役，清政府根据当时漠北蒙古的形势，做出了具体的立法调整。兹将该令旨内容照录如下：

> 理藩院奏：喀尔喀四部落盟长土谢图汗车登多尔济等，呈请愿代哲布尊丹巴呼图克图交库图勒多伦等三处之乌拉官畜人物代为请旨一摺。阿勒台地方安设喀喇沁台站，哈布苏尔噶乌拉之库图勒多伦、塔拉多伦、莫端三处所备乌拉牲畜人物，向系哲布尊丹巴呼图克图徒众备办，今车登多尔济等因哲布尊丹巴呼图克图徒众牲畜节年被灾，多有伤损，呈请该四部落按佐领多寡均匀代办，尚为急公奋勉，殊属可嘉！惟哲布尊丹巴呼图克图品级较大，此项乌拉向系伊之徒众备

---

① 《清世宗实录》卷 16，雍正二年二月甲戌；金启倧：《清代蒙古史札记》，内蒙古人民 2000 年版，第 74 页。

② 吴燕绍辑、吴丰培增订：《廓尔喀纪略辑补》卷 2，中国社会科学院民族研究所历史室 1977 年油印本，中央民族大学图书馆藏。

③ 请参见廖祖桂等：《〈钦定藏内善后章程二十九条〉版本考略》，中国藏学出版社 2006 年版，第 73—74 页。

办，由来已久。若因近年被灾牲畜伤损即令免交，派令四部落代交，则将来该四部落人等亦不免稍有拮据，似未平允。而该呼图克图徒众处牲畜时灾既过，自可日渐蕃息。嗣后该处乌拉，着该四部落与哲布尊丹巴呼图克图徒众各按三年轮班更换备办。著为令。①

该令的大部分内容是在分析清政府作出立法改革的原因，最后一句是有关立法改革的详细规定。其他方面的立法与该立法较为相似，如同年清政府谕内阁："嗣后满洲六部侍郎年至六旬者，著照向例准其坐轿。至理藩院侍郎，非六部侍郎可比，虽年逾六旬，仍不准坐轿。著为令。"② 该令内容的结构与前述各种令的结构基本相同。

综上所述，"令"的制定表明清代国家对某一类问题的重视，并因此而将其纳入国家立法的范畴。"令"在清代文献中没有以独立的法律形式进行编纂，说明其大部分内容已经融入其他法律形式之中，而上述尚未被《钦定大清律例》《钦定大清会典》和《钦定大清会典事例》等法律形式所吸收的令的内容则表明其仍然发挥着传统的"令"的惩戒、引导等规范性作用，并对其他法律形式发挥着重要的补充作用。

（三）谕旨

谕旨既是中国古代封建王朝行政的一种公文，但同时也经常作为进行直接立法、颁布法律的一种重要方式。当然并非所有的谕旨都具有规范的性质。有些谕旨仅仅是皇帝对某个问题的特批，有些谕旨表明朝廷的态度，有些谕旨还明确写有"不得援以为例"等语句。除"著为令"之类的谕旨具有稳定的法律效力之外，立法过程中皇帝颁发的谕旨也有较强的法律效力。寻找八世达赖喇嘛转世灵童的事件即为例证。虽然《钦定西藏善后章程二十九条》第一条确认了护法降神在转世灵童认定过程中的合法性，但是在寻找八世达赖喇嘛过程中，驻藏大臣转奏济咙呼图克图描述寻找灵童的过程时称，济咙呼图克图尊崇乾隆帝的圣旨，"未敢降神护法、跳龙丹，惟有率领众喇嘛虔心念经，以求呼毕勒罕及早出世。又采访

---

① 《清仁宗实录》卷240，嘉庆十六年三月庚申。该记载亦表明清政府对藏传佛教团体的减免差税优待并非通常认为的那样无所节制。
② 《清仁宗实录》卷245，嘉庆十六年六月丙寅。

舆论，藏内大小人等金云，第九辈达赖喇嘛应在东方出世。"①

有些谕旨虽然没有明确说明是在立法，但是却产生着立法的作用，并进而成为以后办理相关案件的依据。如乾隆五十七年（1792 年）闰四月，清政府接到八世达赖喇嘛等西藏僧俗贵族请求赦免仲巴呼图克图的信件之后，令军机大臣传谕鄂辉等：

> 仲巴乃前辈班禅之兄，非他人可比，贼匪侵扰扎什伦布时，伊正当率领众喇嘛看守庙宇，乃于贼匪到时济仲喇嘛等求乞龙单，即向伊告知，伊反倡率众人逃避，其罪比济仲尤重。盖扎什伦布地方有班禅额尔德尼数辈塔座在彼，皆因伊首先逃避，以致塔上镶嵌物件俱被贼匪劫掠，此其忘背祖师，即为悖乱佛法，《贤愚因缘经》第一卷内即载佛舍身割肉喂鸟一节，况于前辈世代塔座庙宇之重，尤应不惜躯命加以护持，乃仲巴只为身谋，弃舍逃避，实为佛法之所不容，本应即予正法，姑念伊系前辈班禅之兄，特加宽宥，但令解送来京，著在从前班禅额尔德尼所住德寿寺居住，实为法外之恩，又何得再令其回藏。从前达赖喇嘛之弟罗布藏根敦扎克巴之罪比伊本轻，现因达赖喇嘛奋勉军务，加恩令其回藏，适堪布囊素来朝，令其见面，特降谕旨，证诓伊福薄身故。今仲巴之罪较为重大，恐班禅额尔德尼年幼，众喇嘛不识大道，未必不仍望其回藏。着鄂辉、和琳接奉此旨，亲到布达拉，传集达赖喇嘛、班禅额尔德尼及前后藏众呼图克图喇嘛人等，告以大兵进剿廓尔喀贼匪，特为卫护黄教起见，并将仲巴、济仲分别治罪，亦欲使众喇嘛通知大义、尊持黄教之故，明白晓谕，俾伊等咸知朕意。②

在上录谕旨中，乾隆帝从各方面寻找处罚班禅之兄的理由。判决的事实依据是仲巴呼图克图尚未尽到保护扎什伦布寺之职责，率先逃跑；判决的法律依据是"佛法"和"国法"，其中"佛法"即经文所记佛舍身割肉喂鸟体现出的教法方面的义务，"国法"即从前对达赖喇嘛之弟罗布藏根敦

---

① 中国第一历史档案馆：朱批奏折民族类，第 1442 号，卷第 4 号，转引自柳陞祺等《清代在西藏实行金瓶掣签的经过》，《民族研究》1982 年第 4 期，第 18 页。

② 吴燕绍辑、吴丰培增订：《廓尔喀纪略辑补》卷 43，中国社会科学院民族研究所历史室 1977 年油印本，中央民族大学图书馆藏。

扎克巴判决所体现的国家法律。乾隆帝强调仲巴呼图克图所犯罪行较罗布藏根敦扎克巴更为严重，现在已是法外开恩。乾隆帝的这道谕旨是在重申清政府欲在西藏确立的一个规则：破坏国家统一、扰乱西藏政治安定者应予以严惩。

（四）例

清政府处理藏传佛教事务的"例"大致可分为三类。第一类是经过较为系统的编纂的则例，是中央"衙门中经办的有一定典型性并经诏准的章则事例，是各衙门办事的依据和重要的法律形式"①。《钦定理藩院则例》是所有部院则例中处理藏传佛教事务的最为重要的法律依据，涉及处理藏传佛教事务的法律规范达100余条、230余款。② 其中的《喇嘛事例》是中国西部宗教立法的核心规范，直至清末仍然为清朝中央政府所高度重视，并不断被修订。在法律实践中，该《喇嘛事例》也得到各级官员的重视。同治十二年（1873年）正月，清政府安插完毕在平定西部边境叛乱中作出重要贡献的喇嘛棍噶扎勒参所统率的1400余徒众之后，大臣奏请"颁给汉、蒙、满三体字《喇嘛则例》"。③ 该事件也表明，《喇嘛事例》在实践中可单独使用。

第二类是定例，其基本表现形式是皇帝谕旨，但是在谕旨内容的最后有"著为例"此类词语。康熙四十四年（1705年），清廷发布谕旨："闻蒙古缉盗，盗俱投喇嘛藏匿。嗣后喇嘛等如将罪犯容留，查处一体治罪。著为例。"④ 乾隆四十八年（1783年），理藩院认为，七世达赖喇嘛之父受封辅国公，其子继袭，如果继续世袭下去，则与来归有功之蒙古王公等毫无差别，建议待其子去世之后，令其家族停止世袭，此后有与此相似者，皆令承袭一次。清廷就此类事件发布上谕：

> 索诺木达赖尔札以生达赖喇嘛，故封辅国公爵，伊子孙承袭二次。今达赖喇嘛示寂，若其父所遗世爵，竟尔裁汰，朕心实为不忍，

---

① 张晋藩：《中华法制文明的演进》，法律出版社2010年版，第771页。
② 张荣铮等点校：《钦定理藩部则例》，天津古籍出版社1998年版，第16页。
③ 《清穆宗实录》卷348，同治十二年正月癸巳。
④ （雍正朝）《大清会典》，近代中国史料丛刊三编第77辑，台湾文海出版有限公司1994年版，第14462页。

如仍世袭公爵,于例又属难行。朕念达赖喇嘛,俟札什纳木扎勒(达赖喇嘛之兄弟)出缺后,著加恩赏给一等台吉世袭罔替,并著为例,永远遵行。①

第三类是成案,即国家处理藏传佛教事务的奏折等,虽未经过系统编纂,但影响深远。在处理藏传佛教事务过程中,《钦定理藩院则例》没有明确的相应规定时,清朝相关官员即可从各种成案中找寻相似的事件比照处理,并最后请求君主审批。因此,成案在处理藏传佛教事务中也具有一定的法规范意义。道光二十六年(1846年)迎接哲布尊丹巴之呼毕勒罕时,道光皇帝谕内阁:

> 理藩院议奏遵旨妥拟迎接哲布尊丹巴呼图克图之呼毕勒罕各项事宜一折,朕详加披阅,与迎接前五世哲布尊丹巴呼图克图之呼毕勒罕办过成案相符,均依该院所奏。②

由此可见,皇帝也引用成案作为审批大臣处理藏传佛教事务建议的法律依据。同治四年(1865年),驻藏大臣奏请颁给西藏协办商上事务诺们罕罗布藏青饶汪曲敕印,清政府令理藩院查阅成案议奏,最后以无成案可依而拒绝此项请求,谕曰:"罗布藏青饶汪曲并非曾经转世,亦非奉特旨颁给,核与成案均未相符","将掌办商上印信先行解交四川总督衙门,著骆秉章会同崇实暂行封存。"③ 这表明在不存有成案可依的情况之下,处理相关宗教事务须由皇帝特批。光绪元年(1875年),章嘉呼图克图之沙哩尔欲乘驿前往五台山,理藩院因无相似成案而奏请清帝特批,清政府加恩赏银一千两,"由理藩院银库给发,余着该衙门照例办理"。④ 实际上拒绝了章嘉呼图克图沙哩尔的请求。

总之,《钦定理藩院则例》是清代中国西部宗教立法的核心规范,定例、成案是《钦定理藩院则例》相关规范内容的重要来源之一,其增加与变化的速度也远远大于《钦定理藩院则例》,而且某些定例与成案所具

---

① (清)祁韵士等:《皇朝藩部要略》卷18,续修四库全书史部地理类第740册,上海古籍出版社2002年影印版,第519—520页。
② 《清宣宗实录》卷437,道光二十六年十二月丙寅。
③ 《清穆宗实录》卷149,同治四年七月戊寅。
④ 《清德宗实录》卷24,光绪元年十二月下。

有之规范意义尚未完全被后者所吸收，对后者依然具有重要的补充作用，与后者共同构成了清代中国西部宗教立法的重要内容。①

（五）章程

章程是国家相关机关讨论后制定的处理国家重要事务的法律文件，具有较大的稳定性和明确性，并经过清朝中央政府审批。清朝处理藏传佛教事务的章程主要有《酌定西藏善后章程十三条》《酌定西藏善后章程十九条》《酌议藏中各事宜十条》《钦定西藏善后章程二十九条》《酌拟裁禁商上积弊章程二十八条》《新治藏政策大纲十九条》《青海善后事宜十三条》等。这些法规对藏传佛教管理制度、宗教财产制度等问题进行着较为详细的规定。② 其中《酌定西藏善后章程十三条》《钦定西藏善后章程二十九条》等均曾被翻译为藏文，为西藏僧俗所熟知。《钦定西藏善后章程二十九条》是清代有关藏传佛教立法的较为重要的法律文件，其重要条款后来被《钦定理藩院则例》中的《喇嘛事例》和《西藏通制》所吸收。清代关于藏传佛教立法的章程数量较多，表明清政府对藏传佛教及相关民族事务立法的高度重视。从稳定性与系统性方面看，章程的稳定性较谕旨更高，内容比令更为系统。所以，在《钦定理藩院则例》编修之前，《钦定西藏善后章程二十九条》在藏传佛教事务的法律调整方面起着主要的支撑作用。

（六）会典和会典事例

《钦定大清会典》是清朝对《大明会典》法制经验的继承和发展。它将"各种形式的重要立法，几乎一无遗漏地辑录在内，标志着立法工作的进步"③，"相当于清帝国之宪法"④。

---

① 无论是《钦定理藩院则例》，还是此后要讨论的《钦定大清会典》、《钦定大清会典事例》等法律文件，这些文献均可归入刘广安教授所提出的"汇编式法典"之中。既然是此类法典的编纂方法是"汇编式"，那么就表明其立法的局限性和与其他相关法律形式的互补性。请参见刘广安：《中国传统法典作用的再探讨》，《中国法律史学会2007年国际学术研讨会论文集》，中国政法大学出版社2008年版；《令在中国古代的作用》，《中外法学》2012年第2期。

② 刘广安：《简论清代民族立法》，载《中国社会科学》1989年第6期，收入刘广安《中华法系的再认识》，法律出版社2002年版，第93—98页。

③ 张晋藩：《清朝法制史》，中华书局1998年版，第29页。

④ 张晋藩：《中华法制文明的演进》，法律出版社2010年版，第771页。

清朝初年，朝中大臣对会典的编纂即非常重视，刑科右给事中魏象枢曾奏称说：

> 我国定鼎五年，礼乐大备，法度维新，庙谟煌煌，足垂万禩，乃有次第修举万不可缺者，莫如会典。夫会典所载，皆百臣奉行之政令，诸司分列之执掌，即官礼诸制，无不条悉其中。①

清朝共制定有 5 部《钦定大清会典》、2 部《钦定大清会典事例》，"在六部之后均立《理藩院》卷，下属门类则以司定事，收入大量不同时期民族立法内容"②。清政府要求全国官员"恪遵勿替、期永勉旃"③。康熙帝在第一部《大清会典·御制序》中说：

> 夫朝廷之规制损益，无一不关于黎庶，大中之轨立则易而可循，划一之法行则简而守制治。保邦之道，惟成宪是稽，不慕重欽用，是特命儒臣纂辑会典，纲维条格，甄录无遗，终始本末，梨然其实，庶几大经大法耀日星而遵道路者，咸得有所据依矣。④

雍正朝《大清会典·凡例》亦有对自身性质的说明："会典所载，皆经久可行之事，其有良法美政奉旨特行者，咸备书之，其事属权宜，不垂令甲者，则略而不录。"⑤ 所谓"令甲"是指中央政府颁布的重要令旨。由此亦可会典和会典事例与中国传统法律形式"令"的密切关系。

乾隆朝首次将会典和会典事例分开编纂，再次明确会典和会典事例的重要地位和相互关系犹如律和例，认为"会典所载必经久长行之制"，"例可通，典不可变"⑥。这样的编纂方式更加突出会典在各种法律形式中

---

① （清）魏象枢：《寒松堂集》（一），王云五主编丛书集成初编本，上海商务印书馆 1936 年版，第 3—4 页。

② 徐晓光等：《清朝对"蒙古例"、〈理藩院则例〉的制定与修订》，《内蒙古社会科学》1994 年第 3 期，第 55 页。

③ （嘉庆朝）《大清会典·御制序》，近代中国史料丛刊三编第 64 辑，台湾文海出版有限公司 1991 年影印版，第 11 页。

④ （康熙朝）《大清会典·御制序》，近代中国史料丛刊三编第 72 辑，台湾文海出版有限公司 1992 年影印版，第 5—7 页。

⑤ （雍正朝）《大清会典·凡例》，近代中国史料丛刊三编第 77 辑，台湾文海出版有限公司 1994 年影印版，第 8 页。

⑥ 《钦定大清会典则例》，文渊阁四库全书史部政书类，第 620 册，台湾商务印书馆 1986 年影印版，第 8 页。

的效力地位。每一部会典均在理藩院这个部门的卷下，对藏传佛教事务相关条款进行了汇编与整理。在法律实践中，会典是清政府处理相关宗教事务的重要法律依据。虽然嘉庆朝及其以后并没有严格遵照"典不可变"的原则进行立法，但是此后《钦定大清会典》不再按照立法的时间对相关法规进行系统整理，而是依照调整的范围对相关法规进行编排。这也说明嘉庆朝及其以后《钦定大清会典》更加具有编纂式法典的性质。

至于《钦定大清会典》和《钦定大清会典事例》在法律实践中的运用，有关档案文献记载，乾隆四十四年（1779 年）六世班禅进京朝觐乾隆皇帝时，关于如何支给班禅及随从人员口粮一事，理藩院曾奏："其在热河，每日支给口粮，即照会典内载之例支给。"[①] 由此可见会典的重要作用。

（七）习惯法

习惯法主要包括由清朝国家所认可的宗教习惯、宗教组织内部规范、国家处理宗教事务的相关惯行等。哲布尊丹巴呼图克图的转世，皆由西藏达赖喇嘛、班禅额尔德尼和护法等人员进行确认，即是重要的惯行。乾隆五十七年（1792 年）之前，清政府借助藏传佛教活佛转世传统宗教习惯，将二世以后历世哲布尊丹巴呼毕勒罕转世于西藏。金瓶掣签立法进而使活佛转世的宗教习惯法转变为国家制定法。藏传佛教的其他大量习惯或内部规范也因清政府授予蒙、藏地区以一定的自治权而较为完整地保留下来。其中某些习惯法还成为后人批评清政府的一个重要原因。如人们一般认为蒙藏地区人口增加缓慢、蒙古族一蹶不振的原因是清政府对西藏和蒙古的宗教政策，因为"蒙古一家如果有五个或三个男子，就必须有三至一个男子出家当喇嘛"。[②] 然而，翻检清代官方成文法规，却找不出其相关之政策与法律条文。尽管如此，也不能否认该习惯即是法律。因为在以蒙古盟旗制度和噶厦制度为主要内容的民族自治和宗教自治的语境中，国家未进行干涉即为默认，其法律效力最终来源于清代国家。佛教戒律也是为国家所承认的习惯法。西藏各呼图克图应遵守格鲁派的戒律，否则将受到清

---

① 张其勤原稿、吴丰培增辑：《清代藏事辑要》，西藏人民出版社 1983 年版，第199 页。

② 王钟翰：《王钟翰清史论集》第二卷，中华书局 2004 年版，第 829 页。

朝中央政府处罚。《清实录》记载，道光二十五年（1845年）三月，清廷谕军机大臣等：

> 穆彰阿等奏：会讯已革诺们汗之弟工布等一案，于喇嘛囊素寓所起出已革诺们汗寄交番字呈词二纸，译出进呈。已革诺们汗呈控各情，虚实均应查办。着文庆等公同酌议，或遴派委员赴藏严密访查，或传提案内紧要人证赴川讯究，其呈内所称章嘉呼图克图到藏时亲往多只札寺求红教之《呢玛经》，及第穆呼图克图不能安静并有女人等语，均属有违禁令。如果查明属实，未便置之不问，着即酌量定拟，查明妥办，毋失抚驭外夷之心，译出呈词，钞给阅看。将此谕令知之。①

其中章嘉呼图克图求红教之《呢玛经》属违犯清朝独崇黄教之宗教政策，第穆呼图克图"有女人"属违犯格鲁派戒律之行为，均引起清朝中央政府高度重视。此外，相关档案亦记载，咸丰年间西藏第穆呼图克图阿旺罗布藏吉克美嘉木参因不守清规，经穆腾额、谆龄等驻藏大臣审明定拟，被撤去呼图克图及札萨克名号，发往宗喀地方，并于咸丰四年（1854年）十二月在该地方病故，焚化尸身。② 由上可见，清政府对藏传佛教戒律的认可和执行较为重视。

二、清代对伊斯兰教立法的法律形式

（一）律

《大清律例》在清代陕甘地区具有毫无疑问的效力。乾隆十二年（1747年），河州（今甘肃临夏）马应焕因教派之争，以"邪教"起诉马来迟为首之新教，此案从陕甘地方一直上诉至京师，适用的法规即是《大清律例》所规定的程序和方法，引起了清朝中央政府的注意，后者将案件发给甘肃巡抚黄廷桂等重审。③

此外，据《回疆通志》记载，嘉庆九年（1804年）以前回疆喀什噶

---

① 《清仁宗实录》卷415，道光二十五年三月癸未。
② 第一历史档案馆：朱批奏折，卷号：04—01—01—0865。
③ 第一历史档案馆：朱批奏折，卷号：04—01—0155—058。

尔官府衙门收藏有《大清律》19 本、《新纂大清律》2 本和《蒙古律》2 本。① 新疆建省后，《大清律例》扩大了在该地的适用范围。

（二）谕旨

在清朝处理伊斯兰教事务过程中，皇帝的谕旨占有较为重要的地位，具有最高的法律效力。这些谕旨所规定的内容成为重要的宗教立法。

雍正时期，针对大臣鲁国华、陈世倌等人屡次向中央政府奏请取消伊斯兰教、拆毁清真寺，雍正帝多次发布谕旨，对其错误观点进行批驳。其中雍正七年（1729 年）上谕说：

> 彼之礼拜寺、回回堂，亦惟彼类中敬奉而已，何能惑众？朕令汝等禁新奇眩幻骇人之事。如僧、道、回回、喇嘛等，其来已久，今无故欲一时改禁革除，不但不能，徒滋纷扰，有是治理乎？②

清朝统一回疆之后，乾隆二十五年（1760 年），清廷谕令回疆大臣：

> 逆贼霍集占等虽负恩肆恶，自取诛戮，至其先世君长一方，尚无罪戾。今回部全定，喀什噶尔所有从前旧和卓木等坟墓可派人看守，禁止樵采污秽；其应行修葺分例，并著官为经理，以昭国家矜恤之仁，而外藩等亦共知所激劝。著舒赫德、新柱等即遵谕行。③

这一谕旨使回疆驻扎大臣承担起一项较为重要的法律义务，即保护和卓坟墓，也是向回疆地方宗教贵族宣布对回疆伊斯兰教及其宗教利益的承认和保护，并试图以此获得后者的支持，缓和清政府与当地宗教贵族的矛盾。

（三）例

清代西部宗教立法直接针对伊斯兰教的例较少，其代表是《钦定回疆则例》。嘉庆十六年（1811 年），理藩院开始编纂《钦定回疆则例》，将办理回疆事务的相关奏折、谕旨等进行清理汇编，后来又对其进行多次修改。《钦定回疆则例》吸收了清初对回疆民族宗教立法的经验，其中"关于维族地方职官职掌的规定，基本上是认可了维族地方旧有的官

---

① （清）和宁等：《回疆通志》卷 7，民国十四年刊本，国家图书馆藏。
② 台湾故宫博物院：《宫中档雍正朝朱批奏折》第 3 辑，台湾故宫博物院 1984 年影印版，第 177 页。
③ 《清高宗实录》卷 609，乾隆二十五年三月壬戌。

制"。① 这些旧有的地方官制所包含的有相关宗教管理的制度，也为清政府所继承。

（四）章程

章程是处理西部伊斯兰教问题的重要法律依据。乾隆二十四年（1759 年），定边将军兆惠等制定、经乾隆帝批准的《喀什噶尔设官定职、征粮铸钱及驻兵分防各事宜》初步对回疆伊斯兰教的管理制度进行了规定，为此后清政府对回疆伊斯兰教之立法奠定了一定基础。② 乾隆四十六年（1781 年），镇压苏四十三回民事变后，清政府制定了《甘肃善后章程》，开始重点对陕甘地区的伊斯兰教传布活动进行规范与限制。③

（五）习惯法

清代对伊斯兰教事务之管理在一般情况下系依照传统习惯法而展开与实现。翻检清代卷帙浩繁的五朝《钦定大清会典》、三朝《钦定大清会典事例》《大清律例》《钦定礼部则例》《钦定吏部则例》《钦定理藩院则例》等相关的汇编式国家法典，以及《清实录》等文献，清朝直接的有关管理伊斯兰教事务的成文法律规范的数量极其有限。会典和则例中的相关条文主要仅仅对宗教管理的相关机构的设立与职权有着简单的规定。由此亦可推知，在清朝统治者的治国理念之中，伊斯兰教的法律地位较为低下。乾隆四十六年之前，陕甘地区伊斯兰教事务的处理基本依照《钦定大清律例》，无专门系统的成文法律规范进行调整。即使在乾隆四十六年之后，除回疆地区之外，其他地区的专门成文法律规范依然较少。在这种情境下，习惯法依然是处理相关伊斯兰教事务的重要准据规范。民国时期，金吉堂先生对北京东四清真寺所做的调查表明，清朝统治者对清真寺的管理有一定的不成文的惯例，这些惯例主要是对清代之前中央政府管理伊斯兰教事务过程中形成的习惯的默认和继承。④ 这些习惯法的适用范围

① 刘广安：《清代民族立法研究》，中国政法大学 1989 年博士论文，第 90 页。

② 参见刘广安：《清代民族立法研究》，中国政法大学 1989 年博士论文，第 81—85 页。

③ （清）龚景瀚编、李本源纂修：《循化厅志》，道光二十四年抄本，台湾成文出版社 1968 年影印版，第 181—183 页。

④ 金吉堂：《敕赐清真寺的五百年》，《中国伊斯兰教史参考资料选编》上册，宁夏人民出版社 1985 年版，第 495 页。

包括陕甘地区。

伊斯兰教内部规范也是广义的清代中国西部宗教立法的重要表现形式。这些宗教内部规范在回疆地区和陕甘地区均大量存在。我国学者王东平对清代回疆伊斯兰教内部规范的法律渊源进行了研究，指出主要包括：《古兰经》经注学著作，如《夏特姆》《灯盏圣训集》《克夏普》《卡孜拜扎威的塔夫斯日》《幽玄钥匙》等；教法学著作，如《伊里米·匹克核》《穆黑塔萨尔》《夏尔黑·威卡耶》《乌苏里·匹克核》等；苏非派经典，如《和卓阿比孜》《麦斯乃威·谢里甫》《热夏哈特》等。① 这些伊斯兰教著作中包含的规范和精神是维吾尔族调整内部各种社会关系与行为的重要依据，清政府默认其与从前一样具有法律效力而不予干涉。新疆建省之后，这些习惯法的适用范围有所缩减。当然，对这些规范的研究无法完全包容于本书的研究之中，需要开辟新的研究领域。

---

① 王东平：《清代回疆地区法律典章的研究与注释》，《西北民族研究》1998 年第 2 期，第 82 页。

第 二 章
清代中国西部宗教立法的历史进程

宗教立法的进程是指国家对宗教事务进行立法的较为完整的动态过程。考察清代中国西部宗教立法的历史进程有助于理解清代国家对西部宗教的基本法律态度与探讨清政府西部宗教立法的基本特征。清代对藏传佛教和伊斯兰教立法的进程有较大差异。本章拟对清代中国西部宗教立法的进程进行宏观与微观相结合的历时性考察。

第一节　清代中国对藏传佛教立法的历史进程

一、萌芽期：天命至顺治时期（1616—1661 年）

（一）天命时期（1616—1626 年）

作为后金政权的创立者，清太祖的一些言行体现出其对藏传佛教的基本法律观念。他不是一个无神论者，也相信天命，但更相信天命之下人的努力。档案记载，他曾训导自己的属下：

> 彼因信佛，不娶妻室，不食人间粮谷，择精食以为生，其能立志制胜旨，何处有之？是乃福也！所谓福者，夫乃信奉神佛，苦修今世之身，求得福至，以期来世生于吉祥之地，所以求福也！尔诸贝勒、大臣，与其仅求一身之福，何如克成所委之兵，以善言训育属下众

民，去其邪念，开导民心，同心向善。对上不背于汗，忠记书职，则
尔等亦可扬名也！我常念者，上天所予大国之事，励精图治，乃从公
听断，弥盗平乱，普济贫困。若能仰副天意，抚养贫困，国归太平，
则对天是大功，对己是大福！①

由此可见，清太祖认为那些信佛者之所以能够坚持修行，是由于可以获得
"福"，即来世能够生于"吉祥之地"，但是对于贝勒、大臣等人，不能仅
求一人之"福"，真正的"福"是能够在治理国家和民众方面有一番作
为，这是"大福"。这种政、教有别的宗教法律思想在其对归附后金的蒙
古贵族的训话中表达的更为清楚：

尔蒙古未尝不持念珠、颂佛号，而欺诈横逆之风不息，天弗汝
佑，俾尔诸贝勒自乱其心，殃及国人。今尔等即归顺于我，贤者固予
优礼，无能者亦皆抚育，自后勿萌不善之念。若怙恶不悛，即以我国
法度治之。②

努尔哈赤训饬的含义是，事在人为，蒙古部衰落的关键在于蒙古贵族自己
不争气，而且明确地阐述了蒙古信教与国家法律的关系。但无论如何，清
太祖均未否认藏传佛教的作用。故而，天命六年（1621 年）努尔哈赤规
定："不准任何人毁坏庙宇！不准在庙内拴马牛！不准在庙内屎尿！如有
违令毁庙（在庙内）拴牛马者，即逮捕治罪。"③ 这一立法未限定适用的
具体空间范围和对象，应当包括后金军队能够到达的所有地区及该地所有
供奉神灵的庙宇。这些有关宗教的法律思想与法律实践为其后的藏传佛教
立法奠定了基础。

（二）天聪至崇德时期（1627—1643 年）

皇太极在位初期，藏传佛教已在漠南蒙古地区得到广泛传播。④ 对喇
嘛和信众的宗教行为，皇太极曾给予严格的规范。天聪七年（1633 年）

---

① 中国第一历史档案馆等译注：《满文老档》（第一册），中华书局 1990 年版，第
38—39 页。

② （清）阿桂等：《皇清开国方略》，文渊阁四库全书史部编年类，总第 341 册，台湾
商务印书馆 1985 年影印版，第 112 页。

③ 中国第一历史档案馆等译注：《满文老档》（第一册），中华书局 1990 年版，第
38 页。

④ 乔吉：《蒙古佛教史》，内蒙古人民出版社 2007 年版，第 156 页。

规定:"喇嘛班第出居城外清净处所,有请喇嘛念经治病者家主治罪";
"喇嘛班第有容留妇女,及不呈明吏部私为喇嘛、私盖寺庙者,治罪。"①
针对藏传佛教信仰者宗教活动中的负面现象,他大加斥责。崇德元年
(1636 年) 曾发布上谕称:

> 喇嘛等口作讹言,假以供佛持戒为名,潜奸妇女、贪图财利,常
> 悖逆造罪,索取生人财物牲畜,声称使人免罪于幽冥,诞妄莫过于此
> 者! 尔喇嘛等造罪,在此索取财物牲畜也,至于冥司,谁念尔等索财
> 之情面,遂免其罪孽乎? 今之喇嘛,当称为妄人,不宜称为喇嘛。蒙
> 古人深信喇嘛之言,靡费财物牲畜,忏悔罪过,欲求冥魂超生福地。
> 愚谬莫过于此者!②

质言之,这些假借供佛之名而聚敛财富、扰乱社会秩序者并非真正的喇
嘛,蒙古贵族反而愚蠢地相信这些"妄人"。皇太极的这些观念是在乃父
思想基础上的发展。此道上谕亦表明,皇太极反对的是藏传佛教信众中出
家之后仍然贪财好利的喇嘛,而不是藏传佛教信仰本身。其中包含着宗教
信仰与世俗行为分离的法观念,即喇嘛聚敛钱财的世俗行为是非法的。这
种既承认藏传佛教信仰又反对喇嘛妄行的宗教法观念始终是清代中国西部
宗教立法核心理论基础。崇德元年 (1636 年),皇太极对受佛教影响的丧
葬习俗开始进行规制,谕令嗣后"蒙古人为死人旋转轮结布旛之事,一
律禁止"。③ 皇太极还对喇嘛僧侣的数量和念经人数做出强制性规定,将
内齐托音喇嘛及诸"无行"喇嘛等所私自收集的汉人、朝鲜人遣还本主,
给以妻室;对于既不愿遵守戒律又不愿娶妻的喇嘛给予"宫刑"这样严
厉的处罚。④ 这些立法体现了满洲政权初期宗教立法的特征,即既承认藏
传佛教的合法性,又依据国家政治统一的原则对其次核心宗教行为与核心

---

① (康熙朝)《大清会典》,近代中国史料丛刊三编第 72 辑,台湾文海出版有限公司
1992 年影印版,第 3628 页。
② 中国第一历史档案馆等译注:《满文老档》(第一册),中华书局 1990 年版,第
1406 页。
③ 中国第一历史档案馆等译注:《满文老档》(第一册),中华书局 1990 年版,第
1406 页。
④ 《清太宗实录》卷44,崇德三年十二月丁巳。

外宗教行为①进行严格规范，防止其削弱国家政权的力量。

皇太极也认识到藏传佛教对大清国发展的影响，逐渐确立起利用藏传佛教的宗教政策。为解决漠北蒙古的归附问题，崇德二年（1637 年）皇太极写信给土伯特汗，邀请喇嘛高僧至清朝直辖地区传教。② 次年，首次以立法的方式确定喇嘛来朝时的日用待遇问题，具体规定见下表：

表 1　崇德三年喇嘛来朝待遇统计表③

喇嘛级别	肉	羊	酒	面	灯油	盐	回时路费
大喇嘛		1 只	1 瓶	1 斤	2 钟	若干	羊 1 只
小喇嘛总领		1 只		0.5 斤	1 钟	若干	肉 1 斤/日
格隆、俄木布	2 斤/人					1 两	盐
班第	1 斤					1 两	盐

崇德七年（1642 年），清政府首次对达赖喇嘛来使的待遇进行立法，规定：西藏达赖喇嘛若遣使来朝，赐恩燕一次；④ 每日正副使各给羊 1 只、茶 1 包，众番僧共给羊 1 只，每人给牛乳 1 旋、酥油 5 两、灯油 4 两，并给盐，回时每日各给羊 1 只，作为路费。⑤

（三）顺治时期（1644—1661 年）

1644 年清朝入关之后，顺治帝继承乃父优待藏传佛教僧侣的政策与制度，以迎请五世达赖喇嘛进京为契机，逐渐展开对藏传佛教事务的立法工作，主要表现是一方面继续以立法的方式提高藏传佛教组织的政治地

---

① 台湾学者左涵湄与黄丽馨将宗教行为区分为核心宗教行为、次核心宗教行为和核心外宗教行为，指出次核心宗教行为与核心外宗教行为均应由法律给予规范。参见黄丽馨《台湾宗教政策与法制》，台湾大学 2008 年硕士学位论文，第 68—71 页。
② 中国第一历史档案馆等：《清初五世达赖喇嘛档案史料选编》，中国藏学出版社 2000 年版，第 2—3 页。
③ （光绪朝）《大清会典事例》卷 521《礼部二三二·饩廪二·各处喇嘛饩廪》，中华书局影 1990 年影印版。
④ （光绪朝）《大清会典事例》卷 510《礼部二二九·燕礼四·外藩来朝筵燕》，中华书局影 1990 年影印版。
⑤ （光绪朝）《大清会典事例》卷 521《礼部二三二·饩廪二·各处喇嘛饩廪》，中华书局影 1990 年影印版。

位,另一方面继续对宗教组织和喇嘛的活动进行规范。

首先,清政府立法规定西藏佛教组织贡使的待遇,确定其政治法律地位。顺治九年(1652年)定赏赉达赖喇嘛贡使之例:"每头目二人、随从役卒二十八名,共赏二等玲珑鞍马一、银茶筒一、银盆一、缎三十、毛青梭布四百、豹皮五、虎皮三、海豹皮五。"[①] 对达赖喇嘛正副使等人每日的廪饩则规定:正使并从役每日给羊1只、茶1包、牛乳1旋、酥油2两,副使并从役每日给羊1只,格隆等每日每人给羊肉2斤、每2日给羊肉2盘,班第等每日每人给羊肉2斤,副使格隆等每日每人给茶1包、面1斤、酥油2两,从役每日每人给羊肉1斤8两;正副使每日每人给灯油2两,每日给盐各1两,每5日设宴5席、给羊2只、茶4箭,由礼部与理藩院监送。对达赖喇嘛及其随从的廪饩则规定:达赖喇嘛来朝时每10日给羊30只、茶30斤、面60斤、酥油10斤、牛乳30斤、盐10斤、黄蜡烛3枝;头等第一喇嘛每名每10日给羊10只、茶20包、面20斤、酥油5斤、牛乳15斤、盐10两、黄蜡烛1枝;头等第二及二等喇嘛每10名每10日给羊10只、茶10包、面20斤、酥油20两、牛乳4斤、盐3斤、灯油10钟;三等、四等人及其从役每12名,每10日给羊10只、茶10包、面20斤、酥油20两、牛乳4斤、盐3斤、灯油10钟。[②] 清政府继承明朝敕封藏传佛教组织上层僧侣名号的惯例,册封格鲁派领袖阿旺罗桑嘉措为"西天大善自在佛所领天下释教普通瓦赤喇怛喇达赖喇嘛"[③]。从此,清朝中央政府册封藏传佛教格鲁派领袖成为定制。

其次,加强国家对宗教活动的监管力度,明确相关的监管程序与法律责任。顺治四年(1647年)议定:"喇嘛不许私自游方,有游方到京者,著发回原籍。"[④] 顺治八年(1651年)规定:陕西河州弘化、显庆二寺僧旦巴查穆苏、诺尔卜查穆苏等喇嘛贡方物时不许进贡佛像、铜塔及番

① 《清世祖实录》卷66,顺治九年七月戊戌。
② (光绪朝)《大清会典事例》卷521《礼部二三二·饩廪二·各处喇嘛饩廪》,中华书局影1990年影印版。
③ 《清世祖章皇帝实录》卷74,顺治十年四月丁巳。
④ (康熙朝)《大清会典》,近代中国史料丛刊三编第72辑,台湾文海出版有限公司1992年影印版,第3628页。

犬。① 次年，规定由理藩院确定京城附近寺庙喇嘛徒弟数目，妇女叩拜喇嘛须与丈夫同行。② 十四年（1657 年）题准，喇嘛班第等不许私自为人诵经、擅宿人家和擅留妇女于庙，不许擅留私行喇嘛和增添喇嘛人数；十八年（1661 年）题准，除法定喇嘛之外，其余喇嘛班第应居住于京城之外，不得擅进京城居住，违者送刑部治罪。③ 此外，进一步理顺喇嘛僧官体制，在京师设 4 名札萨克喇嘛，盛京西勒图库伦、归化城等处各设首领喇嘛，其下各设德木齐一名。④

再次，进一步提高蒙古地区藏传佛教组织的法律地位，详细确定漠北蒙古不同等级的喇嘛来朝的待遇，详细规定见下表：

表 2　顺治元年和三年漠北蒙古喇嘛来朝每日及返回时待遇统计表⑤

喇嘛名称	羊（只）	茶（包）	牛乳（旋）	酥油（两）	灯油（钟）	盐（两）	面（斤）	肉	回时路费
大喇嘛	1	1	1	2	1	1	—	—	羊 2、每日盐 1 两
呼图克图	1	1	1	2	1	1	—	—	羊 10、每日盐 1 两
小喇嘛总领	1	1/2 日	—	—	—	1	1	—	羊 1、每日盐 1 两
格隆、俄木布	—	1	—	2	—	1	1	1 斤	每日肉 1 斤、盐 1 两
班第	—	—	—	—	—	1	—	2 两	同上

上表的立法内容表明顺治时期基本继承崇德时期（见图表 1）的立法精神，而且在喇嘛等级方面更加详细，待遇差别逐渐拉大，也表明清政府对藏传佛教问题的认识逐渐深化。

---

① 《清世祖实录》卷 54，顺治八年闰二月己未。

② 《清世祖章皇帝实录》卷 68，顺治九年九月戊子。

③ （雍正朝）《大清会典》，近代中国史料丛刊三编第 77 辑，台湾文海出版有限公司 1994 年版，第 6798—6799 页。

④ （康熙朝）《大清会典》，近代中国史料丛刊三编第 72 辑，台湾文海出版有限公司 1992 年影印版，第 7068—7069 页。

⑤ （光绪朝）《大清会典事例》卷 521《礼部二三二·饩廪二·各处喇嘛饩廪》，中华书局 1990 年影印版。

此外，在立法过程中，藏传佛教组织的建议日渐受到清政府的重视。《清实录》记载，顺治十四年（1657年）盛京班第大诺们汗奏请每年北庙正月祈福诵经时清帝应亲幸庙塔，每年西藏地方哱诵藏经时应加恩赏，并请允许自己徒众会集等。内大臣索尼同理藩院等议复后，认为每年各给达赖和班禅银千两，可允许诺们汗徒众会集。①

总之，顺治时期，清朝以迎接五世达赖喇嘛和加强对直辖区内藏传佛教组织管理为契机，对藏传佛教展开了较为全面的立法，为康熙及其以后的西部宗教立法奠定了一定的基础。以迎请达赖喇嘛为例，其中大部分程序为乾隆四十四年（1779年）六世班禅朝觐所遵依。②

二、奠基期：康熙至雍正时期（1662—1735年）

康熙至雍正时期，西部宗教立法成为国家法典的重要内容，主要表现于《蒙古律书》的修改和《钦定大清会典》的制定，其他形式的立法也有增加。

（一）《蒙古律书》的修订与对藏传佛教立法

《蒙古律书》③最早制定于清太宗时期，康熙时期曾修订两次。官方记载修订的原因是"崇德八年颁给《蒙古律书》与顺治十四年定例增减不一"④。新修订的《蒙古律书》，蒙文名称为《康熙六年增订律书》，共113条，对藏传佛教的立法主要集中于第七十九条：

> 喇嘛等，博、伊杜干等，违禁妄行，蒙骗他人及以给人念经为由驻留、住宿人家，以给幼儿起名、治病为由偕其母同来，或于寺庙无故容留妇女等类肆意行事，仍视其情节轻重，分别处决、杖责、罚服。⑤

该条不仅吸收了顺治十四年谕旨的相关内容，明确将法律责任分为三等，

---

① 《清世祖实录》卷109，顺治十四年四月丁亥。
② 张其勤原稿、吴丰培增辑：《清代藏事辑要》，西藏人民出版社1983年版，第198—199页。
③ 《蒙古律书》即后来所称的《蒙古律例》，至今未发现乾隆以前有汉译刻本或抄本，故而在此使用清史学界的称谓。
④ 《清圣祖实录》卷24，康熙六年九月癸卯。
⑤ 李保文译：《康熙六年〈蒙古律书〉》，《历史档案》2002年第4期，第8页。

而且管辖的对象有所扩大，如将蒙古传统生活中的男巫师（"博"）和女巫师（"伊杜干"）也包括了进去。康熙三十年（1691年），漠北蒙古归附清朝，该法典的效力范围扩及该地区。次年，清朝按照漠南蒙古之例，"每札萨克各给律书一部"。① 虽然此时《蒙古律书》的编纂体例较为粗陋，但是却使清代中国西部宗教立法的法律形式发生了较大的变化。康熙朝以前藏传佛教立法的主要法律形式为谕旨和定例。康熙六年《蒙古律书》的修订，明确了相关宗教立法的适用范围，有利于宗教立法的统一，增强了有关宗教立法的法律文件的规范性。

康熙三十五年（1696年），清政府鉴于漠北蒙古归附后西部形势已发生较大变化，再次修订《蒙古律书》，充实宗教管理的相关内容。其蒙文全称为《康熙时期1693年刻，修订自1629年以来历朝皇帝所颁条例的蒙古律例》，法典现存152条，与康熙六年法典体例相同。达力扎布先生将其译汉文，收入《康熙三十五年〈蒙古律例〉研究》一文中。② 新法典对藏传佛教立法的修改主要体现在如下几个方面：

首先，鼓励蒙古宗教组织上层人士来京师朝贡，并对宗教组织使者和高级僧侣朝觐的待遇进一步作了较为详细的规范，具体规定详见以下二表所列：

表3　康熙三十五年蒙古宗教组织使者朝贡赏赐表③

使者等级	缎（匹）	青布（匹）	仆从人数（个）	仆从各赏青布（匹）
喀尔喀汗、呼图克图等使者	3	24	2	6
喀尔喀大台吉、喇嘛等使者	2	16	1	6
喀尔喀小台吉、喇嘛等使者	1	8	1	4
厄鲁特大台吉、喇嘛之使	2	16	3	1
厄鲁特小台吉、喇嘛之使	1	8	1	4

---

① （雍正朝）《大清会典》，近代中国史料丛刊三编第77辑，台湾文海出版有限公司1994年版，第14441页；（清）会典馆编、赵云田点校：《乾隆朝内府抄本〈理藩院则例〉》，中国藏学出版社2006年版，第109页。

② 达力扎布：《康熙三十五年〈蒙古律例〉研究》，载中央民族大学历史系主编《民族史研究》第5辑，民族出版社2004年版，第95—96页。

③ 达力扎布：《康熙三十五年〈蒙古律例〉研究》，载中央民族大学历史系主编《民族史研究》第5辑，民族出版社2004年版，第135、144、146—147页。

表4 康熙三十五年蒙古高级僧侣朝贡赏赐表①

僧侣来朝情况	三十两银茶筒（个）	妆缎（匹）	澎缎（匹）	缎（匹）	青布（匹）
绰尔济、大喇嘛亲自来朝	—	1	1	—	12
绰尔济、大喇嘛遣使来朝	—	—	1	—	4
札萨克喇嘛亲自来朝	—	—	—	5	—
呼图克图亲自来朝	1	—	—	10	—
札萨克喇嘛遣使入朝	—	—	—	1	4
呼图克图遣使入朝	—	—	—	1	4

由上表可见，清政府对不同蒙古地区宗教组织朝贡使者和上层宗教人士来朝的待遇不同。其中，漠北蒙古地区宗教组织的待遇比漠西地区稍高，上层喇嘛亲自来朝的待遇高于遣使来朝的待遇。

其次，重新确定达赖喇嘛使者人数、待遇等问题。新法典规定：达赖喇嘛使团来时正使应为1人，朝廷给从马30匹、骡80匹、驼30只；副使应为2人，给从马25匹、骡90匹、驼20只，仆从应为28人；长城以内所用马匹不给草豆，只给驿马30匹、车15辆；返回时自西宁边墙以外根据人数多少给90日口粮；朝廷赏给次等雕鞍1付、30两银茶桶1个、银盘1个、缎30匹、青布400匹、猞猁狲皮5张、水獭皮5张、虎皮3张。② 由此可见，《蒙古律书》调整的范围在不断扩展。

再次，减轻对喇嘛留宿人家和在寺庙内无故容留妇女等行为的处罚。新法典规定：喇嘛等留宿人家或在寺庙内无故容留妇女，"将容留妇女之喇嘛、班第鞭一百，将留宿人家之喇嘛、班第革退，交扎萨克发遣等因。停前喇嘛留宿人家及容留妇女治罪例，其余例仍旧"。③ 同时停止对喇嘛违法行为实行斩、籍没等方式的严厉处罚，实行罚金刑；减轻对相关管理

---

① 达力扎布：《康熙三十五年〈蒙古律例〉研究》，载中央民族大学历史系主编《民族史研究》第5辑，民族出版社2004年版，第149—150页。

② 达力扎布：《康熙三十五年〈蒙古律例〉研究》，载中央民族大学历史系主编《民族史研究》第5辑，民族出版社2004年版，第149、151、153页。

③ 达力扎布：《康熙三十五年〈蒙古律例〉研究》，载中央民族大学历史系主编《民族史研究》第5辑，民族出版社2004年版，第135页。

人员失职行为处罚的力度。①

（二）《青海善后事宜十三条》等法律文件与对藏传佛教立法

雍正时期，清朝对青海地区的立法主要有三部，即《青海善后事宜十三条》、《禁约青海十二事》和《西宁青海番夷成例》，"雍正朝之后，有一些补充，但没有特别大的变化"。②

平定罗卜藏丹津叛乱之后，陕甘总督年羹尧对该地藏传佛教进行整饬和立法。《青海善后事宜十三条》是其中重要的立法成就之一，该法律文件从寺院经济、寺院规模和喇嘛人数三个方面对青海地区藏传佛教活动进行了规制。《禁约青海十二事》共 12 条，其中第 12 条规定："察罕诺门汗喇嘛庙内不可妄聚议事。"③ 雍正十一年（1733 年），清廷令西宁办事大臣达鼐等人根据《蒙古律例》纂成《西宁青海番夷成例》，又称《番例条款》或《番例》。该法律文件规定："凡偷窃喇嘛牲畜者，将贼人之家产、牲畜入官。"④

总之，《青海善后事宜十三条》、《禁约青海十二事》和《西宁青海番夷成例》奠定了清代国家对青海地区藏传佛教立法的基础，确立了该地区政教制度的基本框架。

（三）《钦定大清会典》与对藏传佛教立法

清朝第一部《钦定大清会典》于康熙二十三年（1684 年）开馆纂修，二十九年（1690 年）完成，系首次对关外时期至康熙二十六年以前的藏传佛教立法文件进行清理，按照时间和门类将其编入理藩院卷内。⑤ 雍正十年（1732 年），清政府颁布雍正朝《钦定大清会典》，增加了康熙二十六年以后对陕甘地区宗教组织封赏的谕旨和奏折，修订者称"其间

---

① 达力扎布：《康熙三十五年〈蒙古律例〉研究》，载中央民族大学历史系主编《民族史研究》第 5 辑，民族出版社 2004 年版，第 153 页。

② 刘广安：《清代民族立法研究》，中国政法大学 1989 年博士论文，第 110 页。

③《清世宗实录》卷 20，雍正二年五月戊辰。

④ 张锐智、徐立志主编：《中国珍稀法律典籍集成》丙编第二册《盛京满文档案中的律令及少数民族法律》，科学出版社 1994 年版，第 404 页。

⑤（康熙朝）《大清会典·御制序》，近代中国史料丛刊三编第 72 辑，台湾文海出版有限公司 1992 年影印版。

良法美政胪举详列"。① 虽然历代《钦定大清会典》的内容多有重复，但是将相关宗教立法收入国家重要的汇编式法典行为本身即标志着清代中国西部宗教立法的稳定性和法律位阶的不断升高，开创了中央政府将西部宗教立法纳入国家法典的传统。

（四）其他形式的宗教立法

在《蒙古律书》《钦定大清会典》等法典修订之前，能够及时有效地对藏传佛教进行调整的法律文件是谕旨等其他形式的立法。这些法律文件弥补了《蒙古律书》和《钦定大清会典》不能及时修改的缺陷。如通过谕旨立法的方式确立了哲布尊丹巴呼图克图、章嘉呼图克图在漠北和漠南蒙古地区的宗教地位；② 详细规定了班禅使团在京的待遇问题。③

三、成熟期：乾隆至嘉庆时期（1736—1820 年）

这一时期是清代西部宗教立法逐渐成熟的时期。其内容成熟的标志为《钦定西藏善后章程二十九条》，其编纂体例成熟与内容日趋完善的标志是《钦定理藩院则例》。此外，《钦定大清会典》、《钦定大清会典则例》等相关法典的修订也持续关注对藏传佛教的立法。

（一）珠尔默特纳穆札尔叛乱与对藏传佛教立法

乾隆十五年（1750 年）清朝册封的西藏郡王珠尔默特纳穆札尔叛乱被平定后，清帝决定再次改革西藏地方的法制。次年，策楞等奏定《酌定西藏善后章程十三条》。法制改革的历程和《酌定西藏善后章程十三条》的制定过程表明藏传佛教组织对清朝立法决策具有重大的影响。上层宗教贵族参与了此次立法的重要决策过程。

在此次立法进程中，清政府坚持维护国家政治统一、因势利导和循序渐进的基本立法原则。乾隆帝在上谕中指示：

---

① （雍正朝）《大清会典·凡例》，近代中国史料丛刊三编第 77 辑，台湾文海出版有限公司 1994 年影印版，第 8 页。

② （光绪朝）《大清会典事例》卷 947《理藩院一二·喇嘛封号·西藏及蒙古各部落游牧喇嘛》，中华书局 1990 年影印版；姚明辉：《蒙古志》，台湾成文出版社 1968 年影印版，第 268 页。

③ （光绪朝）《大清会典事例》卷 521《礼部二三二·饩廪二·各处喇嘛饩廪》，中华书局 1990 年影印版。

夫开边黩武，朕所不为；而祖宗所有疆宇，不敢稍亏尺寸。西藏

此番办理，实事势转关一大机会，不得不详审筹画，动出万全，以为

边圉久远之计。①

此次立法改革的中心并非藏传佛教组织，而是对西藏世俗贵族政治权力进
行限制。乾隆帝多次在上谕中明确指示应遵守"多立头目，以分其势"②
立法原则。但是行政管理的基本规律是必须有一个行政首脑能够对全部事
务负总责。在改革过程中，乾隆帝本欲派驻总督等官员治理西藏，但是当
时在北京的章嘉呼图克图若必多吉向其劝谏：

陛下之父祖先帝竭力尊崇佛教，尤其陛下是最为关心佛法事务的
大法王。西藏乃教法之发源地。如果按圣上所下的旨令，藏地的佛教
必将衰微，万望陛下无论如何以恩德护持佛教。③

针对章嘉呼图克图的建议，清政府认真进行了考虑。确保国家政治统一、
维护西藏政治稳定是处理珠尔默特纳穆札尔叛乱善后事务的首要原则。在
珠尔默特纳穆札尔余党叛乱发生之后，七世达赖喇嘛能够迅速稳定西藏地
方当时局势，并表示拥护清政府的统治。这些行为向清政府表明不可忽视
宗教组织的力量，而且以达赖喇嘛为首的宗教组织对西藏地方和中央是负
责任的组织。这也促使乾隆帝重新考量达赖喇嘛为代表的格鲁派的法律地
位问题。乾隆十六年（1751 年）正月二十八日，清政府向达赖喇嘛发布
特谕，称策楞等大臣已经前往西藏，达赖喇嘛拣补噶伦等所有事务应与钦
差大臣协商一致，务必保证西藏政治安定，并指出中央政府以保护西藏地
方和格鲁派利益为处理善后事务的基本原则。达赖喇嘛接到谕旨后，奏
称："自蒙皇上颁发恩谕以来，我心神已宁，如在黑暗中得睹天日矣。"④

在改革西藏地方噶伦制度过程中，策楞与达赖喇嘛商议，请达赖喇嘛

---

① 中国藏学研究中心等：《元以来西藏地方与中央政府关系档案史料汇编》，中国藏
学出版社 1994 年版，第 524 页。

② （清）祁韵士等：《皇朝藩部要略》，续修四库全书史部地理类，第 740 册，上海古
籍出版社 2002 年影印版，第 514 页。

③ （清）土观·洛桑却吉尼玛著、陈庆英等译：《章嘉国师若必多吉传》，中国藏学
出版社 2007 年版，第 157 页。

④ 中国藏学研究中心等：《元以来西藏地方与中央政府关系档案史料汇编》，中国藏
学出版社 1994 年版，第 532 页。

推荐噶伦人选，达赖喇嘛认为喇嘛内有合适人选，试探能否设立喇嘛噶伦。策楞在二月二十一日奏折中向清政府转述了达赖喇嘛的意见：

> 据称：番众内向无深知者，若论根基、办事为番众素所信服，惟现任噶隆彻凌汪扎尔一人。至将来是否始终如一，我亦不能深信。但喇嘛中尚有可信之人，若得选派一人，与噶隆一同办事，于我甚属有益。惟是向无此例，未识可否，统惟大人等裁酌。臣等窥达赖喇嘛情形，亟欲添一喇嘛，方可深信不能掩其耳目，但不肯出自伊口，致启番众滋怨之意。

策楞按照乾隆帝的立法基本原则，遂采纳达赖喇嘛的立法建议，并于事后向中央政府汇报。七世喇嘛举荐自己的徒弟卓呢尔呢吗坚参，认为其人明白可信，并恳请策楞转奏。中央政府最后谕令"赏给扎萨克喇嘛职衔，以便公同办理。"① 同月，策楞再次向中央政府汇报此次立法基本原则，即"达赖喇嘛得以主持，钦差大臣有所操纵，噶隆不致擅权"，并将朝贡的领导权也完全集中于达赖喇嘛手中，噶伦等世俗贵族向清朝中央政府呈递丹书必须通过达赖喇嘛正副使进行。② 同年三月，策楞等奏请清政府审批法律草案十三条，奏折内再次说明立法过程，内称：

> 臣等陆续抵藏后，留心察访，博采舆情……公同酌定十三条。先与达赖喇嘛、公班第达商定，继复传集阖藏噶隆、代奔、喋巴、中科尔大小头目，并各寺之堪布、擢尔吉、喇嘛人等，按条逐一共加斟酌。臣等并将皇上轸念西藏僧俗，期于永远宁谧之圣意，一一宣布。

并向清朝中央政府转奏了达赖喇嘛的反映与态度：

> 此番所定章程，实为我达赖喇嘛并僧俗人等永垂裨益，而众人异口同声感激庆幸，亦具征各有天良。惟是大皇帝为我西藏上廑宸衷，一一出自睿虑指示，而各大人即能仰体圣心，如此周详办理，我大小僧俗人等实万难报答，容我等另行恭折奏谢天恩。③

---

① 中国藏学研究中心等：《元以来西藏地方与中央政府关系档案史料汇编》，中国藏学出版社 1994 年版，第 538 页。

② 中国藏学研究中心等：《元以来西藏地方与中央政府关系档案史料汇编》，中国藏学出版社 1994 年版，第 540 页。

③ 中国藏学研究中心等：《元以来西藏地方与中央政府关系档案史料汇编》，中国藏学出版社 1994 年版，第 545 页。

《酌定西藏善后章程十三条》虽然没有对西藏地方的宗教管理制度等重要问题作出专门规定，但是其立法过程表明这部法律文件是中央主持下西藏地方僧俗贵族参与的结果，确定了格鲁派在西藏地方政教关系中的法律地位。该章程藏文本序言也强调该法是钦差大臣策楞等会同达赖喇嘛，经充分协商，依照旧制，才制定出来的。① 章程获得中央政府批准后，驻藏大臣随即向全藏颁布。其颁发给全藏的告示称：

> 上述各条章程，乃系本大臣会同达赖喇嘛，查照旧例，与公班智达会商拟定。噶伦、代本、第巴、头目等所有僧俗大小官员，均应仰体皇恩，恭敬达赖喇嘛，俾西藏众百姓不仅可享安乐，亦可济福子孙。对此若有违犯，则据情节轻重给予惩治，罪重者必予诛之。今特派各头目前去，立章定制，晓谕阖藏众百姓，遵照执行，不得有违。②

总体而言，该章程的主要规定是："以达木番归驻藏大臣辖，视内地例，置佐领骁骑校各职，每年一察视；设噶卜伦四，以辅国公班第达、札萨克台吉车稜旺札勒、色玉特色布腾、喇嘛尼玛嘉穆错任之；别设代奔五、第巴三、堪布一，分理藏务，隶驻藏大臣及达赖喇嘛辖，唐古特正副二使，均归达赖喇嘛，四噶卜伦附以达，勿私遣。"③

综上所述，在清朝中央政府的授权之下，宗教组织参与下制定出来的《酌定西藏善后章程十三条》是清政府维护国家政治统一原则和因势利导原则灵活结合的产物。其基本立法程序为：中央政府下达立法指导原则——钦差大臣主持撰写立法草案——西藏僧俗贵族提出建议——中央政府审批——驻藏大臣颁布公示。在立法过程中，中央政府代表始终处于主导的地位。该法律虽然在西藏确立了政教合一的政治体制，但这种体制是驻藏大臣直接监督和参与下的政教合一体制，不可与以往的政教合一体制同日而语。驻藏大臣制度的初步完善是清代中国西部宗教立法发展的重要

---

① 扎西旺都编、王玉平译：《西藏历史档案公文选·水晶明鉴》，中国藏学出版社2006年版，第140—141页。

② 张羽新：《清朝治藏典章研究》，中国藏学出版社2002年版，第45页。

③ （清）祁韵士等：《皇朝藩部要略》，续修四库全书史部地理类，第740册，上海古籍出版社2002年影印版，第516页。

结果。

（二）第一次廓尔喀战争与对藏传佛教立法

1.《酌定西藏善后章程十九条》与对藏传佛教立法

乾隆四十五年（1780年），六世班禅入京朝觐，清廷以对待达赖喇嘛的规格予以隆重接待，赏给财物甚多，蒙藏王公、头人、百姓供养财物无数。次年，班禅在京出痘圆寂，遗骨被运回西藏，财物交由班禅胞兄仲巴呼图克图保管。仲巴将大部分财物占为己有。班禅之弟沙玛尔巴却珠嘉措因是噶玛巴红帽活佛而未得分沾，故投奔廓尔喀（尼泊尔），唆使廓尔喀于乾隆五十三年（1788年）和五十七年（1792年）两次侵掠后藏。① 第一次廓尔喀战争中，乾隆帝即向鄂辉等钦差大臣发布指导立法的谕旨，计划进行各种法制改革。乾隆五十四年（1789年）二月二十七日，清帝谕鄂辉等：

> 兹新疆回部补放大小伯克，即由驻扎办事大臣等拣选补放，嗣后当照补放回部伯克之例，专责驻藏大臣拣选藏地噶伦、代本、第巴（朱批：袭其旧例亦该如此。）拣选（朱批：优者。）请补，方为于事有益。（朱批：亦为达赖喇嘛矣。）并驻藏大臣等，平素先将众噶伦、代本、第巴，或优或劣，悉心查察，俟缺出拟补时，更自有主见，不为属众所惑，而于偶遇紧急事件差遣，亦可期得力。驻藏大臣内或有不肖者，每年达赖喇嘛、班禅额尔德尼遣使呈递丹书，顺便将驻藏大臣错谬之处据实陈奏，亦无不可，朕即重治其罪，决不宽恕。自平定回部以来，派令大臣等前往驻扎办事，近二十年，亦只有素诚、高朴、格绷额三人，其案一经查实，朕即正法，并未稍有姑息，众所周知，嗣后藏内噶伦、戴本、第巴缺出，驻藏大臣等务必秉公择优请补，断不可徇私，自贻伊戚……今所以大加整顿者，将为保护达赖喇嘛、班禅额尔德尼，并全藏地方起见。所需各项，由达赖喇嘛、班禅额尔德尼商上内均匀支给，亦属合宜。惟达赖喇嘛、班禅额尔德尼商上内能否敷发，亦当核计，将达赖喇嘛、班禅额尔德尼商上内如何支给，如何均取于众之处，熟议筹划办理。著传谕巴忠，将朕怜悯阖藏

---

① 参见黄奋生：《藏族史略》，民族出版社1985年版，第254页。

人众，谋其长治久安之策，详悉晓谕达赖喇嘛等知之。[①]

在上述谕旨中，乾隆帝向达赖喇嘛解释了三个立法问题：第一个问题是立法整顿的目的是为了维护西藏的长治久安，同时也是为了达赖喇嘛为首的宗教组织的利益；第二个问题，即澄清西藏"吏治"的方法是由中央将拣选西藏世俗官员的权力授予给驻藏大臣；第三个问题，即驻藏大臣办事错谬或不肖时，应如何处理，乾隆帝为达赖喇嘛设计了解决问题的具体程序，即通过每年遣使呈递丹书克时向中央政府据实陈奏。一言以蔽之，清朝中央政府向达赖喇嘛表达的立法原则是维护西藏的政治稳定。

此后不久，清朝中央政府改变了上述明晰的指示，对驻藏大臣等发布训令，指责舒濂、普福诸事专办，有失达赖喇嘛体面，并指出若达赖喇嘛言之有理，可照其主张实行，若所言无理，则不可曲意听从，应将其错误之处奏报朝廷；认为对噶伦等官员任免制度的改革也不能过快，小第巴等仍然应令噶布伦等举荐充补。[②]

同年六月，经过钦差大臣和达赖喇嘛等僧俗贵族的讨论，钦差大臣巴忠等起草了《酌定西藏善后章程十九条》文本，又称《设站定界事宜十九条》，经过军机大臣议复，乾隆帝批准颁行。该法律文件共 19 条，其中涉及宗教事务者仅有 2 条，重申《酌定西藏善后章程十三条》授予达赖喇嘛的政教大权，与中央政府的要求相差甚远。[③]

2.《酌议藏中各事宜十条》与对藏传佛教立法

八世达赖喇嘛的兄弟和商卓特巴等人敛取银两，崇奉红教，侵夺商上财物，对来藏熬茶人等减半发放应给路费，导致藏政发生混乱。乾隆帝谕令将八世达赖喇嘛兄弟等七人解京。同时令鄂辉等针对西藏政、教两方面存在的弊端进行立法。乾隆五十四年（1789 年）九月，鄂辉等会商起草了《酌议藏中各事宜十条》，军机大臣会同理藩院议复后，由乾隆帝批

---

① 中国藏学研究中心等：《元以来西藏地方与中央政府关系档案史料汇编》，中国藏学出版社 1994 年版，第 638—639 页；张其勤原稿、吴丰培增订：《清代藏事辑要》，西藏人民出版社 1983 年版，第 231 页。

② 张其勤原稿、吴丰培增订：《清代藏事辑要》，西藏人民出版社 1983 年版，第 232 页。

③ 中国藏学研究中心等：《元以来西藏地方与中央政府关系档案史料汇编》，中国藏学出版社 1994 年版，第 645—651 页。

准。该法律从宗教、政治事务两方面，对拣放寺庙堪布的程序、达赖喇嘛商上支出程序、达赖喇嘛发放免差印照、发放蒙古信众熬茶口粮、达赖喇嘛的随从数目等问题进行较为详细的限定。① 与《酌定西藏善后章程十九条》相比变化较大，宗教立法方面主要表现是强调驻藏大臣对宗教的监督、规范达赖喇嘛教权的行使与各种宗教活动的程序。

（三）第二次廓尔喀战争与对藏传佛教立法

乾隆五十六年（1791 年），廓尔喀以西藏不遵守乾隆五十四年的约定为由第二次侵掠后藏。清政府派遣鄂辉、成德、福康安等率军入藏，收复失地，迫使廓尔喀保证永不犯藏，并令福康安等全面整顿藏政，严定章程。此次所定章程共 29 条，称《钦定西藏善后章程二十九条》，对藏传佛教活佛转世、驻藏大臣权力行使、藏军管理和训练、西藏货币等方面进行了较为详细的规定，标志着"清朝治理西藏、统治西藏达到了全盛时期"。②

学术界对《钦定西藏善后章程二十九条》制定的原因、主要内容等方面论述较多。③ 本文认为该章程的制定具有重要的立法学意义。首先，清朝中央政府以第二次廓尔喀战争为契机，积极宣传立法的原因与目的。乾隆五十六年（1791 年）十月，中央政府向驻京呼图克图、漠北、漠南蒙古等宣谕清军入藏和善后立法的目的是维持黄教、振兴佛法，从宗教信仰方面宣传中央政府立法行为的合法性与合理性。其谕旨称：

> 达赖喇嘛、班禅额尔德尼居住前、后藏，扶持黄教，振兴佛法，历年甚久，凡蒙古番子等，无不瞻仰藏地。朕如此办理者，原为维持黄教起见，著将此旨传示在京之呼图克图喇嘛等，俾知朕怜悯达赖喇嘛、班禅额尔德尼及全境唐古特人众，维持黄教之意。再以蒙古文译出，遍谕中外各蒙古人等知之。④

---

① 参见张其勤原稿、吴丰培增辑：《清代藏事辑要》，西藏人民出版社 1983 年版，第245—246 页；《清高宗实录》卷 1361，乾隆五十四年九月乙酉。

② 廖祖桂等：《〈钦定藏内善后章程二十九条〉版本考略》，中国藏学出版社 2006 年版，第 138 页。

③ 具体研究请参见本著作绪论部分。

④ 张其勤原稿、吴丰培增辑：《清代藏事辑要》，西藏人民出版社 1983 年版，第261 页。

　　其次，及时做好与钦差大臣、达赖喇嘛之间的指导和沟通工作，明确确立立法的重要原则。乾隆五十六年（1791年）十月二十六日，乾隆帝令军机大臣传谕福康安处理善后事宜应严格立法。谕旨称：

> 今经此番大加惩创之后，自应另立章程申明约束，岂可复循旧习。现在回疆俱有驻扎大臣，办理一切事务，俱系大臣主持，该处阿奇木伯克等不过奉令承教随同办理。驻藏大臣与新疆办事大臣体制相同，藏内诸事岂得令噶布伦等擅专。嗣后驻藏大臣与达赖喇嘛作为一事，遇有应办事项，该大臣与达赖喇嘛商同办理，噶布伦等应与在藏章京会办，不得稍有专擅。①

一方面强调驻藏大臣与新疆办事大臣体制相同，另一方面强调驻藏大臣和达赖喇嘛为一体，遇有重大问题商同办理；同时规定噶布伦等西藏地方大小官员的法定地位与在藏章京相同，并会同在藏章京办理藏事。如此立法的原因在于达赖喇嘛是"出世之人"，防止噶布伦擅权滋事，保护藏地稳定。

　　次年二月，福康安到达西藏后主动拜访达赖喇嘛和班禅额尔德尼，向其传达清朝中央政府的善后立法原则，奏折原稿称：

> 臣复将恩赏哈达、朝珠、荷包等物亲为赏给，传旨致问，并敬宣面奉谕旨，以此次官兵远赴卫藏征剿廓尔喀贼匪全为保护达赖喇嘛、班禅额尔德尼及各僧俗番民人等，俾早得安禅复业，以副圣主护卫黄教崇重佛法至意，……将来敕平贼匪后，一切善后事宜必须另立章程，逐一筹办，务使边圉永宁。达赖喇嘛、班禅额尔德尼慧性明彻，于藏地利弊谅所周知，所有将来应办应改各事宜，自当晓谕僧俗人众一一永远遵奉。伊等亦必明喻圣谕，感激奋兴，如此宣谕再三。②

同年八月，经过认真思考，乾隆帝再次向福康安等详细说明宗教立法中应当注意的三个重要问题，即护法不得任意妄指呼毕勒罕，应以金瓶掣签确

---

　　①　吴燕绍辑、吴丰培增订：《廓尔喀纪略辑补》卷14，中国社会科学院民族研究所历史室1977年油印本，中央民族大学图书馆藏。
　　②　吴燕绍辑、吴丰培增订：《廓尔喀纪略辑补》卷20，中国社会科学院民族研究所历史室1977年油印本，中央民族大学图书馆藏。

定；驻藏大臣综核达赖喇嘛商上收支；防范红教喇嘛侵夺格鲁派权力。①
十月，再次命军机大臣传谕福康安等："现在藏内善后事宜最关紧要，节
经有旨令福康安四人会同商办，务须事事尽善，详定章程，以期经久无
弊"。②

再次，在宗教立法进程中，努力与西藏地方僧俗贵族进行沟通。如清
朝努力将《大清律例》的相关内容适用于西藏，以形成一种定例。其代
表性事件是对仲巴呼图克图等人违法行为的处理。为说服西藏宗教组织支
持和认可清朝中央政府的判决，乾隆帝在谕旨中从教法和国法两方面做了
详细的法理说明，表示其不得不作出这样的裁决。其谕旨原称：

> ……仲巴呼图克图首先躲避，济仲堪布妄讬神言、惑乱众心，以
> 致无人防守，相率散去，竟系开门揖盗，将扎什伦布让之于贼。幸而
> 班禅额尔德尼先已移至前藏，若彼时尚在庙内，伊年属幼龄，亦将委
> 之不顾，必致为贼所掠。是该仲巴呼图克图、济仲堪布等实为自叛其
> 教，非惟王法所不宥，实为佛法所不容，今仲巴呼图克图仅令雅满泰
> 押解来京、安插寺庙，已属格外宽典；至首先起意妄言惑众之济仲堪
> 布，实属罪不容诛，亦僧众人等所应同深愤嫉。现在查明为首一人剥
> 黄处决，明正典刑，正所以卫护黄教、保全达赖喇嘛、班禅额尔德
> 尼，出于不得已之意。③

乾隆帝还设想了西藏宗教组织坚决请求宽免仲巴呼图克图等人的情形，并
作了进一步说服准备工作，拟向西藏僧俗贵族施加更大的压力。其谕旨
原称：

> 若达赖喇嘛同各呼图克图、大喇嘛、岁琫堪布等，或以仲巴呼图
> 克图为班禅额尔德尼之兄，系有名望高僧，而济仲堪布俱系大喇嘛，
> 向鄂辉恳求欲代为禀请仍留卫藏，不令解京正法，以全颜面，鄂辉即

---

① 吴燕绍辑、吴丰培增订：《廓尔喀纪略辑补》卷40，中国社会科学院民族研究所历
史室1977年油印本，中央民族大学图书馆藏。
② 吴燕绍辑、吴丰培增订：《廓尔喀纪略辑补》卷44，中国社会科学院民族研究所历
史室1977年油印本，中央民族大学图书馆藏。
③ 吴燕绍辑、吴丰培增订：《廓尔喀纪略辑补》卷7，中国社会科学院民族研究所历
史室1977年油印本，中央民族大学图书馆藏。

当告以此系奉有谕旨。此次贼匪滋扰扎什伦布，仲巴呼图克图携带细软首先逃避，济仲堪布等妄讬佛言、占卜惑众，种种贪利背教为佛门败类，今蒙大皇帝只将仲巴呼图克图解京，仍安插庙宇闲住，其占卜惑众之济仲堪布，查出为首一人正法，已属格外恩施。今僧众等不能深晓大义，尚欲为之乞留宥释，亦未尝不可，即当奏闻大皇帝，将驻藏大臣撤回，所有防守官兵亦俱一并调回内地，此后藏内一切事务均不必"再为"与闻，惟有任听僧俗人等自为守御，或与廓尔喀讲和，或与争战，或竟行投顺，亦惟所欲为，天朝俱置之不问。此事所关甚重，必须达赖喇嘛等出具切实保结，日后永无翻悔"以杜后日葛藤"。若尔僧众等不敢应允，达赖喇嘛不能出结，则仲巴呼图克图仍当遵照解京，济仲堪布等亦当查出正法，不得再行赎请。"朕亦略通佛法，敬重黄教，向来加恩卫藏，赐赍优渥，即现如此"。从严办理，正所以惩儆败类、扶植黄教。①

由上可见，乾隆帝指令鄂辉等先从佛法解释，指出仲巴呼图克图等人的行为违犯佛法基本精神，是叛教行为，中央政府根据国法已从宽处罚；若西藏上层僧侣坚持留下仲巴呼图克图等人，即可以撤兵、放弃保护西藏为压力迫使其让步，并向藏地僧俗贵族声明大皇帝也略通佛法，向来敬重黄教，这样做是为保护和扶持黄教。经过这样一番认真准备，西藏僧俗"众心无不感服"②。

最后，清朝中央政府非常重视立法结果的宣传。立法结果的宣传是广义的颁布法律，在清代中国更具这样的特质。福康安等大臣亲至布达拉进行解释和宣传。据乾隆五十八年（1793 年）三月二十日福康安等奏称：

> 昨臣等将立定章程翻出唐古忒字，同至布达拉，面见达赖喇嘛，与之逐条详细讲论，并传集各呼图克图、大喇嘛等，及噶布伦以下番目，谕以大皇帝振兴黄教，保护卫藏，焦劳宵旰，上廑圣怀，总期边境无事、达赖喇嘛等得以奉教安禅、僧俗人等或资乐利，是以屡奉谕

---

① 吴燕绍辑、吴丰培增订：《廓尔喀纪略辑补》卷 7，中国社会科学院民族研究所历史室 1977 年油印本，中央民族大学图书馆藏。

② 吴燕绍辑、吴丰培增订：《廓尔喀纪略辑补》卷 14，中国社会科学院民族研究所历史室 1977 年油印本，中央民族大学图书馆藏。

旨，将藏内一切章程详细训示。我等遵旨查明藏地情形，逐条熟筹，妥议具奏，达赖喇嘛等当知感激圣恩、遵依办理，方于藏地有益，不可狃于积习，日久懈弛。①

双方的沟通效果较为显著，达赖喇嘛认为《钦定西藏善后章程二十九条》"筹画如此周到，所议各条皆系怜爱僧俗，体恤番情，实可垂之永久，我统辖卫藏不能自行办理，烦大皇帝天心，有劳各位中堂大人代为筹议，我与僧俗人等顶感难名，从此谨守章程，事事与驻藏大人会商办理，惟有习静修持、虔诵万寿经典，仰报大皇帝高厚鸿慈，断不敢稍有格碍"。②

福康安等大臣不仅在西藏僧俗贵族上层进行立法宣传，而且将立法成果翻译成藏文在前后藏各处进行颁示。据和琳等奏称：

俟臣等节次奏折奉到训谕后，由驻藏大臣衙门翻写番字，刊刻出示，在前后藏各处张挂，晓谕穷乡僻壤，咸使周知，仰副圣主卫法定制、爱育番黎至意。③

福康安等大臣还曾多次给西藏格鲁派咨送《钦定西藏善后章程二十九条》的藏文译本，并告诫不要将其遗失。如乾隆五十八年（1793 年）二月，福康安等给西藏僧俗贵族的咨文称：

近日，我大将军等会奏新订西藏章程二十九条，奏报圣聪底稿，已渐次抄送，有如册中译载。恐日久遗失，致碍于事，故今再次咨会。俾令达赖喇嘛并济咙呼图克图即据章程之意，宣谕所有噶布伦、代本、宗（本）、豀（堆）等永远遵行。如有轻慢悖逆者，定严惩不贷。专此奉达。并送上新订章程二十九条。④

清朝中央政府不仅在西藏颁示、宣传立法结果，而且在内地和蒙古等地区也对相关法律文件进行广泛的宣传。在北京，乾隆帝将其《御制喇

---

① 吴燕绍辑、吴丰培增订：《廓尔喀纪略辑补》卷五十一，中国社会科学院民族研究所历史室 1977 年油印本，中央民族大学图书馆藏。

② 吴燕绍辑、吴丰培增订：《廓尔喀纪略辑补》卷五十一，中国社会科学院民族研究所历史室 1977 年油印本，中央民族大学图书馆藏。

③ 吴燕绍辑、吴丰培增订：《廓尔喀纪略辑补》卷五十一，中国社会科学院民族研究所历史室 1977 年油印本，中央民族大学图书馆藏。

④ 扎西旺都编、王玉平译：《西藏历史档案公文选·水晶明鉴》，中国藏学出版社 2006 年版，第 197 页，译注一。

嘛说》刻于石碑之上，立于雍和宫这个藏传佛教最高的行政中心；同时，乾隆帝还通过塘报等形式向直省督抚等地方封疆大臣寄送《西藏善后事宜诗》和《御制喇嘛说》等法律文件，具体送达高级官员的状况详见下表：

表5　有关《西藏善后事宜诗》奏折统计表

职官名称	上奏人姓名	文件种类	中国第一历史档案馆档号
南河总督	兰第锡	朱批奏折	04—01—13—0093—017
福建巡抚	浦霖	朱批奏折	04—01—12—0245—085
署四川总督	惠龄	朱批奏折	04—01—16—0087—086
湖南巡抚	姜晟	朱批奏折	04—01—38—0021—018
江苏巡抚	胡高望	朱批奏折	04—01—38—0021—023
两江总督	书麟	朱批奏折	04—01—38—0021—024
安徽巡抚	朱珪	朱批奏折	04—01—38—0021—016
江苏巡抚	奇丰额	朱批奏折	04—01—38—0021—021
山西巡抚	冯光熊	朱批奏折	04—01—12—0245—012
不详	巴宁阿	朱批奏折	04—01—12—0087—067
江西学政	沈初	朱批奏折	04—01—38—0021—020
湖广总督	毕沅	朱批奏折	04—01—38—0021—025
陕甘总督	勒保	朱批奏折	04—01—38—0021—017
东河总督	李奉翰	朱批奏折	04—01—12—0244—114
热河都统	毓秀	朱批奏折	04—01—01—0545—066
前户部尚书	曹文植	朱批奏折	04—01—38—0021—019

表6　关于《御制喇嘛说》奏折表

职官名称	上奏人姓名	文件种类	中国第一历史档案馆档号
山东巡抚	吉庆	朱批奏折	04—01—12—0242—028
四川总督	惠龄	朱批奏折	04—01—09—0001—002
漕运总督	管斡珍	朱批奏折	04—01—12—0242—056
安徽巡抚	朱珪	朱批奏折	04—01—12—0242—062
东河总督	季奉翰	朱批奏折	04—01—12—0242—007
原任大学士	蔡新	朱批奏折	04—01—12—0242—005

续表

职官名称	上奏人姓名	文件种类	中国第一历史档案馆档号
陕甘总督	勒保	朱批奏折	04—01—38—0201—014
山西巡抚	蒋兆奎	朱批奏折	04—01—30—0206—042
湖南巡抚	姜晟	朱批奏折	04—01—38—0020—027
广西巡抚	陈用敷	朱批奏折	04—01—38—0020—035
两江总督	书麟	朱批奏折	04—01—38—0021—017
直隶总督	梁肯堂	朱批奏折	04—01—38—0020—001
江西巡抚	陈淮	朱批奏折	04—01—38—0020—015
江南河道总督	兰第锡	朱批奏折	04—01—38—0020—024
湖广总督	毕沅	朱批奏折	04—01—38—0020—031
陕西巡抚	秦承恩	朱批奏折	04—01—38—0020—029
广东巡抚	郭世勋	朱批奏折	04—01—38—0020—019
福建巡抚	浦霖	朱批奏折	04—01—38—0020—018
贵州巡抚	冯光熊	朱批奏折	04—01—38—0020—013
江苏巡抚	奇丰额	朱批奏折	04—01—38—0020—009
东河总督	李奉翰	朱批奏折	04—01—12—0242—007

　　以上两个表统计的情况表明，收到相关法律文件的官员的范围较为广泛，亦表明清政府对藏传佛教立法的高度重视的程度。在古代经济落后、交通极不发达与战争刚刚结束的情况下，中央政府在全国范围内向国家高级官员寄送自己亲撰写的相关文件，无疑是藏传佛教和西藏善后立法活动的重要组成部分。

　　综上所述，第二次廓尔喀入侵后，清朝对藏传佛教的立法严格遵照立法的基本规律，即立法准备或计划——立法目的宣传——撰写草案——中央审批——立法成果宣传。从立法进程看，参与立法的主体以清朝中央政府及其派出官员为主。中央政府及其派出官员认真地做了大量而又细致的因势利导工作，保证了不同利益主体之间较有成效的沟通，最后与西藏僧俗贵族达成了一致意见。从立法内容上看，《钦定西藏善后章程二十九条》创立了确认转世灵童的"金瓶掣签"制度，明确与强化了驻藏大臣对西藏格鲁派宗教组织的财政、行政、人事等方面的监督；在"寺院管理制度等方面，也发展了乾隆五十七年之前清政府对西藏地方的立法内容，而具有一些新的特色"。①

（四）《蒙古律例》《钦定理藩院则例》与对藏传佛教立法

清政府在宗教立法过程中一方面制定大量的章程，另一方面也开始编纂专门的法典，其中最重要的就是《蒙古律例》和《钦定理藩院则例》。

1.《蒙古律例》与对藏传佛教立法

《蒙古律例》在乾隆朝至少修订过四次，已经脱离康熙时期《蒙古律书》那种编纂没有固定体例的模式，基本上固定为十二卷，依事件性质不同进行编纂，其中第十二卷为《喇嘛例》。据达力扎布教授研究，现存四种版本的内容变化如下图所示：

表7　不同版本《蒙古律例》条目对照表②

卷数	各卷名称	故宫博物院图书馆藏汉文刻本	中央民族大学图书馆藏汉文刻本	中央民族大学图书馆藏蒙古文刻本	乌兰巴托中央档案馆藏蒙古文刻本	台湾成文出版社影印汉文手抄本	中央民族大学图书馆藏嘉庆汉文刻本
		乾隆三十一年	乾隆三十一年	最晚条乾隆四十六年	乾隆五十五年	乾隆五十四年	乾隆五十四年本加嘉庆新增则例
一	官衔	17	17	18	24	24	24
二	户口差徭	22	22	23	23	23	23
三	朝贡	9	9	9	9	9	9
四	会盟行军	12	12	12	13	13	13
五	边境卡哨	17	17	17	17	17	17
六	盗贼	29	29	31	35	35	35
七	人命	10	10	10	10	10	10
八	首告	6	6	5	5	5	5
九	捕亡	18	18	18	20	20	20
十	杂犯	18	18	18	18	18	18
十一	喇嘛例	6	6	6	6	6	6
十二	断狱	25	25	27	29（25）	29	29
条例	总数	189	189	194	205	209	209

---

① 刘广安：《清代民族立法研究》，中国政法大学 1989 年博士学位论文，第 65 页。

② 达力扎布：《〈蒙古律例〉及其与〈理藩院则例〉的关系》，《清史研究》2003 年第 4 期，第 9 页。

由上表可见，乾隆朝《蒙古律例》的一个重要成就在于从法典编纂体例方面开始将藏传佛教事务与其他国家事务进行区分。其中关于宗教立法的《喇嘛例》从乾隆三十一年（1766 年）到《钦定理藩院则例》颁布之前稳定地保持为 6 条律文。根据乾隆时期最晚的一个版本的规定，有关藏传佛教立法的条文共有 11 条。其中包括卷二《户口差徭》中的"禁止私当喇嘛班第"条、"披甲壮丁不许私为乌巴什"条、"禁止私为齐巴汗察"条，卷三《朝贡》中的"岁贡九白"条，卷十一《喇嘛例》中有"喇嘛格隆等准其穿用黄色、金黄色、红色衣服"条、"后黄寺每年聚四百喇嘛念经"条、"禁止喇嘛班第等私行"条、"喇嘛所在住庙内禁止容留妇人"条、"喇嘛等犯罪令先革退喇嘛"条、"喇嘛等容留贼盗"条，卷十二《断狱》中有"抄没贼人产畜不给喇嘛"条。[①] 这些条文在乾隆时期虽然变化较小，但是将其中 8 条单独变为"喇嘛例"为《钦定理藩院则例》中"喇嘛事例"卷目的形成提供了经验，促进了清代中国西部宗教立法编纂体例的成熟和完善。

2. 《钦定理藩院则例》的制定与藏传佛教立法

嘉庆时期，在乾隆朝《蒙古律例》和《钦定西藏善后章程二十九条》等相关法律的基础上，清政府开始编纂《钦定理藩院则例》。该法典始修于嘉庆十六年（1811 年）四月，据《钦定理藩院则例·原奏》记载：

> 查臣院旧有满洲、蒙古、汉字则例二百零九条，自乾隆五十四年校订迄今二十余载，所有钦奉谕旨及大臣等陆续条奏事件，俱未经纂入颁行。

由此可见，嘉庆十六年之前清政府没有编纂过《钦定理藩院则例》。嘉庆二十年（1815 年）十二月，汉文本告成，将旧例 209 条逐一校阅，删除其中 20 条不能援引的远年例案，剩余 189 条之内，修改 178 条、修并 2 条，并将理藩院自顺治年以来有拘束力的成案，译成汉文，增纂 526 条，共 713 条。嘉庆二十二年（1817 年）汉字版片告成，满文、蒙古文翻译完毕，恭呈御览；次年，满洲字、蒙古字二体《则例》版片告成。[②] 其体

---

① 《蒙古律例》，台湾成文出版社 1968 年影印本，第 37、38、65、209 页。
② （清）理藩院修、杨选第等校注：《理藩院则例·原奏》，内蒙古文化出版社 1998 年版。

例分通例上、通例下、旗分等 63 门，将《中俄恰克图条约》《钦定西藏善后章程二十九条》等大部分内容收入其中，并增添蒙古地区行政区划、蒙古驻防官员权限等内容。① 至此，有关藏传佛教的立法进一步体系化，其主要标志是《喇嘛事例一》《喇嘛事例二》《喇嘛事例三》《喇嘛事例四》《喇嘛事例五》《西藏通制上》《西藏通制下》《留养》《廪饩下》等专门的和相关的卷目的形成。② 其中《喇嘛事例一》至《喇嘛事例五》的形成标志着清代对藏传佛教立法编纂体例的成熟。《钦定理藩院则例》卷五十六《喇嘛事例一》主要对漠南、甘肃等地区喇嘛僧官的设立进行较为系统的规定；③ 卷五十七《喇嘛事例二》主要对喇嘛朝贡、喇嘛年班、呈递丹书克等制度进行详细调整；④ 卷五十八《喇嘛事例三》对指认呼毕勒罕、漠南地区喇嘛僧官的升迁等制度进行规定；⑤ 卷五十九《喇嘛事例四》主要规定了喇嘛度牒制度、喇嘛服色制度、喇嘛宗教行为规范等问题；⑥ 卷六十《喇嘛事例五》主要对喇嘛僧官待遇、驻京喇嘛钱粮、驻京呼图克图本游牧处所徒众管理、堪布换班等问题进行了较为系统的规范。⑦ 从法典的体例与内容可知，在编纂《钦定理藩院则例》时，理藩院明确地区分着宗教问题与政治问题。这集中地体现于《西藏通制》中未针对达赖喇嘛、班禅额尔德尼等藏地活佛的呼毕勒罕的确认等问题进行专门规范，而是将其作为一类问题统一规定于卷五十八《喇嘛事例三》之中。总之，《钦定理藩院则例》及其《喇嘛事例》的编纂标志着清代中国西部宗教立法核心规范体系的形成。

---

① 徐晓光等：《清朝对"蒙古例"、〈理藩院则例〉的制定与修订》，《内蒙古社会科学》1994 年第 3 期，第 54 页。

② 参见刘广安：《清代民族立法研究》，中国政法大学出版社 1993 年版，第 28—32 页。

③ （清）理藩院修、杨选第等校注：《理藩院则例》，内蒙古文化出版社 1998 年版，第 376—388 页。

④ （清）理藩院修、杨选第等校注：《理藩院则例》，内蒙古文化出版社 1998 年版，第 389—402 页。

⑤ （清）理藩院修、杨选第等校注：《理藩院则例》，内蒙古文化出版社 1998 年版，第 403—410 页。

⑥ （清）理藩院修、杨选第等校注：《理藩院则例》，内蒙古文化出版社 1998 年版，第 411—416 页。

⑦ （清）理藩院修、杨选第等校注：《理藩院则例》，内蒙古文化出版社 1998 年版，第 417—430 页。

（五）会典及会典事例的修改与对藏传佛教立法

乾嘉两朝在不断制定和修改章程、则例等较为规范的法律文件的同时也较为重视修订《钦定大清会典》和《钦定大清会典事例》。① 乾隆十二年（1747 年），清政府开始续修《钦定大清会典》，至乾隆二十七年（1762 年）同时修成会典 100 卷、会典则例 180 卷，使会典和会典事例分开编纂"成为固定的体例"。② 乾隆朝《钦定大清会典》卷八十、《钦定大清会典则例》卷一百四十至一百四十四对雍正五年以后至乾隆前期的藏传佛教立法成就进行了总结和清理。③ 嘉庆六年（1801 年）开始续修会典，嘉庆二十三（1818 年）年完成会典 80 卷，会典事例 920 卷。其中《钦定大清会典》卷四十九至五十三，《钦定大清会典事例》卷七百二十六至七百五十三对藏传佛进行了系统立法，将乾隆后期宗教立法的成果进行了清理，吸收了康、雍、乾三朝及嘉庆朝初期的立法成果。④ 这些汇编式法典中的藏传佛教立法内容虽然如记事本一样，缺乏理论的抽象与总结，且陈陈相因，与《钦定理藩院则例》等其他法律形式多有重复。但是从规范体系的完整性而言，会典的相关内容与《钦定理藩院则例》形成了互相补充、彼此强调的重要关系。

（六）其他形式的藏传佛教立法

谕旨等法律形式在乾嘉时期也起着较为重要的法律作用。清政府对谕旨等法律形式的运用也取得了一定的成就，其中最为重要的成果是通过发布谕旨对漠北藏传佛教管理形成了一定的制度。⑤

---

① （乾隆朝）《钦定大清会典·御制序》，四库全书史部政书类，第 619 册，台湾商务印书馆 1986 年影印版，第 2 页。

② 张晋藩：《中华法制文明的演进》，法律出版社 2010 年版，第 770 页。

③ 参见（乾隆朝）《钦定大清会典》，文渊阁四库全书史部政书类，第 337 册，台湾商务印书馆 1986 年影印版，第 744—746 页；《钦定大清会典则例》，文渊阁四库全书史部政书类，第 624 册，台湾商务印书馆影 1986 年印版，第 397—589 页。

④ 参见（嘉庆朝）《钦定大清会典》，近代中国史料丛刊第 64 辑，台湾文海出版社有限公司 1991 年影印版，第 2329—2483 页；《钦定大清会典事例·理藩院》，近代中国史料丛刊第 70 辑，台湾文海出版有限公司 1991 年版，第 5920 页。

⑤ 参见中国社会科学院中国边疆史地研究中心《清代蒙古高僧传译辑》，全国图书馆文献缩微复制中心 1990 年版，第 406—408 页；张其勤辑、吴丰培增补：《清代藏事辑要》，西藏人民出版社 1983 年版，第 351—353 页；蒙文原著、陈仁先译：《蒙古逸史》，台湾广文书局有限责任公司 1976 年版，第 231—239 页。

四、完善期：道光至宣统时期（1821—1911 年）

道光帝继位之后，清政府政治上逐渐腐败，经济上日渐拮据。但蒙藏地区经过康、雍、乾、嘉四朝的经营，政治相对较为稳定。清朝统治者在总结前朝法制经验的基础上对藏传佛教继续立法，主要立法成就是修订《钦定理藩院则例》《钦定大清会典》与《钦定大清会典事例》。

（一）《钦定理藩院则例》的修订与藏传佛教立法

嘉庆时期的《钦定理藩院则例》至道光初期已 10 余年未修改，"蒙古案件较前实属增繁"，"往往无例可遵"①。道光三年（1823 年），理藩院奏准修改；道光七年（1827 年）《钦定理藩院则例》满洲、蒙古、汉字三体版样告成，共有条例 1454 条，分 65 门。② 道光二十一年（1841年）最后一次修订，道光二十三年（1843 年）刻成板片，"凡蒙古《则例》，《原奏》一卷，《官衔》一卷，《总目》一卷，《总目》上、下卷，《通例》上、下二卷，《旗分》等六十三门，共六十三卷，满洲、蒙古、汉字三体总计二百零七卷。"③ 光绪十六年（1890 年），理藩院重修《则例》111 条，光绪三十二年（1906 年）更名为《钦定理藩部则例》，增加"捐输"一门，共有 64 门。至清末，律条共 971 条，条例共 1605 条，其中有关藏传佛教的法律规范的律条总数达 160 余条。④

（二）《酌拟裁禁商上积弊章程二十八条》的制定与对藏传佛教立法

道光时期，西藏政局已出现较多的弊端。西藏地方摄政尾大不掉，专权乱政。⑤ 道光二十四年（1844 年）为改革西藏弊政，琦善等奏准《酌拟裁禁商上积弊章程二十八条》。该章程再次强调驻藏大臣统辖藏务的权

---

① （清）理藩院修、杨选第等校注：《理藩院则例》，内蒙古文化出版社 1998 年版，第 33 页。

② （清）理藩院修、杨选第等校注：《理藩院则例》，内蒙古文化出版社 1998 年版，第 36—37 页。

③ （清）理藩院修、杨选第等校注：《理藩院则例》，内蒙古文化出版社 1998 年版，第 43 页。

④ 张荣铮：《关于〈理藩部则例〉》，载上海大学法学院等点校：《钦定理藩部则例》，天津古籍出版社 1998 年版，第 2、16 页。

⑤ 中国藏学研究中心等：《元代以来西藏地方与中央政府关系档案史料汇编》，中国藏学出版社 1994 年版，第 928—929 页。

力，进一步完善了西藏僧俗官员的选任程序、等第额数和寺院管理制度，体现出"僧官品级与内地官员品级统一的原则；僧官各司其事、不得逾权理事的原则。这些原则不仅对整理藏地任用僧官方面的紊乱状态，革除僧官滥用权力的弊端，维护西藏地方的宗教秩序有积极的意义，而且对深化清政府对西藏的行政管辖也有重要的意义"。①

（三）《新治藏政策大纲十九条》与藏传佛教立法

清朝末年，清政府已认识到西藏治理不好，"苟有挫失，蒙古、新疆、青海、川、滇必不能一日安枕"。② 在此情况下由张荫棠等人起草的《新治藏政策大纲十九条》获得清政府的批准，主要内容包括改革西藏政教关系体制、举办新政等问题。③ 从张荫棠的立法计划和设想来看，西藏地方政治改革的首要问题是废除政教合一的政治体制。光绪三十三年（1907 年）张荫棠入藏后即向西藏地方僧俗贵族提出了二十四个问题，涉及财政、宗教、文化、军事等多个方面，要求后者认真答复。其中第十二个问题是："西藏黄教、红教虽分两派，实同一家，应如何互相联络，释前嫌而共谋御外侮？"④ 第二十四个问题是建议西藏喇嘛娶妻生子、增加人口。这两个问题均遭到西藏地方僧俗贵族的反驳。⑤ 由此可见，张荫棠对西藏宗教状况并不熟悉。以此为基础所草拟的《新治藏政策大纲十九条》的被批准，说明清末国家对西藏地方传统宗教立法因势利导、循序渐进基本原则的放弃和现实宗教立法原则的冒进。

（四）《钦定大清会典》和《钦定大清会典事例》的修订与对藏传佛教立法

光绪十二年（1886 年）清朝开始修订《钦定大清会典》和《钦定大

---

① 刘广安：《清代民族立法研究》，中国政法大学出版社 1993 年版，第 64 页。

② 中国藏学研究中心等：《元代以来西藏地方与中央政府关系档案史料汇编》，中国藏学出版社 1994 年版，第 1556 页。

③ 刘廷赞：《驻藏大臣沿革考》下册，民族文化宫图书馆 1961 年油印本，第 14—16 页。

④ 中国藏学研究中心等：《元代以来西藏地方与中央政府关系档案史料汇编》，中国藏学出版社 1994 年版，第 1533 页。

⑤ 中国藏学研究中心等：《元代以来西藏地方与中央政府关系档案史料汇编》，中国藏学出版社 1994 年版，第 1536 页。

清会典事例》，二十五年（1899 年）修订完毕。其中会典 100 卷，会典事例 1200 卷，三十二年（1906 年）石印《钦定大清会典》500 部。① 光绪朝《钦定大清会典》和《钦定大清会典事例》收录了嘉庆十八年以后大量相关藏传佛教事务的奏折及皇帝谕旨。②

综上所述，清代在维护国家政治统一原则、因势利导原则、循序渐进原则的指导下，使用谕旨、会典、则例等多种法律形式，对藏传佛教进行了系统而又持久的立法活动。从立法进程方面看，清代对藏传佛教立法经过了一个漫长的过程，具有因势利导、循序渐进的特征。从编纂体例来看，乾隆朝时期《蒙古律例》的体例不断完善，"喇嘛例"卷目形成，嘉庆年间《钦定理藩院则例》将"喇嘛例"篇目进行扩充，形成"喇嘛事例"五卷的规模，标志着清代对藏传佛教立法编纂体例的成熟。从立法内容看，天命至顺治时期清政府逐渐确立起对传佛教立法的基本思路和框架，达赖喇嘛敕封制度形成；康雍时期，喇嘛僧官、喇嘛朝贡等制度形成；乾嘉时期，《钦定西藏善后章程二十九条》的制定标志着对藏传佛教立法内容的成熟，《钦定理藩院则例》在编纂过程中开始注意区分宗教问题与世俗政治问题，其制定则标志对藏传佛教立法的进一步发展，也标志着清代中国西部宗教立法核心规则的形成。道光以后清政府不断修订，内容逐渐进一步充实。

第二节　清代中国对伊斯兰教立法的历史进程

一、平缓期：顺治至乾隆中期（1644—1780 年）

（一）对陕甘地区伊斯兰教的立法

乾隆四十六年（1781 年）之前，清政府对全国伊斯兰教的法律调整较为宽容，承认伊斯兰教的合法性，注意保护正常的宗教信仰活动。康熙时期，民间流传回民夜聚晓散、图谋反叛，清廷下达谕旨，对伊斯兰教信

---

① （光绪朝）《钦定大清会典事例·影印版说明》，中华书局 1990 年影印版。
② （光绪朝）《钦定大清会典事例·奏折》，中华书局 1990 年影印版。

徒及其正常的宗教行为进行保护，其谕旨称：

> 朕评汉回古今之大典，自始之宏道也。七十二门，修仙成佛，诱
> 真归邪，不法之异端，种种生焉。以往不咎、再违者斩！汉诸臣分职
> 时享君禄，按日朝参；而回逐日五时朝主拜圣，并无食朕俸，亦知报
> 本，是汉不及回也。通晓各省，如官民因为私怨，借端虚报回民谋反
> 者，职司先斩后奏！天下回民，各守清真，不可违命，勿负朕恩有爱
> 道之意也。钦此钦遵。①

该谕旨确立了尊重伊斯兰教信仰的重要原则，承认朝主拜圣活动是合法行
为，对诬告穆斯林谋反者则处以严厉惩罚，并规定所有回民应严守宗教戒
律，在国家法律允许范围之内从事宗教活动。许多清真寺将这道谕旨雕刻
于石碑上，立于清真寺内以保护伊斯兰教信仰活动。②

雍正时期，清政府继续承认伊斯兰教为合法宗教。针对某些官员奏请
禁绝伊斯兰教的呼声，雍正帝多次下谕旨予以驳斥。如雍正七年（1729
年）山东巡抚陈世倌以回民不用国家历法等为借口奏请禁绝伊斯兰教时，
雍正帝立即进行反驳，指出信仰伊斯兰教的回民全国各地都有，均是大清
国的子民，伊斯兰教信仰是其祖先遗留下来的家风土俗，应当依照"从
俗从宜"的原则来对待伊斯兰教。其谕旨曰：

> 直省各处皆有回民居住，由来已久。其人既为国家之编氓，即俱
> 为国家之赤子，原不容以异视也。数年以来屡有人具折密奏"回民
> 自为一教，异言异服，且强悍习顽，肆为不法，请严加惩治约束"
> 等语。朕思回民之有教乃其先代留遗家风土俗，亦犹中国之人，籍贯
> 不同，嗜好方言亦遂各异。是以回民有礼拜寺之名，有衣服文字之
> 别，要亦从俗从宜、各安其习，初非作奸犯科、惑世诬民者比。则回
> 民之有教，无庸置疑也，惟是凡人生产虽不同地，而同具此天良；习
> 尚虽不同教，而同归于为善。回民处天地覆载之内，受国家养育之
> 恩，可不孜孜好善、共勉为醇良乎？且朝廷一视同仁，回民中拜官受

---

① 金吉堂：《中国回教史研究》，宁夏人民出版社 2000 年版，第 172—173 页；（清）
马注：《清真指南》卷 8《教条八款》（余振贵标点，宁夏人民出版社 1988 年版，第 360
页）中也有相似的记载，敕谕没有前者内容完整，但意思一致。

② 参见余振贵等：《中国回族金石录》，宁夏人民出版社 2001 年版，第 203 页。

爵、洊登显秩者常不乏人。则其勉修善行，守法奉公，以共为良民者，亦回民之本心也。要在地方官吏不以回民异视，而以治众民者治回民，为回民者亦不以回民自异，即以习回教者习善教，则赏善罚恶，上之令自无不行，悔过迁善，下之俗自无不厚也。①

由此可见，回民人数众多、分布于全国各地，清政府根据维护国家政治稳定的原则，从习俗的角度承认伊斯兰教的合法性。雍正帝进而认为："彼之礼拜寺、回回堂，亦惟彼类中敬奉而已，何能惑众？朕令汝等禁新奇眩幻骇人之事。如僧、道、回回、喇嘛等，其来已久，今无故欲一时改禁革除，不但不能，徒滋纷扰，有是治理乎？"② 但是署理安徽按察使鲁国华再次奏请禁绝伊斯兰教。雍正八年（1730 年）五月，清帝再次上谕内阁，强调回民之自为一教，是其先代相沿之土俗，历观前代，亦未通行禁约、强其画一，并指出"鲁国华此奏，非有挟私报复之心，即欲惑乱国政，著将鲁国华交部严加议处"。③ 清政府承认伊斯兰教信仰的合法性在当时中国内地省份产生了较大的影响。河北定州清真寺雍正九年（1731 年）撰写的《重修碑记》对国家的法律认同表现出明显的政治归属感，碑文记载："是以开天辟地以生，即有回回，累代帝王一视同仁。更难忘者，今圣天子轸念元元，四海一家，万物一体，希荣者，虽屡有异言，而总不改其天覆地载之量，以少伤赤子而回汉异视也。"④ 乾隆四十六年（1781 年）北京牛街礼拜寺的《古教西来历代建寺源流碑文总序略》对雍正时期两次下谕旨驳斥大臣，承认伊斯兰教信仰的合法性也进行了记载，称"恭逢世宗宪皇帝恢天地之量，昭日月之明，两颁恩纶，训饬有司，化道回民，诚生生世世感戴而不忘者也"。⑤ 这两个事例表明清代回民和伊斯兰宗教组织较为注意以皇帝谕旨保护自己的合法宗教活动。乾隆二年

---

① 《清世宗实录》卷80，雍正七年四月辛丑。

② 台湾故宫博物院：《宫中档雍正朝朱批奏折》第 3 辑，台湾故宫博物院 1984 年影印版，第 177 页。

③ 《清世宗实录》卷94，雍正八年五月甲戌；江苏苏州太平坊清真寺将雍正八年上谕内容刻成石碑以保护自己，见余振贵等《中国回族金石录》，宁夏人民出版社 2001 年版，第 203—204 页。

④ 余振贵等：《中国回族金石录》，宁夏人民出版社 2001 年版，第 21 页。

⑤ 余振贵等：《中国回族金石录》，宁夏人民出版社 2001 年版，第 8 页。

（1737 年），清帝发布其对各派宗教的看法："夫释道原为异端，然诵读经书，而罔顾行检者，其得罪圣贤，视异端尤甚焉，且如星相杂流，及回回、天主等教，国家功令原未尝概行禁绝，彼为僧为道，亦不过营生之一术耳，穷老孤独，多赖以存活，其劝善戒恶，化导愚顽，亦不无小补。"① 由此可见，乾隆帝虽然将伊斯兰教与星相杂流相提并论，但仍然承认其合法性，认为与其他宗教一样不过是一种营生，在劝善戒恶等方面仍具有一定的作用。

乾隆四十六年（1781 年）之前，清政府虽然承认伊斯兰教的合法性，但是最高统治者仍对伊斯兰教存有偏见，认为伊斯兰教可取之处不多。雍正二年（1724 年）清廷谕称："此种回教，原一无所取。但其来已久，且彼教亦不惟中土所崇尚，率皆鄙薄之徒。即彼教中之稍有知识者十居六七，若似有出于不得已之情，从无平人入其教门之理。由此观之，则彼之所谓教者，亦不过只于此数，非蔓延难量之事。"② 雍正七年（1729 年）四月，清帝在谕内阁的诏书中，一方面承认作为习俗的伊斯兰教的合法性，另一方面对穆斯林屠宰牛只的行为进行指责，进而认为回民自别为一教，"怙恶行私"，并令各省督抚宣传朝廷的政策。③ 清初社会和官员本来对回民信仰伊斯兰教已有偏见。④ 清帝以谕旨的方式歧视和指责伊斯兰教，实际上确认了社会和部分官员对伊斯兰教歧视的合法性。

（二）对回疆地方伊斯兰教的相关立法

乾隆二十四年（1759 年），清政府以武力平定大小和卓叛乱之后，未从立法和实践上禁绝伊斯兰教，而是采用因俗而治的方式承认伊斯兰教在回疆存在的合法性，并对该教信仰进行保护。

清政府对回疆地区伊斯兰教的立法主要表现于保留回疆传统的伯克制度，废除其中之世袭制，依照内地职官品级对其进行改造，实行伯克任职的回避制与养廉制，在实行因俗设官、从俗而治的政策的同时，将其纳入

---

① 《清高宗实录》卷 38，乾隆二年三月己亥。
② 金吉堂：《中国回教史研究》，宁夏人民出版社 2000 年版，第 78 页。
③ 《清世宗实录》卷 80，雍正七年四月辛。
④ 参见余振贵：《中国历代政权与伊斯兰教》，宁夏人民出版社 1996 年版，第 182—183 页。

国家统一法律制度之下。①《钦定大清会典》和《钦定大清会典则例》均对伯克制度进行了法律确认，保留了其传统专管经教事务的伯克职位与调解纠纷的宗教法庭。②

此外，清政府也通过谕旨等方式，对回疆伊斯兰教进行立法改革，在承认其信仰、文化、教育和民事纠纷调解方面的传统合法地位的同时，"逐步剥夺伊斯兰教机构的司法、警察、税收等政治、经济特权"③，禁止阿訇干预政治④。这些立法为嘉庆朝以降进一步对回疆地方伊斯兰教立法奠定了基础。

二、骤变期：乾隆朝后期至咸丰朝（1781—1861 年）

所谓"骤变"是指清政府的伊斯兰教立法形式突破传统的谕旨、习惯法等方式，开始以章程和法典作为调整伊斯兰教事务的重要法律依据，同时也强调对陕甘伊斯兰教立法的回民事变/起义背景。乾隆后期对陕甘地区伊斯兰教的善后立法基本上奠定了乾隆至同治之前该地区宗教立法的基础。嘉庆和道光时期对《钦定回疆则例》的制定和修改则奠定了回疆宗教立法的框架和风格。

（一）甘肃回民事变/起义与对伊斯兰教的立法

1. 苏四十三回民事变/起义与对伊斯兰教的立法

清代以前，陕甘地区的教派不甚明晰，中国的绝大多数伊斯兰教派别是大伊玛目艾布·哈尼法的尊信者，客家人的社会地位和较为严峻的生存环境不允许穆斯林从事更为多元的教派活动。⑤ 清初，随着伊斯兰教苏非主义思想的传布，陕甘地区的伊斯兰教开始分化。康熙年间，苏非派即已通过新疆、陕甘传至云南地区。《清真指南》记载，康熙四十九年（1710年）云南武定府阿訇马尽忠向回族上层人士马注投诉外来伊斯兰教士沙

---

① 刘广安：《清代民族立法研究》，中国政法大学 1989 年博士学位论文，第 83 页。

② 参见（乾隆朝）《钦定大清会典》，文渊阁四库全书史部政书类，第 619 册，台湾商务印书馆 1986 年影印版，第 749 页；《钦定大清会典则例》，文渊阁四库全书史部政书类，总第 624 册，台湾商务印书馆 1986 年影印版，第 544—545 页。

③ 刘志霄：《维吾尔历史》（上），民族出版社 1985 年版，第 558 页。

④ 《清高宗实录》卷 615，乾隆二十五年六月辛丑。

⑤ 参见白寿彝：《中国回回民族史》（上册），中华书局 2003 年版，第 401 页。

金的行为是"异端妖术"①。王建平认为此教士即为苏非派中的格兰岱，其传入云南的路径为：中亚——陕西——四川——云南。② 雍正时期，甘肃回民马来迟在麦加苏非道堂学习三年之后，于陕甘地区创立花寺门宦；马明心在中亚布哈拉学习苏非教理多年，回国后创立哲赫忍耶门宦。③ 两派之间因争夺宗教资源，最后发展为惨烈的武斗。④ 乾隆四十六年（1781年）三月，因地方政府判处不公，哲赫忍耶门宦首领苏四十三等将教争转变为反对清政府的事变/起义，经过三个多月的激战，最后被镇压。⑤ 从此，清政府对伊斯兰教的立法日趋严厉。

乾隆帝在镇压回民事变/起义的过程中即开始思考善后宗教立法问题，计划对伊斯兰教内部组织制度进行改革。乾隆四十六年（1781年）年五月下谕：

> 此等番回在该处煽惑愚人、妄言祸福，甚至设立掌教及总掌教之名，以至无知回民被其愚惑，入教指挥听令。现在逆番苏阿浑四十三等即其余党，竟敢于率众抗拒官兵，总由当日养痈贻患所致，然尚因旧教与新教相争不致合为一事。若听其仍存总掌教之名，俾回众悉听其号令，设彼总掌教者肆为不法，更何事不可为。此事关系甚大，不可不设法妥办，早为消弭。着李侍尧于办理撒拉尔番回善后事宜内，将总掌教名目不动声色令其裁去，并各省有无似此回教名目者，亦令一体妥为裁革，至韩哈济与贺麻六乎等争教互讦，非寻常案犯可比，皆当据实奏闻，按律严办，以示惩儆。乃当日该督仅以咨部完结，刑部亦照咨率覆，或入于汇奏，朕实不知，均属错误。……嗣后各省督抚遇有此等邪教争控、聚众念经之案，即应亲提案犯，严审究拟，据

---

① （清）马注：《清真指南》，余振贵校注，宁夏人民出版社1988年版，第422页。
② 王建平：《露露集：略谈伊斯兰教与中国的关系》，宁夏人民出版社2007年版，第54页。
③ 参见中国伊斯兰百科全书编辑委员会：《中国伊斯兰百科全书》，四川出版集团、四川辞书出版社2007年版，第337、345页。
④ 参见（清）龚景瀚编、李本源纂修：《循化志》，台湾成文出版社1968年影印版，第178页。
⑤ 参见参见中国伊斯兰百科全书编辑委员会：《中国伊斯兰百科全书》，四川出版集团、四川辞书出版社2007年版，第540页。

实具奏，以净根株，不得颟顸了事，率行咨部完结，致复蔓延滋事；刑部堂官遇有此等外省咨结之案，亦即具实特奏，从复位拟不得咨覆完案。至邪教案内凡有发遣之犯，不得发往奉天、吉林及新疆等处，致将邪教复行煽惑，民人被其愚诱。将此传谕李侍尧及各省督抚，入于交代遵照办理，并交刑部堂官存记，一体遵照。①

这道谕旨表明清政府对此后伊斯兰教立法规制的基本思路：首先此次回民事变/起义是因为伊斯兰教团体内部存在总掌教、掌教这样具有较大教权的教职人员，故而应当革除；其次，他省伊斯兰教内部亦应禁止掌教和总掌教此类教职设置和称谓；再次，参加教争的宗教组织即系邪教，应严审究拟，提高管辖级别，据实特奏；邪教案内发遣人员不得发往东北等处。

同年十月，根据乾隆帝的立法指示，阿桂、李侍尧等向清朝中央政府起草了六条立法建议，经军机大臣等议奏，皇帝批准颁行，此即《甘肃善后事宜》。这是清政府对陕甘地区回民事变/起义后针对伊斯兰教的第一部正式立法。其主要内容是取消哲赫忍耶门宦的合法地位，禁止信众信仰新教，实行民族宗教隔离政策等。②

2. 田五回民事变/起义与对伊斯兰教的立法

清政府严厉的善后立法和执法引起哲赫忍耶门宦和花寺门宦两方面的反抗。李侍尧等地方官员在查办新教过程中，执法过严，株连无辜，引起陕甘回民信众普遍的不满。乾隆四十九年（1784 年）四月，田五等人领导的回民事变/起义爆发，涉及范围达 10 余府州县 1200 余村镇，打死打伤清军近 3000 名，击毙副都统明善等一批清军将领。③

在镇压事变/起义的过程中，清朝君臣不得不寻找事变/起义的原因。福康安认为事变/起义是李侍尧办理新教不得方法，激民成变，奏称："至逆犯倡乱滋事，臣等细加访询，皆因李侍尧于查办新教一事，地方官奉行不善，胥役又从中勒索滋扰，致逆回得以诓称'剿洗回民'，藉词煽诱，到处勾连。"④ 回民的反抗和福康安的建议使乾隆帝逐渐意识到处理

① 《清高宗实录》卷 1129，乾隆四十六年五月己卯。
② 参见杨怀忠点校：《钦定兰州纪略》，宁夏人民出版社 1988 年版，第 252—254 页。
③ 吴迈善：《清代西北回民起义研究》，兰州大学出版社 1991 年版，第 47 页。
④ 杨怀忠点校：《钦定石峰堡纪略》，宁夏人民出版社 1987 年版，第 262 页。

善后事务株连过多，影响地方政治稳定。同年六月，清政府发布谕旨：

阿桂、福康安于剿灭贼匪后，只须将贼人经过煽诱之处所有平时与贼勾结知情及贼人起事后代为往来送信、接济粮食之人，即系邪教乱民，必须实力搜捕正法，勿复如李侍尧之养痈，其余并未从逆之回人皆系良民，不必更分旧教、新教，概毋庸波及，以免株连。总之，查办此事止当分别从逆与否、邪正之殊，不必论其教之新旧。即如僧道原非例禁，而白莲等邪教之必应查究者，亦以其左道惑民、聚众滋事也。嗣后凡从逆回匪俱称为邪教，不必复分新旧教名目，俾回人等咸知朕洞悉其教根源，不分畛域，断不因滋事贼匪将无辜守法良民一并株连之至意。将此通谕中外知之。①

这似乎表明清政府对伊斯兰教深有了解，不再对新教与旧教进行严格的区分，而以对政府的政治忠诚为标准，仅对"从逆"回民进行惩罚。此后乾隆帝又向福康安等指示"辗转根究"非绥靖地方之道。② 七月，乾隆帝再次劝谕回民"新教不但与回民无益，且至丧躯破家，其祸尤烈。回众等何苦甘为所愚，执迷不悟，受其流毒。"③ 由此可见在哲赫忍耶门宦领导回民事变/起义的背景下，清朝中央政府还是对新教抱有政治定见，不愿意接受其为合法宗教，但是又担心株连过广引起社会政治严重动荡。

甘肃地方政府也开始对伊斯兰教进行立法。陕甘总督勒保发布告示，禁止信仰新教，并且多次向清政府汇报回民情况。针对勒保的奏报，清廷朱批："徐徐化导，回岂非民乎？"④ 清帝还多次谕令地方官随时察访，设法化导，劝告旧教在宗教活动中减少所收布施。⑤ 乾隆五十四年（1789年），署河州知州涂跃龙等议定章程八条，其主要内容是回民信众不应赴别寺礼拜、禁止外地之人至河州学经、回民不能抱养汉民为养子、汉民不得改信伊斯兰教等。⑥

---

① 杨怀忠点校：《钦定石峰堡纪略》，宁夏人民出版社1987年版，第120页。
② 杨怀忠点校：《钦定石峰堡纪略》，宁夏人民出版社1987年版，第150页。
③ 《清高宗实录》卷1211，乾隆四十九年七月丙子。
④ 《清高宗实录》卷1319，乾隆五十三年十二月丁巳。
⑤ 《清高宗实录》卷1340，乾隆五十四年十月丁卯。
⑥ （清）龚景瀚编、李本源纂修：《循化厅志》，台湾成文出版社1968年影印版，第183页。

（二）《钦定回疆则例》与对回疆伊斯兰教的立法

嘉庆十六年（1811年），理藩院奏准将乾隆朝以来有关回疆的成案、谕旨等法律文件另行编纂为《钦定回疆则例》，二十年（1815年）二月，板片告成，并定例十年一修。① 从此，对回疆的宗教立法进入总结阶段，较为系统的法典成为其重要法律形式。道光十三年（1833年），理藩院奏请增纂《钦定回疆则例》，十七年（1837年）汉字正本告成，二十二年（1842年）再次增入23条，至此共有律条134条，条例161条，② 此后再未进行过修改。《钦定回疆则例》确立了回疆宗教立法的基础，对回疆阿訇的选任、宗教文化教育的管理、跨地区的宗教活动等问题进行了较为系统的规定。

三、停滞期：咸丰朝至宣统朝（1862—1911年）

（一）咸丰以降的回民事变/起义与对伊斯兰教的立法

咸丰以降，清政府的统治百弊丛生。其长期以来对伊斯兰教及其信仰民族的歧视、政治统治的腐败等因素集合起来终于导致陕甘地区民族与阶级矛盾于同治年间（1862—1874年）以回民起事/起义的方式总爆发③，此即同治陕甘回民事变/起义，波及内蒙、外蒙、新疆等地区。在此次回民事变/起义中，哲赫忍耶、花寺等门宦的教主、阿訇等为主要的领导人员。④ 清政府令左宗棠进入陕甘平定回民的反清活动，并由此展开对陕甘伊斯兰教立法的争论。

首先，左宗棠奏请禁绝新教。同治十年（1871年），左宗棠在《禁绝新教折》中向清廷描述了伊斯兰教的发展简史与新旧教派的区别，并重点陈述以马化龙为首的哲赫忍耶门宦的发展状况，结合自己在陕甘地区同以马化龙为首的起事回民战争的经历，指出新教最大的危害在于自托神

---

① 张锐智、徐立志主编：《中国珍稀法律典籍集成》丙编第二册，科学出版社1994年版，第407—410页。

② 《钦定回疆则例·现修原奏三》，《中国珍稀法律典籍集成》丙编第2册，科学出版社1994年版，第412—415页。

③ 参见李范文等：《西北回民研究资料汇编》，宁夏人民出版社1988年版，第158—164页。

④ 吴迈善：《清代西北回民起义研究》，兰州大学出版社1991年版，第74页。

灵、妄言福祸、行为诡僻、诱惑"愚回",使其甘心役使,陷大逆而不知,受显戮而不悔;认为现在新教于各省尚未广泛传布,应及时严加禁止,"新教绝而回族安,关陇可保百年无事"①。而清政府则重申乾隆时的立法,即查办此事当分别从逆与否、邪正之殊,不必论其教之新旧,令左宗棠妥为开导,不可操之过蹙,致激事端,并批示"所请敕令各省一体禁绝之处可从缓办理"②。

其次,作为陕甘总督,左宗棠自己制定有一系列有关伊斯兰教的法律文件。主要法律文件有《抚后禁令》6 条、《安插回民告示》11 条等。其主要内容为禁绝新教,对信仰者给予严惩,禁止被安置于甘肃、宁夏等地区的回民信众自由离开现安置地区,禁止伊斯兰教职人员干预民事。③

虽然有这些宗教立法,但是远远不能满足于解决当时的教争。光绪二十一年(1895 年),以教争为开端的河湟回民事变/起义爆发。该事变/起义以甘肃中西部、青海东部为中心,波及宁夏、新疆局部地区,最后被镇压。④ 为解决伊斯兰教内部教争问题所带来的政治动荡,光绪二十三年(1897 年),署河州知州杨增新向陕甘总督咨请裁革伊斯兰教门宦,认为所有回民事变/起义均起因于伊斯兰教门宦之争,而其上级官员陕甘总督则认为:

> 但闻旧教、新教均各良莠不齐,上年从逆为乱之回,固为旧教肃肇,迫攻城堡、残杀汉民、抗拒官兵,则旧教、新教皆有,其人第形迹诡秘,难于调查,且其习俗难移,一旦强令舍其旧而新是图,更恐不逞之徒籍此蛊惑同类,别酿事端,不可不深长思也。恭查乾隆四十六年及四十九年叠次上谕内载:查办此案只当分别从逆与否、邪正之殊,不必论其教之新旧,即如僧道原非例禁,而白莲等教之必须查禁者,亦以其左道惑人,聚众滋事也。嗣后,凡从逆回匪但称邪教,不必分新旧名目,俾回民等咸知朕洞悉其教根源,不必区分畛域,断不

---

① (清)左宗棠:《左宗棠全集》第 7 册,上海书店 1986 年版,第 5956 页。
② (清)左宗棠:《左宗棠奏折》第 7 册,上海书店 1986 年版,第 5958 页。
③ 各条内容见《左宗棠全集》第 16 册,上海书店 1986 年版,第 14599—14608 页。
④ 参见吴迈善:《清代西北回民起义研究》,兰州大学出版社 1991 年版,第 238 页。

肯因滋事贼匪而将无辜守法良民一并株连之至意。钦此。①

由此可见，清朝地方省级官员也认为新旧教难以区分，若强令区分容易酿成事端，并引用乾隆年间的谕旨作为拒绝的法律依据。这也符合当时清朝中央政府对伊斯兰教的基本政策。

综上所述，自乾隆四十六年至清末，在对陕甘地区伊斯兰教的立法方面，乾隆朝所颁发的相关谕旨成为清代后期处理伊斯兰教事务的重要法律依据。清朝中央与地方政府始终坚持这些谕旨所确定的重要原则，即"只论逆顺，不论教之新旧"。

（二）新疆建省后有关伊斯兰教的立法

自 19 世纪伊始，白山派和卓后裔利用清朝政治统治的腐败，在中亚伊斯兰国家的支持不断发动暴乱，并导致 1865 年浩罕入侵新疆。左宗棠镇压陕甘回民事变/起义之后挥师入疆，将外国侵略者驱逐出境，镇压了各地的反清力量。战乱后的新疆满目疮痍，百废待兴。左宗棠认为："新疆当久乱积罢之后，今昔情形判若霄壤，所有边疆一切事宜，无论拘泥成法，于时势多不相宜，且承平年间，旧制乱后荡然无存，万难再图规复，欲为一劳永逸之计。"②

根据清政府"先实后名"③ 的原则，新疆的改革开始于清军收复新疆的过程中。回疆的战乱打碎了原有的权力格局，伯克和宗教贵族的权力受到严重的削弱。清军每克一城，即拣员设局，办理善后，招集流亡，给予农具种子等生产资料；大小伯克在此过程中仅起到上通下达之作用，并未被授予事权。左宗棠在新疆的修理河渠、建筑城堡、广兴屯田、清丈地亩、厘征赋税、分设义塾、更定货币等工作，从事实上限制了伊斯兰教在当地政治和经济生活中的传统作用，"清朝地方当局为了保证它的税源，严格地限制将耕地随意转赠给宗教机构并视这种转赠为抗税行为"。④ 刘锦棠认为应当趁此机会进行改革，否则时过境迁，再予改革即非常困难，

① 慕寿祺：《甘宁青史略》卷 25，台湾广文书局有限责任公司 1982 年影印版。
② 参见马大正、吴丰培：《清代新疆稀见奏牍汇编（同治、光绪、宣统朝卷）》（上册），新疆人民出版社 1997 年影印版，第 103 页。
③ 《清德宗实录》卷 81，光绪四年十一月甲寅。
④ 刘志霄：《维吾尔历史》（中），民族出版社 1985 年版，第 557—558 页。

并于光绪十一年（1885年）奏请允准伯克仍准戴用翎顶，将其分别拨入回疆州厅县所设的吏、户、礼、兵、刑、工各部门之下，循序渐进，逐渐将其一律改为乡约。这些建议均得到中央政府的批准。① 回疆地区的宗教立法因此进入了一个新时期，乡约成为清政府管理伊斯兰教事务的新制度，与内地伊斯兰教的管理逐渐接近，但是此时清政府濒临灭亡。

综上所述，清代对伊斯兰教的立法起步较晚。在陕甘地区，乾隆四十六年（1781年）之前，以谕旨为主要法律形式，以习惯法为重要补充，对伊斯兰教的政策较为宽容。乾隆四十六年（1781年）之后，《甘肃善后事宜》等成文法逐渐出台标志着对陕甘地区伊斯兰教立法的法律形式的发展，但立法从传统的宽容政策转换为严厉的限制政策，逐渐确立起"只论逆顺，不论教之新旧"的政治忠诚原则；咸丰以后，对陕甘地区伊斯兰教的立法在各地回民事变的环境中停滞不前，至清末仍然停留在乾隆后期的水平。新疆建省之前，《钦定回疆则例》对回疆阿訇的选任、宗教文化教育的管理、跨地区的宗教活动等问题进行了较为系统的规定；新疆建省之后，对该地方伊斯兰教的立法向内地化方向发展。

---

① 马大正、吴丰培：《清代新疆稀见奏牍汇编（同治、光绪、宣统朝卷）》（上册），新疆人民出版社1997年版，第105页。

第 三 章

清代中国对西部政教关系的法律调整

政教关系是一个较为复杂的政治法律论题。其中包括"宗教与政治""宗教与政府""宗教组织与政治""宗教组织与政府"等多个层面，但是在中国特有的语境下，在所有层面的关系中"宗教组织与政府"的关系是最为重要和根本性的关系。① 清代中国西部民族地方在一体之下建立起了多元的行政制度，使其政教关系的内涵更为丰富。噶厦制度、蒙古盟旗制度、伯克制度使清代中国西部地方的政教关系既表现为各地方宗教组织与世俗权贵和地方世俗事务的内部关系，也包括各地方宗教教组织与中央政府和国家世俗事务之间的外部关系。本章拟考察清政府在坚持维护国

---

① 邪教问题是清代对政教关系法律调整的一个较为重要的问题。邪教入律于康熙年间。清政府在《大清律例》中采用列举与描述两种方式进行了界定。《大清律例》相关条文将白阳、白莲、八卦等教派定为邪教，禁止民众传习、收藏这些教派的经典，将其行为上的特征描述为"夜聚晓散""烧香聚众""捏造经术、煽惑人民"等。其立法目的是防止民众利用宗教形成反对现政权的势力，维护清政府的政治统治和社会的稳定。从中也可看出，清政府所限定的邪教的总体特征是聚众结党性和反对现政权性。整体而言，藏传佛教和伊斯兰教是当时国家的合法宗教，清政府没有将二者（尤其是伊斯兰教）定为邪教，而且在清朝统治的近三百年间，其邪教的覆盖范围也不断变化，如对伊斯兰教中的"新教"（哲赫忍耶等新兴教派），曾在一定时期内将其定为邪教，禁止其传布和发展，但是清朝中央政府并没有如对待白阳、白莲、八卦等教派那样持续对待，在信众的持续反抗下，清政府不得不改变对待伊斯兰教新兴教派的政治法律态度，缩小打击的范围，将政教关系的法律调整收缩于"宗教组织与政府"的关系方面。参见张荣铮等点校：《大清律例》，天津古籍出版社 1998 年版，第 194—195、280—283 页；郭成伟：《中国古代邪教与恐怖犯罪研究》，中国检察出版社 2007 年版，第 19 页。

家政治统一原则之下对中国西部政教关系法律调整的历程和特征。

第一节　清代对藏传佛教信众聚居区
政教关系的法律调整

一、清代对西藏地方政教关系的法律调整

（一）顺治至康熙时期（1644—1722 年）对西藏政教关系的法律调整

清政府对西藏地方政教关系的法律调整始于顺治时期（1644—1661年）。虽然其时西藏并未在清王朝直接管辖之下，但是顺治时期相关立法为此后相当长时间内对西藏政教关系的法律调整提供了一个基本思路。

明末清初，西藏政局动荡，格鲁派与其他教派及当时执政者藏巴第悉的矛盾激化。1641 年，漠西蒙古和硕特部顾实汗打败白利土司，进入拉萨，在格鲁派的支持下，迅速战胜藏巴第悉，在青海和西藏建立起和硕特汗国，并将西藏封赐给五世达赖喇嘛。[①] 但此时西藏内部政局并不稳定，反对派仍在各地积蓄力量。[②] 在此情况下，达赖喇嘛和顾实汗为巩固统治，与清政府通使不断。清政府为解决漠北蒙古归附问题，也多次迎请五世达赖喇嘛。顺治九年（1652 年），五世达赖喇嘛抵达北京。顺治帝在赏赐大量礼品、给予较高待遇之外，对西藏僧俗贵族进行了分封，册封五世达赖喇嘛为"西天大善自在佛所领天下释教普通瓦赤喇怛喇达赖喇嘛"。据牙含章先生研究，其中"西天大善自在佛所领天下释教"是清朝中央政府新增加的内容，"普通"是"普遍通晓"、"圣识一切"，"瓦赤喇"为梵语，是金刚的意思；"达喇"亦为梵语，是执有的意思；"达赖"为蒙古语，是大海的意思；"喇嘛"为藏语，是上师的意思。[③] 敕封在古代

---

① （清）五世达赖喇嘛著、陈庆英等译：《五世达赖喇嘛传——云裳》（第 1 函），中国藏学出版社 1997 年版，第 171—172 页。

② 恰白·次旦平措等：《西藏通史——松石宝串》，陈庆英等译，西藏古籍出版社 1996 年版，第 608 页。

③ 牙含章：《达赖喇嘛和〈达赖喇嘛传〉》，《社会科学战线》1984 年第 1 期，第 226页。

是一种授予权力和承认政治地位的政治法律活动。清政府赐予阿旺罗桑嘉措的封号，表明从法律上承认达赖喇嘛具有较高的宗教修为和政治法律地位，以达赖喇嘛为首的藏传佛教组织能够"诲导愚蒙"，是合法团体，将管理西藏地方宗教事务的大权授予给了达赖喇嘛。但同时又册封掌握西藏地方最高世俗权力的和硕特部顾实汗为"遵行文义敏慧顾实汗"，其册文称：

> 帝王经纶大业，务安劝庶邦，使德教加于四海，庶邦君长能度势审时、归诚向化，朝廷必加旌异，以示怀柔。尔厄鲁特部落顾实汗尊德乐善，秉义行仁，惠泽克敷，被于一境，殚乃精诚，倾心恭顺，朕甚嘉焉。……尔尚益矢忠诚、广宣声教，作朕屏辅，辑乃封圻。如此，则带砺山河，永膺嘉祉。钦哉！①

清政府对西藏政、教领袖的分别封赐，虽然是根据西藏当时的政治形势，但是也表明其在政、教关系方面的基本态度和立场。这样解释与努尔哈赤、皇太极将宗教与政治区别处理的基本宗教法律思想相一致，也与清初统治集团对宗教的法律态度有关。是年，满、汉大臣在讨论顺治帝是否出迎达赖喇嘛时，满洲大臣坚持认为清帝应当亲自出迎，这样行事并非因为信仰藏传佛教，而是因为能够使漠北蒙古归附清朝。《清实录》记载：

> 满洲诸臣议：我等往请，喇嘛即来，上亲至边外迎之，令喇嘛住于边外。喇嘛欲入内地，可令少带随从入内；如欲在外，听喇嘛自便。上若亲往迎之，喀尔喀亦从之来归，大有裨益也；若请而不迎，恐于理未当。我以礼敬喇嘛，而不入喇嘛之教，又何妨乎？②

由此可见，清初的满洲贵族仍然将政治问题与宗教问题分别对待，以政治问题为主导，以宗教手段解决复杂的政治问题，体现了一种实用主义的态度。故而，对达赖喇嘛和顾实汗的分别封赐，既是对当时西藏政教关系现状的法律确认，也可视为对西藏政教关系进行法律调整的最早立法，体现了清初统治者在宗教与政治问题上的基本法律意识。

---

① 《清世祖实录》卷74，顺治十年四月丁巳。
② 《清世祖实录》卷68，顺治九年九月壬申。

（二）雍正至乾隆早期（1723—1750 年）对西藏政教关系的法律
调整

顾实汗去世之后，和硕特蒙古部政治上陷于分裂与内讧之中，其在西
藏地区的政治统治权逐渐衰落。康熙五十六年（1717 年），准噶尔部策旺
阿拉布坦派兵进入西藏，杀死和硕特蒙古部拉藏汗，致使和硕特蒙古部在
西藏地方的统治完全崩溃。清政府为稳定西藏地方政局，维护国家的政治
统一，于康熙五十七年（1718 年）和五十九年（1720 年）两次派兵入西
藏，建立起对西藏的直接政治管辖。①

清政府对西藏地方政教体制的改革非常慎重。康熙五十九年（1720
年），罗布藏丹津等青海蒙古各部落也派兵随清军进入西藏，其本意是恢
复和硕特蒙古对西藏地方的统治权。但是这引起了西藏贵族的反对，后者
甚至不愿供应蒙古军队口粮。亲王罗布藏丹津、郡王查罕丹津、贝勒额尔
德尼额尔克托克托奈、贝子巴拉珠尔拉布坦、台吉端拉克诺木齐等向清廷
上奏："我们各兵由努克特四月间即起身来此，马匹牲口皆不得肥，所带
口粮少，无法多驻兵丁，向土伯特人等领取，则土伯特人等不允，由此供
给，领食甚难，故只能留驻一千兵，奏请大君主明鉴。"② 实际上是因为
以罗布藏丹津为首的蒙古军队在与准噶尔的战争中并不用力，且进藏以
后，纪律涣散，尤其是罗布藏丹津所领蒙古军队在市场上强取物品，侮辱
妇女，遭到当地人们的反对，而且和硕特蒙古贵族内部也矛盾重重。③ 清
政府不可能在此情况下将西藏地方的治权交给和硕特蒙古贵族，尤其是罗
布藏丹津。康熙六十年（1721 年），清帝诏封后藏首领康济鼐、工布地方
贵族阿尔布巴为贝子，隆布鼐为辅国公，三人均授噶伦职务。其中康济鼐
为首席噶伦，达赖喇嘛之父索南达吉和台吉颇罗鼐也参与噶伦会议。从
此，清政府"彻底结束蒙古诸部对西藏的统治，废除第巴在政府中独揽
大权的制度，任命西藏各地方首领担任噶伦共同管理西藏事务，从而通过

---

① 参见陈庆英：《蒙藏关系史大系·政治卷》，西藏人民出版社 2002 年版，第 356—
366 页。

② 吴丰培：《抚远大将军允禵奏稿》，全国图书馆文献缩微复制中心 1991 年版，第
243 页。

③ 吴丰培：《抚远大将军允禵奏稿》，全国图书馆文献缩微复制中心 1991 年版，第
245 页。

他们实现清朝中央政府对西藏的施政"。①　但是，如何确定达赖喇嘛在西藏政教关系中的法律地位，还必须考察当时清廷所发布的谕旨。康熙五十九年（1720 年）敕封七世达赖喇嘛的册文没有提及授权达赖喇嘛管理藏传佛教之外的事务的内容，其册文曰：

奉天承运皇帝诏曰：

朕经略万邦，不分内外，一视同仁，尚以化导，抚育众生。诚若秉持净意，恪谨王业，则必旌赐名号，以示褒奖。昔日达赖喇嘛弘扬道统，推行西土之政教，表彰于禹甸，故蒙册封。尔自幼继承前业，恪勤戒律，钻研经典，深得各部落之信赖，是以特降慈旨，颁给册印，封尔为弘法觉众第六辈达赖喇嘛。著尔阐扬佛教，辅朕大业，勤于训导，恪遵勿怠。敬之。②

清政府虽然在册文中承认五世达赖喇嘛在政教两方面所取得的成就，但是并没有明确表示七世达赖喇嘛管理西藏世俗政治事务的权力，仅仅从宗教与国家的角度要求其阐扬仰佛教，辅佐清政府治理地方。雍正时期，清政府的态度开始变化。雍正元年（1723 年），清朝中央政府比照五世达赖喇嘛之衔换给七世达赖喇嘛册印，"令其办理噶布伦事务。"③《清宫收藏历代达赖喇嘛档案荟萃》收录有雍正元年此次册封谕旨的残文，现转录如下：

致达赖喇嘛书

奉天承运，皇帝敕谕扶持佛法引导众生之六世达赖喇嘛：尔喇嘛扶佑佛教，导引众生，勤勉经典，顺遂安好。仰仗天恩，朕安好。朕抚驭万国，不分内外，一视同仁，尚赖化导，养育众生。诚能笃心恪守净业，敬谨遵从王道，必赐名号，以示嘉奖。尔喇嘛受朕皇考眷爱，为弘扬黄教、安定藏众，封尔为扶佑佛法引导众生之六世达赖喇

---

① 苏发祥：《清代治藏政策研究》，民族出版社 1999 年版，第 55 页。

② 中国藏学研究中心等：《元以来西藏地方与中央政府关系档案史料汇编》，中国藏学出版社 1994 年版，第 333 页；（清）章嘉·若必多吉著、蒲文成译：《七世达赖喇嘛传》（中国藏学出版社 2006 年版，第 56 页）所载与此意义完全相同。

③ 赵云田点校：《乾隆朝内府抄本〈理藩院则例〉》，中国藏学出版社 2006 年版，第 118 页；光绪朝《大清会典事例·理藩院》卷九百七十四《理藩院一二·喇嘛封号·西藏及蒙古各部落游牧喇嘛》，中华书局 1990 年影印版。

嘛，颁给金印册，送至西藏。坐床以来，闻尔勤习经典，极为聪慧，自幼承袭前道，虔诚利禅众生，恪守戒律，为各部所信服，朕甚赏识。是故，特为广衍黄教，永安藏众，照前五世达赖喇嘛之例，敕封为"西天大善自在佛所领天下释教普通瓦赤喇怛喇达赖喇嘛"，颁给金印册，重新册封。尔嗣后须将土伯特地方大事，皆照前五世达赖喇嘛之例，率属下办事噶布伦等，共商妥办，则有禅于尔土伯特事务，民亦得以生息。尔须仰副朕恩，益加阐扬佛教，引渡众生，敬勉勿怠。敬之。①

谕旨中的六世达赖喇嘛实为七世达赖喇嘛。清政府首次从法律上明确承认七世达赖喇嘛拥有率领噶布伦、管理世俗事务之权。雍正三年（1725年），清政府对西藏地方世俗政权分配再次进行调整，西藏事务由康济鼐总理，阿尔布巴协理，并颁给敕谕。但清政府从法律上仍然承认达赖喇嘛在西藏政教领袖的地位，故而将"罗隆宗等处赏给达赖喇嘛"②。同年三月清廷发布谕旨，再次强调达赖喇嘛作为西藏地方政教领袖的地位，称西藏"自太宗皇帝始，政教合一，历经四代，始终扶植黄教，和睦相处，迄今已近百年"。③ 但清政府一方面承认达赖喇嘛西藏政教领袖的地位，另一方面却授予康济鼐等世俗贵族以管理西藏的政治大权，说明其直接统治下的西藏政教关系与和硕特蒙古时期的政教关系相比开始发生重大变化。清政府开始尝试将西藏地方政权与教权进行初步分离，使其互相制衡。清政府对西藏政教权力的分配未能保证西藏的政治安定，反而导致世俗贵族内部矛盾爆发。不久，达赖喇嘛奏请朝廷再次派遣大臣入藏，确保西藏的政治稳定。雍正帝在敕谕中指出国家已经认识到西藏地方事务的重要性，所以才令贝子康济鼐总理藏事，并强调"康济鼐等办理藏务，与

---

① 中国第一历史档案馆：《清宫珍藏历世达赖喇嘛档案荟萃》，宗教文化出版社2002年版，第53页。

② 中国藏学研究中心等：《元以来西藏地方与中央政府关系档案汇编》，中国藏学出版社1994年版，第364页。

③ 中国藏学研究中心等：《元以来西藏地方与中央政府关系档案汇编》，中国藏学出版社1994年版，第365页。

朕所派官员无异"。① 清政府任命康济鼐为首席噶伦，而没有任命阿尔巴
布等，原因在于阿尔布巴与七世达赖喇嘛有亲属关系，以防止政教权力集
中于同一个大的家族。此旨也再一次确认首席噶伦康济鼐拥有地方最高世
俗政治权力。雍正五年（1727 年），西藏世俗贵族之间矛盾激化，前藏贵
族噶伦阿尔布巴杀首席噶伦康济鼐，不久噶伦颇罗鼐率领后藏军队打败阿
尔布巴等前藏贵族。战争结束后，中央政府将与颇罗鼐不和的七世达赖喇
嘛及其父亲调离拉萨，移驻理塘惠远庙达七年之久。苏发祥认为这是
"清朝统治者想在西藏排除宗教势力对政治的影响，树立完全俗人政权的
一次尝试"。② 笔者认为，这是清朝中央政府从法律上限制达赖喇嘛教权
的尝试。将达赖喇嘛调离西藏的谕旨，本身即是具有最高效力的法律形
式。雍正九年（1731 年），清朝中央政府正式赐予颇罗鼐银印，统管卫藏
事务，其印文为"总理卫藏事务多罗贝勒之印"，并赐予诏书："凡西藏
诸事，妥为掌管。如汉、藏、蒙古人等无论贵贱违尔法令，可依法严惩。
尔后处置任何贵族，均应向朕禀明处置之缘由。"③ 直到雍正十三年
（1735 年），七世达赖喇嘛格桑嘉措才被迎回西藏。但是，清政府已将其
职权严格限制于宗教事务方面，其父辅国公索南达吉则被安置于桑耶寺，
每年仅可到拉萨与达赖喇嘛团聚一个月。④ 雍正十三年至乾隆十一年
（1735—1746 年），在颇罗鼐执政西藏地方期间，七世达赖喇嘛的教权一
直限制于宗教领域。乾隆十一年（1746 年），乾隆帝手谕颇罗鼐应与达赖
喇嘛通力合作，再次表达对双方权力的态度："达赖喇嘛系执掌阐扬西方
佛教之人，尔系约束管理藏内人众之人，尔二人同心协力，以安地方，使
土伯特向化，一应事务皆赖尔等办理。朕视尔二人俱属一体，从无畸重畸
轻之见。若尔二人稍有不合，以致地方不宁，甚负朕期望之恩。"⑤ 这道
谕旨从法律上表明清政府所坚持的原则是教权和政权管辖范围不同，各尽

　　① 中国藏学研究中心等：《元以来西藏地方与中央政府关系档案汇编》，中国藏学出
版社 1994 年版，第 370 页。
　　② 苏发祥：《清代治藏政策研究》，民族出版社 1999 年版，第 65 页。
　　③ 苏发祥：《清代治藏政策研究》，民族出版社 1999 年版，第 69 页。
　　④ 王森：《西藏佛教发展史略》，中国社会科学出版社 1987 年版，第 201 页。
　　⑤ 《清高宗实录》卷 180，乾隆十一年十二月乙丑。

其责，掌握教权者和政权者应当和睦相处。

总之，雍正至乾隆早期，清政府在西藏政教关系问题上的基本立法是政教分立、各司其职、互相配合，并且对教权采取婉转的方法进行规范和限制，以维护西藏地方政治的稳定。

（三）乾隆中期以降（1751—1911 年）对西藏政教关系的法律调整

1. 《酌定西藏善后章程十三条》与对西藏政教关系的法律调整

乾隆十二年（1747 年）颇罗鼐病故之后，珠尔默特纳穆札尔继承其爵位，总理西藏政务，不久即与达赖喇嘛关系恶化，且阻断藏地驿站，图谋叛乱。珠尔默特纳穆札尔被驻藏大臣诱杀后，其下属即发动叛乱，围攻驻藏大臣衙门，此后，在七世达赖喇嘛的主持下迅速稳定了西藏形势。① 清政府经过认真思考，在维护国家政治统一的基本立法原则的指导下，决定重新考虑达赖喇嘛为首的宗教组织在西藏的法律地位，以法律方式在西藏建立起达赖喇嘛为首的政教合一的地方政府。但是这种政教合一的体制是中央政府直接管辖之下的政教合一制度。清朝中央政府通过法律的方式不断对此政教关系予以调整。

达赖喇嘛被清朝中央政府确立为西藏地方政教领袖之后，其教权开始扩充至地方世俗事务。首先，表现于添放喇嘛噶伦。《酌定西藏善后章程十三条》② 中说明立法的原因：

> 一、依照旧制，添放噶伦。查西藏向例，办事噶伦，原系四人，其间噶伦布隆占（仲孜娃）因双目失明，……所有布隆占一缺，应选放深晓黄教的喇嘛一名，充当噶伦共同办理一切事务，对一切僧俗均有裨益。……今添设喇嘛一名若不赏给名号，与他人不相称，应奏恳天恩，一体赏给札萨克大喇嘛名号，而与其他噶伦共同办事。

喇嘛噶伦的添放在西藏政教合一体制中对宗教组织具有重要意义，表明西藏宗教组织开始控制世俗政权，广泛参与世俗事务的处理。喇嘛噶伦制度

---

① 陈庆英等：《西藏通史》，中州古籍出版社 2003 年版，第 335 页。

② 关于《酌定西藏善后章程十三条》的条文均引自扎西旺都编、王玉平译：《西藏历史公文选·水晶明鉴》，中国藏学出版社 2006 年版，第 150 页；张其勤原稿、吴丰培增辑：《清代藏事辑要》，西藏人民出版社 1983 年版，第 179—182 页。以下不再作注。

对清末藏政也有影响。十三世达赖喇嘛亲政后，喇嘛噶伦成为首席噶伦，地位举足轻重。

其次，授予达赖喇嘛对噶伦、代本等地方高级官员的拣选和罢免权。《酌定西藏善后章程十三条》规定：

> 八、噶伦、代本应请颁给敕书。查噶伦、代本均系护卫达赖喇嘛，办理地方兵马事务之大员，责任甚重，应各请颁发敕书一道，以示重用。除现有及新添之噶伦、代本，均查取花名，造册送（理藩）部，奏请颁发外，嗣后遇有缺出，驻藏大臣会同达赖喇嘛，拣选应放之人，请旨补放，仍报部一并颁给敕书。以后若有不遵奉达赖喇嘛，并犯法不能办理地方事务、应行革除者，亦由达赖喇嘛会同驻藏大臣参奏革除，原颁发之敕书一体退回缴部。

该条不但授予达赖喇嘛拣选、罢免噶伦和代本等权力，而且从程序方面对其世俗权力行使进行规范，未经过与驻藏大臣的协商和中央政府的批准，该权力就不可能生效，即达赖喇嘛的教权可以管辖的世俗事务的权能受到一定的限制，不能从法律上单独行使。

复次，授予达赖喇嘛对西藏相关重要世俗事务的批准权。噶伦在办理重要事务时应请示达赖喇嘛和驻藏大臣，《西藏善后章程十三条》规定

> 二、噶伦办理事务时，应在公所。……凡地方之些小事务，众噶伦秉公会商，妥善办理外，其具奏折事重务，并边防驿站等紧要事宜，务须遵旨请示达赖喇嘛并驻藏大臣酌定办理，铃用达赖喇嘛印信、钦差大臣关防，遵照执行。

再次，授予达赖喇嘛以一定的司法权力。达赖喇嘛对于抄没官员家产和死罪等重要案件拥有审查权。《酌定西藏善后章程十三条》规定：

> 四、官员革除治罪，应酌定章程。……喇嘛、贵族仲科尔等僧俗人犯罪，应抄没家产，犯有杀头罪者，噶伦、代本等务须秉公查明，分别定拟，请示达赖喇嘛并驻藏大臣指示遵行。

最后，授予达赖喇嘛分封西藏土地人民的权力和一定的军事权力。《西藏善后章程十三条》规定：

> 七、代本应添设一员。……弹压地方，听候达赖喇嘛并驻藏大臣印信文书遵行。代本等仍应不时留心地方，遇有应行防范事务，亦即

禀明驻藏大臣指示遵行。

综上所述，作为宗教领袖的达赖喇嘛，其权力已经扩充至西藏地方的行政、人事、军事、司法等诸多方面。但是达赖喇嘛并不能单独行使这些权力，均须与驻藏大臣共同行使。正如牙含章所说："一是处处提高和巩固达赖喇嘛的地位和职权；二是处处强调驻藏大臣与达赖喇嘛地位平等。"① 上述法律规范的内容也表明西藏地区世俗政治事务的主导权在驻藏大臣，主要表现在噶伦任免方面。清朝中央政府在噶伦任免方面授予达赖喇嘛的权力仅仅是"参奏"的权力，"主奏"者即为驻藏大臣。此外，将驻藏大臣与达赖喇嘛权力并列，表明驻藏大臣的派差性质在不断减弱，已有向西藏地方最高行政长官转化的趋势。《酌定西藏善后章程十三条》所确立的政教关系体制，对于维护西藏政治稳定与政教关系的和谐起过一段时期的作用。但是至乾隆统治后期，其弊端亦日渐显露，两次廓尔喀侵藏战争便是其弊端的总暴露。

2.《酌议藏中各事宜十条》与对西藏政教关系的法律调整

《酌议藏中各事宜十条》对第一次廓尔喀战争之后西藏宗教组织内部事务和涉及宗教的世俗事务进行了广泛的调整，主要表现于加强驻藏大臣对西藏地方宗教内部事务与涉及宗教的世俗事务的监督，派驻喇嘛僧官以分割达赖喇嘛世俗事务方面的管理权，规范大小寺庙拣选堪布喇嘛的程序等。其具体调整如下：

首先，在强调驻藏大臣对藏地世俗事务管理权的同时，中央政府派遣噶勒丹锡哷图禅师入藏，以钦差大臣之身份监督噶伦处理西藏政务。《酌议藏中事宜十条》规定：

　　一、藏中旧例，凡唐古特事务，俱系噶布伦等查办，禀知达赖喇嘛裁定，自噶勒丹锡哷呼图禅师进京后，诸务交噶布伦办理甚少，以致唐古特生怨，嗣后凡补放戴绷、第巴头目，俱令四噶布伦拣选，保送达赖喇嘛、驻藏大臣验看后，仍由达赖喇嘛处发给执照。其一切应得田产及入官抄产，并因公免差、每年金差、征收钱粮等事，俱令四噶布伦缮备执照，噶勒丹锡哷呼图禅师亲用铃记，再用达赖喇嘛印信。

---

① 牙含章：《达赖喇嘛传》，人民出版社 1984 年版，第 55 页。

如有需用驻藏大臣印信之处，亦令一体印用发行。

由此可见，噶伦在处理重要行政事务，如查抄田产、免除差役、征收钱粮等方面，必须经过中央派遣的噶勒丹锡呼图禅师审查。清政府尝试通过增加喇嘛僧官的方式解决西藏面临的各种弊病。

其次，针对八世达赖喇嘛忙于宗教修炼，噶伦拣选和黜革地方第巴等官员须由驻藏大臣验看，并由中央派遣的济咙呼图克图等全程参与。《酌议藏中事宜十条》规定：

一、凡第巴内，如有办理地方事务，扰害属下者，噶布伦等查出，即禀明驻藏大臣、济咙呼图克图黜革，仍禀达赖喇嘛外，其所遗员缺，俱交噶布伦等拣选人品端方、办事妥协者保送，与济咙呼图克图商定人数，先送驻藏大臣验看，再禀达赖喇嘛验放。此虽系慎重地方起见，但应行拣放之人，其贤否恐驻藏大臣究难深知。嗣后噶布伦等保送之人，先令驻藏大臣与噶勒丹锡呼图禅师公同酌定，再送达赖喇嘛验放，其执照仍旧办给。①

由此可见，噶伦黜革第巴等官员的程序是：

噶　伦 → 驻藏大臣、济咙呼图克图 → 达赖喇嘛

其拣选任命的程序是：

噶伦、济咙呼图克图 → 驻藏大臣、噶勒丹锡呼图禅师 → 达赖喇嘛

由此可见，在罢免第巴的程序方面，增加济咙呼图克图的行政参与权，在拣选第巴的程序方面又增加了噶勒丹锡呼图呼图克图的监督权；中央政府所派遣的喇嘛僧官几乎全程参与和监督着西藏第巴等重要地方官员的拣选和罢免。清政府试图通过扩大参加行政官员的人数，消除由于达赖喇嘛不能有效履行行政监督权而带来的噶伦专权的弊病。但清政府所直接委派的喇嘛僧官随着时间推移也逐渐出现尾大不掉的情形。

再次，寺庙堪布拣选须禀报驻藏大臣。这是清政府首次对藏传佛教内部宗教事务进行法律调整，其调整的方法仍然是由清政府派遣喇嘛僧官，

---

① 《清高宗实录》卷1361，乾隆五十五年九月乙酉；张其勤原稿、吴丰培增辑：《清代藏事辑要》，西藏人民出版社1983年版，第245页。

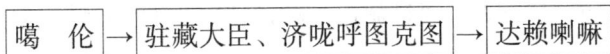

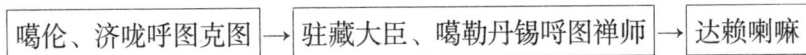

以缩减达赖喇嘛法定的宗教管理权。《酌议藏中事宜十条》规定:

      一、凡拣放庙内堪布,请济咙呼图克图会同罗布藏根敦遴选熟悉经卷喇嘛二三人,送达赖喇嘛验放,仍禀知驻藏大臣。其应给执照,令济咙呼图克图于达赖喇嘛印照纸尾亲用钤记发给。①

拣选西藏寺庙堪布对西藏政、教两方面都具有重要意义。在达赖喇嘛不能有效履行宗教管理权的情况下,挑选其他喇嘛僧官参与行使这一权力成为必要,但是清政府在法律上仍然维护达赖喇嘛的政教权威。法律条文的内容说明济咙呼图克图有权全程参与拣选堪布和发放执照的过程,但最后仍然须禀报驻藏大臣。

最后,对达赖喇嘛免差权和司法权进行规范和缩减,加强驻藏大臣的监督。法律规定对有劳绩者发给免差印照,须由噶伦和济咙呼图克图商定后,报驻藏大臣审查;查抄田产等重要案件应先禀明驻藏大臣,得到批准后才能实施。因此,达赖喇嘛的教权在这些领域中的行使范围逐渐缩减。②

总之,在该章程的内容中,加强驻藏大臣对西藏宗教事务监管的权力是清政府最终的目的,其方式是通过派遣喇嘛僧官,在维护达赖喇嘛地方政教权威的前提下分割达赖喇嘛的"教权",扩大驻藏大臣为代表的"政权"的管辖范围,减小政教关系法律调整的阻力。

3.《钦定西藏善后章程二十九条》与对西藏政教关系的法律调整

《钦定西藏善后章程二十九条》对西藏政教关系进行了较为全面和系统的法律调整,其中包括活佛转世中的政教权力范围、达赖喇嘛和班禅额尔德尼收支的监管、驻藏大臣与达赖喇嘛、班禅额尔德尼的政治关系、喇嘛噶伦的设置等问题。此次立法标志着清代藏传佛教事务立法的成熟。

首先,驻藏大臣的宗教事务监督权的范围不断扩大,逐步深入到藏传佛教内部事务,开始干预原来属于达赖喇嘛和班禅额尔德尼教权的核心管辖区域,如监督大活佛转世灵童认定的过程。《钦定西藏善后章程二十九

---

    ① 《清高宗实录》卷 1361,乾隆五十五年九月乙酉;张其勤原稿、吴丰培增辑:《清代藏事辑要》,西藏人民出版社 1983 年版,第 245 页。

    ② 《清高宗实录》卷 1361,乾隆五十五年九月乙酉;张其勤原稿、吴丰培增辑:《清代藏事辑要》,西藏人民出版社 1983 年版,第 246 页。

条》的第一条规定，确定转世灵童时，将所选灵童名字、出生年月日，以满、汉、藏三种文字书写于签牌之上，放入金瓶内，讽经七日后，"再由各呼图克图暨驻藏大臣于大昭寺释迦佛尊前共同掣定"①。驻藏大臣也有权对各大寺院堪布的选任进行监督，而且就其人选问题上报理藩院，由理藩院审批。这一规定迄至道光时期仍然被严格地遵行着。据档案记载，道光六年（1828 年）驻藏大臣惠显曾经将热振寺大喇嘛的人选问题上报理藩院，获得理藩院的批准后，咨行摄政颁发委任状。②

其次，进一步明确规定驻藏大臣与达赖喇嘛、班禅额尔德尼的政治法律关系，重申二者地位平等，噶伦及其以下所有僧俗官员均系驻藏大臣属官。《钦定西藏善后章程二十九条》第十条规定：

> 嗣后驻藏大臣除前往布拉宫瞻礼外，有商议问题时，与达赖喇嘛、班禅额尔德尼地位平等，共同进行。自噶伦以下番目及管事喇嘛等，统归其管辖，不论大小番目，须遵从驻藏大臣之命。札什伦布一切事务，因班禅额尔德尼年幼，需由岁本堪布办理，为了一切事务处置公平起见，凡特殊事项必须事先禀报驻藏大臣，俟驻藏大臣出巡莅临时，再行审核处理。③

本条既继承了以往尊崇达赖喇嘛的传统，又限制了达赖喇嘛的教权，对宗教和政治问题进行了明确的区分。这表明清政府仍然坚持达赖喇嘛在宗教上拥有最高权威，而驻藏大臣在世俗事务的管理方面与达赖喇嘛地位相等，而且拥有处理具体行政事务的事权。此后不久，清政府特意通过谕旨的立法方式规定驻藏大臣驻藏期间不得瞻礼和叩拜达赖喇嘛，仅驻藏期满回内地时可以礼拜，以此逐渐缩小达赖喇嘛教权影响世俗行政事务的范围，重新从驻藏大臣与达赖喇嘛相见时的礼节限制教权对政权的影响。如乾隆五十八年（1793 年）清政府谕令："钦差驻藏大臣与达赖喇嘛系属平

①　中国藏学研究中心等：《元以来西藏地方与中央政府关系档案史料汇编》，中国藏学出版社 1994 年版，第 825—826 页。

②　西藏自治区档案馆：《西藏历史档案荟萃》，文物出版社 1995 年版，第 207 页。

③　中国藏学研究中心等：《元以来西藏地方与中央政府关系档案史料汇编》，中国藏学出版社 1994 年版，第 829 页。

等，不必瞻礼，以宾主礼相接"①；乾隆五十九年（1794 年）松筠驻藏时，清政府再次谕令："见派松筠赴藏办事，伊系蒙古，素遵黄教，倘不知自重，恐将来办事仍虞掣肘，著传谕松筠抵藏后，接见达赖喇嘛等，不可叩拜。即使遵奉黄教，俟年满回京之日，再行礼拜，亦无不可。"② 这两次立法是对《钦定西藏善后章程二十九条》立法的继续和补充，有利于驻藏大臣以国家的宗教管理权监督达赖喇嘛的教权。有学者认为《钦定西藏善后章程二十九条》和前述谕令使驻藏大臣的"实际的政治地位，已远在达赖喇嘛之上，而达赖喇嘛的政教领袖的地位，已渐具徒有虚名，凡事必须以驻藏大臣的马首是瞻，……一切形式上的尊崇和优礼，就变得不那么重要，甚至成为多余的了。"③ 笔者认为，以立法精神而言，达赖喇嘛宗教上的领袖地位，即教权仍然没有受到严重削弱，只是教权对地方世俗事务的最高管理权从达赖喇嘛手中转移到了驻藏大臣手中；在全民信仰藏传佛教的地区，驻藏大臣的实际权力依然受到达赖喇嘛教权的制约。而所有的立法体现了复杂条件下"教以辅政"的精神。

再次，重新界定达赖喇嘛为代表的教权的行使范围，废除喇嘛噶伦，从制度上减小宗教组织对世俗政治事务的干预力度。乾隆五十七年（1792 年），在制定《钦定西藏善后章程二十九条》的过程中，清政府谕令福康安等："将来该喇嘛噶布伦出缺时，竟当于番民内挑补，将喇嘛充当噶布伦之处，永远停止。……著福康安等于办理善后章程内，一并议入。"④ 该谕旨的内容最后虽然未写入《钦定西藏善后章程二十九条》之内，但是仍然具有法律效力，得到了较为有效的遵行。从 1804 年至 1878 年期间，清政府在西藏未再设置喇嘛噶伦一职。⑤ 由此可见，清代西部宗

---

① 中国第一历史档案馆：《宫中朱批》，转引自马林《从礼仪之争看驻藏大臣同达赖喇嘛及西藏地方政府摄政的关系》，《青海社会科学》1989 年第 6 期，第 99 页。

② 张其勤原稿、吴丰培辑：《清代藏事辑要》，西藏人民出版社 1983 年版，第 361 页。

③ 马林：《从礼仪之争看驻藏大臣同达赖喇嘛及西藏地方政府摄政的关系》，《青海社会科学》1989 年第 6 期，第 99 页。

④ 张其勤原稿、吴丰培辑：《清代藏事辑要》，西藏人民出版社 1983 年版，第 317 页。

⑤ ［意］毕达克著、沈卫荣等译：《西藏的贵族和政府（1728—1959）》，中国藏学出版社 1990 年版，第 9 页。

教立法的法律形式之间可以互相补充。

最后，该章程赋予驻藏大臣对前后藏商上财政收支，即达赖喇嘛和班禅额尔德尼财政收支的监督权。《钦定西藏善后章程二十九条》规定：

> 八、达赖喇嘛与班禅额尔德尼之收支用度等，此前驻藏大臣从未过问。今钦遵"达赖喇嘛与班禅额尔德尼专注释教利乐，事无巨细，概由众亲随从代行，难免中饱舞弊等情。嗣后著由驻藏大臣审核，凡有隐情舞弊等情，即予惩处"之上谕，著令开列收支清单，于每年春秋二季报送驻藏大臣审核。①

该条规定回顾了达赖喇嘛和班禅额尔德尼收支用度的传统做法，说明其立法依据是乾隆帝特颁的谕旨。而该谕旨则表明清政府对达赖喇嘛和班禅额尔德尼的基本法律态度，即在清政府眼中他们是宗教僧侣，没有时间处理这些俗务，且任意由其亲随处理，舞弊营私。在此清政府再次将宗教问题和世俗问题予以区分，其立法意图非常明确——世俗事务理当由驻藏大臣总理，理由是驻藏大臣也是为保护佛教信众的利益。这再次体现出清代中国西部宗教立法因势利导的基本原则和特征。

4.《酌拟裁禁商上积弊章程二十八条》与对西藏政教关系之法律调整

《酌拟裁禁商上积弊章程二十八条》最重要的立法成就在于从法律上明确界定摄政与驻藏大臣之间的法律关系。根据对《酌议藏中事宜十条》的相关分析可知，摄政是清政府任用僧侣贵族缩小达赖喇嘛教权和加强驻藏大臣行政权力的副产品。

摄政问题首次出现于嘉庆十九年（1814年）。是年来京呈递丹书克之堪布请求转奏驻藏大臣私自改变与达赖喇嘛相见仪礼之事，引起了清朝中央政府的高度重视。嘉庆帝当时立即谕令驻藏大臣等据实查奏②，并向熟悉西藏事务的和宁询问，最后认为"此事竟系喇嘛争分多事矣"。③ 这是摄政尾大不掉、专权擅政的最初表现。乾隆时期设置摄政一职时并未从法

---

① 中国藏学研究中心等：《元以来西藏地方与中央政府关系档案史料汇编》，中国藏学出版社 1994 年版，第 828 页。

② 张其勤原稿、吴丰培增辑：《清代藏事辑要》，西藏人民出版社 1983 年版，第 381—382 页。

③ 第一历史档案馆：宫中朱批奏折，转引自马林《从礼仪之争看驻藏大臣同达赖喇嘛及西藏地方政府摄政的关系》，《青海社会科学》1989 年第 6 期，第 97 页。

律上明确界定其职权范围，尤其是其与驻藏大臣之间的政治关系。其模糊不清的法律地位进而导致西藏地方政治日趋混乱，内部矛盾增多。1862年摄政热振活佛阿旺意希措称坚赞与哲蚌寺的僧侣之间发生激烈冲突。腐败无能的驻藏大臣满庆无法控制事态发展，"摄政逃往汉地，随即死在那儿"。① 摄政六世第穆呼图克图更换西藏宗谿、没收财产、处置重要罪犯问题时不禀报驻藏大臣，也引起了诸噶伦的不满。②

琦善等奏定的《酌拟裁禁商上积弊章程二十八条》具有的重要法律意义在于明确界定了摄政与驻藏大臣的法律关系，并对摄政及其所属僧职人员的法律地位进行了规范。首先，该章程强调驻藏大臣地位与达赖喇嘛、班禅额尔德尼地位相等，并非与摄政地位相等。其中，第一条规定："驻藏大臣与达赖喇嘛、班禅额尔德尼平等，其掌办之呼图克图，大臣照旧案仍用札行，不准联络交接，以肃政体。"③ 所谓"掌办之呼图克图"即是指摄政。

其次，该章程从摄政兼职、摄政属下喇嘛的任用等方面对其不断膨胀的权力进行了规制。清政府明确规定摄政不能兼任达赖喇嘛师傅与甘丹寺的主持甘丹赤巴这两个职务；摄政属下之札萨克喇嘛、大喇嘛等只准管其本寺事务，不准干预达赖喇嘛商上公事，只许补其本寺之缺，不许补达赖喇嘛商上之缺，也不许占用他寺职务；达赖喇嘛商上与摄政属寺及其属下喇嘛等必须划清界限；摄政熬茶布施时无权使用达赖喇嘛商上的乌拉差役，应自己出资做佛事，不准交达赖喇嘛商上代办。④

再次，该章程对摄政印章的使用和商上财政权力的行使进行了规范与限制。规定摄政的印信可以存放于摄政的寺内，但钥匙应交总堪布佩带，

① ［意］毕达克著、沈卫荣等译：《西藏的贵族和政府（1728—1959）》，中国藏学出版社1990年版，第4—5页。

② 第一历史档案馆：《宫中朱批奏折》，转引自马林《从礼仪之争看驻藏大臣同达赖喇嘛及西藏地方政府摄政的关系》，《青海社会科学》1989年第6期，第100页。

③ 中国藏学研究中心等：《元以来西藏地方与中央政府关系档案史料汇编》，中国藏学出版社1994年版，第929页；张其勤原稿、吴丰培增辑：《清代藏事辑要》，西藏人民出版社1983年版，第417页。

④ 中国藏学研究中心等：《元以来西藏地方与中央政府关系档案史料汇编》，中国藏学出版社1994年版，第931页；张其勤原稿、吴丰培增辑：《清代藏事辑要》，西藏人民出版社1983年版，第421页。

遇有文书，双方共同使用；达赖喇嘛商上办事的中译，须住于公所，不准住于摄政的私寺；摄政不准将达赖喇嘛商上的田地和人民擅行给与其他寺院，或送给自己的亲友；各寺院也不准向摄政私行呈请。①

此外，该章程还对达赖喇嘛身边之喇嘛僧官孜仲进行了规制，防止摄政利用孜仲控制达赖喇嘛、培植自己的亲信势力。如规定：达赖喇嘛商上的孜仲缺人时，不能向外寺挑取候选人员，只能从拉木结札仓寺内挑取，以达赖喇嘛商上所属寺院的喇嘛担任达赖喇嘛商上的官职。②

综上所述，《酌拟裁禁商上积弊章程二十八条》对摄政与驻藏大臣的关系进行了明确的调整，规范了摄政的行政行为。由于摄政属于喇嘛僧官，故而摄政与驻藏大臣的关系仍然属于政教关系的范畴。当然这种调整从长远角度而言，因立法者放松了对西藏财政和军事的监督而逐渐失去了应有的实际法律意义。

5.《新治藏政策大纲十九条》与对西藏政教关系的法律调整

清政府最后一次对西藏政教关系的立法调整体现于张荫棠等所奏定的《新治藏政策大纲十九条》之中。清政府尝试在西藏实现较为彻底的政教分离，彻底从法律上禁止达赖喇嘛教权对地方世俗事务的干预。

张荫棠等所奏定的《新治藏政策大纲十九条》第一条规定："拟达赖喇嘛、班禅额尔德尼优加封号，厚给岁俸，如印度各番王之制，照旧复立藏王体制，代达赖专管商上事，而以汉官监之。"③ 立法者并未认真考虑西藏地方的现实情况与其时中国之国力，强行比附英国在印度的改革模式，恢复藏王体制。政教分离是近代政治发展的趋势，但是于国难当头之际，立法剥夺达赖喇嘛对西藏地方世俗事务的全部管理权则不利于团结一致、防御外侮和维护西藏地方的政治稳定。驻藏大臣联豫继续张荫棠的治

---

① 中国藏学研究中心等：《元以来西藏地方与中央政府关系档案史料汇编》，中国藏学出版社 1994 年版，第 931 页；张其勤原稿、吴丰培增辑：《清代藏事辑要》，西藏人民出版社 1983 年版，第 421—422 页。

② 中国藏学研究中心等：《元以来西藏地方与中央政府关系档案史料汇编》，中国藏学出版社 1994 年版，第 931 页；张其勤原稿、吴丰培增辑：《清代藏事辑要》，西藏人民出版社 1983 年版，第 422 页。

③ 刘廷赞：《驻藏大臣沿革考》（下册），民族文化宫图书馆 1961 年油印本，第 14 页。

藏政策,以《新治藏政策大纲十九条》为依据,开始在诸多方面进行改革,并令川军入藏。在此情况下,十三世达赖喇嘛逃至大吉岭。宣统二年(1910 年)十一月,十三世达赖喇嘛向清政府代表提出返回西藏的条件:"所以来大吉岭者,初意欲航海赴北京耳,名号既革,无颜前去。现承劝我回藏,固所甚愿,但藏中政教两端更改之事,必须仍复旧观,今宜一一提议,叙入正式公文,作为善后办法"①;并且提出五条具体要求:"一不能驻川军;二不能设巡警;三不能封闭造枪、藏币两厂;四不能惩办犯官犯僧;五不能平反第穆呼图克图冤狱"②。宣统三年(1911 年)正月十八日清廷再次电谕驻藏大臣联豫:"如班禅与达赖消除从前意见,为彼求复职掌,似可趁此机会,体察情形,酌量酬商。惟权限必须分明,只准管理教务,不准丝毫干预政权,一切均应从严限制,以杜后患。"③ 在此种情形之下,清政府依然坚持政教分离,禁止达赖喇嘛教权干预行政事务显然有些不识时务。

综上所述,清代中国西部宗教立法对西藏地方政教关系的调整经过了一个渐进而较为漫长的历史过程。其基本特征是在维护国家政治统一的前提下不断加强国家行政监督管理,因势利导,限制教权对地方世俗事务的干预范围,始终以政教分离为最终目标。在近代领土主权不断丧失的情况下,清政府主张政教分离的愿望越来越强烈。

二、清代对漠南、漠北等地方政教关系的法律调整

(一)清代对漠南蒙古地方政教关系的法律调整

清代藏传佛教在漠南蒙古地方的传播也较为迅速。漠南蒙古地区归附清朝较早,其政治向背关涉清朝存亡,是清政府着意经营的地区。在清政府的扶持之下,章嘉呼图克图成为漠南蒙古最大宗教组织的代表。此外,嘉庆朝《钦定大清会典》记载的宗教组织还有呼和浩特锡呼图呼图克图、

---

① 中国藏学研究中心等:《元以来西藏地方与中央政府关系档案史料汇编》,中国藏学出版社 1994 年版,第 1632 页。

② 中国藏学研究中心等:《元以来西藏地方与中央政府关系档案史料汇编》,中国藏学出版社 1994 年版,第 1633 页。

③ 中国藏学研究中心等:《元以来西藏地方与中央政府关系档案史料汇编》,中国藏学出版社 1994 年版,第 1634 页。

内济托因呼图克图、吹斯噶巴迪彦齐呼图克图、咱雅班第达呼图克图等八个活佛系统，内札萨克蒙古锡呼图库伦札萨克大喇嘛、卓索图盟土默特左旗额尔德尼察罕迪彦齐呼图克图等七个活佛系统，以及阿拉善和硕特部达克布呼图克图等两个活佛系统。① 漠南蒙古各旗札萨克王公不但建有自己的家庙，还在本旗境内建立起全体旗民供奉的旗庙。②

　　清代中国对漠南蒙古地方政教关系的法律调整主要表现于四个方面。首先，调整漠南藏传佛教与清政府的关系，使漠南蒙古地方的藏传佛教进一步组织化，形成固定的管理制度。如册封章嘉呼图克图为漠南蒙古宗教领袖，令其掌管所有宗教事务；在多伦诺尔建立会宗寺等庙宇，设立喇嘛印务处，由章嘉呼图克图等驻京呼图克图掌管喇嘛印务，专门处理藏传佛教相关事务。同时令各旗派遣喇嘛至会宗、雍和宫等寺庙学习藏传佛经、医学等科目。《蒙古及蒙古人》记载康熙帝的谕旨称：

　　　　我致力为佛门及生灵造福，为天下庶民谋利，尤其是为这一地区的察哈尔八旗、南部的四十九旗及北部的五十旗谋求富足的生活，因而建造此庙，以便众多的内外蒙各旗中都有一名喇嘛住在这里，为世人的幸福诵读经文。③

　　其次，禁止漠南蒙古宗教组织以教权干预地方司法。道光十二年（1832 年）十二月，署理盛京将军、盛京刑部侍郎奕颢等在审理蒙古人拜及虎等伙窃和达喇嘛籍端诈赃案的判词中写道：

　　　　已革掌印喇嘛伊什，理宜恪守清规，乃于科尔沁公旗遣人进省浼其转托人情，欲将拜及虎等发边外审办，辄令伊徒达格丹同固什喇嘛，转浼已革达喇嘛色拉加木错，往向主事衔荣志探出实情，起意籍端诈骗银两，情殊可恶，未便照诈骗未成问拟枷杖，致滋轻纵，应将伊什照指称各衙门打点、使用名色诓骗财物犯该徒罪以上者，发近边充军例，拟发近边充军，……应将达格丹于伊什军罪上减一等，拟杖

---

　　① 参见（嘉庆）《钦定大清会典》，近代中国史料丛刊三编第64辑，台湾文海出版有限公司1991年影印版，第2478—2481页。
　　② 胡日查：《清代内蒙古地区寺院经济研究》，辽宁民族出版社2009年版，第24页。
　　③ ［俄］阿·马·波兹德涅耶夫著、刘汉明等译：《蒙古及蒙古人》（第一卷），内蒙古人民出版社1989年版，第345页。

一百，徒三年，系蒙古，照例折枷，满日责令还俗，已革署印喇嘛却里克既将固什喇嘛传到，自应立时送部，乃听从伊什嘱托代为报病，致令脱逃，实系与故纵无疑，诚如圣谕，甚属可恶，应将却里克照故纵与因同罪，于固什喇嘛应得满徒同科，拟杖一百、徒三年，年逾七十照律收赎，已革达喇嘛色拉加木错听从伊什往向主事衔荣志采询官事，以致伊什籍端诈赃，虽讯无通同索诈情弊，殊属滋事，应照不应重律，杖八十，解任。①

道光十七年（1836年），章嘉呼图克图在喇嘛与蒙古部民发生纠纷时，率行传讯旗兵，取供画招，由大臣赛尚阿等奏报朝廷。清廷下谕："著理藩院严谕该呼图克图，嗣后除喇嘛事务仍准其管理外，所有喇嘛蒙古交涉事件，祗应将人证送旗转解，不准传讯取供，以符定制而杜侵越。"②

再次，从呼毕勒罕认定和职衔的承袭等方面防止漠南蒙古世俗政权与教权合而为一。呼图克图、大喇嘛等呼毕勒罕转世，只能在闲散台吉和平民子嗣内指认。③台吉等蒙古贵族出家之后，其爵位继承受到限制；台吉等已当喇嘛者，其职衔分别情况承袭，其属下随丁人等的管辖也将发生较大变化。《钦定理藩院则例》规定："台吉、塔布囊已当喇嘛者，除未出家以前所生之子准其承袭职衔外，无亲生之子，其兄弟胞侄概不准承袭，并将伊属下随丁人等，拨入该旗当差。"④

最后，漠南蒙古各旗、盟对各寺院沙毕纳尔的世俗事务拥有一定的管辖权。漠南蒙古寺院占有大量的沙毕纳尔，他们虽然不向旗、盟缴纳赋税，承担徭役和兵役的义务，但是"一般情况下对扰乱社会治安、滋生事端、进行偷盗的沙毕纳尔，直接送交地方衙门，或按照清朝规定没收，或处罚牲畜"。⑤

---

① 第一历史档案馆：朱批奏折，档号：04—01—01—102—1149。

② 《清宣宗实录》卷301，道光十七年九月癸巳。

③ （清）理藩院修、杨选第等校注：《理藩院则例》，内蒙古文化出版社1998年版，第403页。

④ （清）理藩院修、杨选第等校注：《理藩院则例》，内蒙古文化出版社1998年版，第26页。

⑤ 胡日查：《清代内蒙古地区寺院经济研究》，辽宁民族出版社2009年版，第147页。

（二）清代对漠北蒙古地方政教关系的法律调整

清政府对漠北蒙古与漠南蒙古政教关系的法律调整有共同之处，"通常是阻止蒙古的世俗权力和宗教权力相结合"①。但是漠北蒙古地方有其特殊之处，主要体现为该地与俄罗斯接壤，宗教组织势力远远较漠南蒙古地方为大，哲布尊丹巴呼图克图宗教组织直接控制有人数众多的沙毕纳尔，可与车臣汗、土谢图汗等蒙古世俗贵族相埒，其政治态度之向背对清代国家之统一具有举足轻重的意义。② 清朝对漠北蒙古地区政教关系的法律调整主要围绕哲布尊丹巴呼图克图宗教组织、蒙古世俗贵族与清政府之间的关系进行。其法律调整大致可以分为两个重要阶段：康熙中期至雍正时期、乾隆朝以降。

1. 康熙中期至雍正时期（1691—1735 年）

康熙中期至雍正时期，正是西北方准噶尔部势力强大的时期。康熙二十七年（1688 年）噶尔丹兴兵东犯漠北蒙古，该地蒙古诸部不敌。康熙三十年（1691 年）土谢图汗和哲布尊丹巴率部归附清朝。同年，清政府在多伦诺尔与漠北蒙古诸部进行会盟，依照漠南蒙古建制对漠北蒙古进行编旗设盟等方面的改革。③ 哲布尊丹巴由于率部归顺清朝有功，故而被给予较高的政治和法律待遇。这一时期清政府对漠北蒙古地区政教关系的法律调整主要表现于在因势利导的原则下，不断提高哲布尊丹巴在该地区的宗教地位，同时完善哲布尊丹巴所属沙毕纳尔的管理机构，允许其转世于土谢图汗家族。康熙三十二年（1693 年）清政府敕封一世哲布尊丹巴呼图克图为"大喇嘛"，"于喀尔喀地方立为库伦，广演黄教"。④ 所谓"大喇嘛"即漠北蒙古藏传佛教教主。康熙帝驾崩之后，一世哲布尊丹巴亲

① ［美］费正清编、中国社会科学院历史研究所编译室译：《剑桥中国晚清史》（上），中国社会科学出版社 1983 年版，第 388 页。

② 清政府一直对哲布尊丹巴属下的牲畜和人口进行密切的监督和严密的管理，规定该地商卓特巴每三年将所属的牧场牲畜和黑黄徒众户口数目呈报驻扎库伦办事大臣一次，由该大臣覆查造册，报院备查。参见（清）理藩院修、杨选第等校注《理藩院则例》，内蒙古文化出版社 1998 年版，第 430 页。

③ 乌云毕力格等：《蒙古民族通史》第四卷，内蒙古大学出版社 2002 年版，第 132—139 页。

④ 《钦定大清会典则例》，文渊阁四库全书史部政书类，总第 624 册，台湾商务印书馆 1986 年影印版，第 502 页。

自来朝。① 雍正元年（1723 年），清政府颁给一世哲布尊丹巴金印，封其为"启法泽卜尊丹巴喇嘛"②。一世哲布尊丹巴圆寂前对自身呼毕勒罕转世进行了安排，示意转世于土谢图汗家族。这种政教关系方面的自行安排由于其对统一的贡献而被清朝中央政府所认可。清政府最后确认土谢图汗之子为二世哲布尊丹巴③，并于漠北和多伦诺尔动用巨资修建寺庙，还对哲布尊丹巴属下僧众的管理进行改革，设立商卓特巴和堪布诺门汗，谕令："多尔济万楚克给以掌管泽卜尊丹巴胡图克图徒众办理库伦事务额尔德尼商卓忒巴之号，堪布诺们汗给以掌管泽卜尊丹巴胡图克图经坛总理番僧事务堪布诺们汗之号，各给以敕印。"④ 此举被李毓澍认为"是清廷对于外蒙喇嘛政教分离政策最早的安排"。⑤

总之，康熙中期至雍正时期，清政府由于北方面临准噶尔的威胁，所以从法律上扶植一世哲布尊丹巴呼图克图为代表的宗教组织，确认哲布尊丹巴呼图克图为漠北蒙古地方大喇嘛，因势利导，以此加强与漠北蒙古各部的关系，政教分立并非其关注和急于解决的主要问题。

2. 乾隆朝以降（1736—1911 年）

乾隆时期是清政府对漠北蒙古地方政教关系进行法律调整的重要时期，奠定了漠北蒙古地方政教关系的基本法律框架。

乾隆前期随着哲布尊丹巴呼图克图僧众人数及其属众沙毕纳尔的增多，清政府在给予其政治法律优待的同时，开始对其宗教组织内部管理僧众世俗事务的行政权和管理宗教事务的教权进行分离。乾隆十九年（1754 年），清廷传谕二世哲布尊丹巴：

> 哲布尊丹巴作为一个僧侣和蒙古地方喇嘛教的领袖，直接过问所属沙比纳尔的世俗事务既不适宜，也无时间，因此为了管理上述事

---

① 《清世宗实录》卷 2，康熙六十一年十二月乙亥。

② 《钦定大清会典则例》，文渊阁四库全书史部政书类，总第 624 册，台湾商务印书馆 1986 年影印版，第 502 页。

③ 赵云田：《清代蒙古政教制度》，中华书局 1989 年版，第 280 页。

④ 《钦定大清会典则例》，文渊阁四库全书史部政书类，总第 624 册，台湾商务印书馆 1986 年影印版，第 503 页。

⑤ 李毓澍：《外蒙政教制度考》，"中央"研究院近代史研究所专刊（5）1978 年版，第 382 页。

务，在库伦设立"额尔德尼商卓特巴"的特别官职，由库伦的司库隆都布多尔济赛钦托音担任。①

这样哲布尊丹巴即仅剩余宗教事务管理权，所属沙毕纳尔的世俗事务的行政管辖权由额尔德尼商卓特巴行使，而且谕旨规定各司其权。这表明清政府的法律调整开始深入宗教组织的内部制度，对宗教组织内部实行政教分立已成为此后改革的方向。

乾隆二十一年（1756 年）"撤驿之变"② 之后，清政府加快对漠北蒙古政教关系调整的步伐。次年，清政府利用二世哲布尊丹巴圆寂这一有利时机再次对哲布尊丹巴属下僧俗事务的管理制度进行改革。首先，设立库伦办事大臣。乾隆二十三年（1758 年）清廷以寻找哲布尊丹巴转世灵童为契机再下谕旨，改革其沙毕纳尔徒众世俗事务的管理体制，设立库伦蒙古办事大臣。《蒙古及蒙古人》记载该谕旨称：

> 喀尔喀哲布尊丹巴呼图克图脱缁后，库伦寺的宗教事务虽有商卓特巴三都布多尔济掌管，但是要把卑贱的沙比纳尔管理得当，一个人是不够的。现在委派喀尔喀图萨拉齐克齐将军桑斋多尔济监察库伦寺并总管沙比纳尔。③

《蒙古逸史》记载，乾隆二十八年（1763 年）五月三十日，清政府发布上谕：

> 哲布尊丹巴呼图克图现经派员前往西藏奉迎，不久即登法座，但年岁尚幼，不能管理属民，库伦既设有满蒙办事大臣，嗣后一切事项，暨哲布尊丹巴所有沙毕徒众悉归办事大臣管理，其哲布尊丹巴呼图克图仓上事务仍照旧由该喇嘛等自行办理，钦此。④

这样对哲布尊丹巴呼图克图所属沙毕纳尔的管理权牢牢地控制于库伦办事大臣手中。但此次改革仅是一个起点。乾隆二十七年（1762 年），清政府

---

① ［俄］阿·马·波兹德涅耶夫著、刘汉明等译：《蒙古及蒙古人》第一卷，内蒙古人民出版社 1989 年版，第 561 页。

② 参见达力扎布：《蒙古史纲要》，中央民族大学出版社 2006 年版，第 242—243 页。

③ ［俄］阿·马·波兹德涅耶夫著、刘汉明等译：《蒙古及蒙古人》第一卷，内蒙古人民出版社 1989 年版，第 567—568 页。

④ 蒙文原著、陈仁先译：《蒙古逸史》，台湾广文书局有限责任公司 1976 年版，第 231—232 页。

设立库伦满洲办事大臣。乾隆三十年（1765 年）库伦蒙古办事大臣桑斋多尔济因私自与俄国订约互市被罢免，库伦满洲大臣富德因事前毫无察觉，事后又不揭发而被判处死刑，桑斋多尔济之职由瑚图灵阿拣补；乾隆三十二年（1767 年）清政府谕令库伦满洲大臣掌管库伦办事大臣印信。①这样通过完善库伦办事大臣的设置和选任逐渐加强了对漠北蒙古地方哲布尊丹巴宗教组织的监督，并使地方最高宗教管理权牢固的控制于库伦满洲大臣之手。其次，清政府通过其西藏僧官系统使三世哲布尊丹巴"转世"于西藏，并使之成为惯例。乾隆五十八年（1793 年）金瓶掣签制度的确立从法律上禁绝了哲布尊丹巴呼图克图转世于蒙古贵族家庭的可能。这样清政府在漠北蒙古地区推行的政教分立原则即由从前的惯例上升为稳定而明确的法律规则。关于历世哲布尊丹巴呼图克图转世情况，详见下表：

表 8　哲布尊丹巴转世表②

代数	姓名	转世地点和家族	授戒喇嘛僧官
一世	罗布藏旺比扎木萨	喀尔喀蒙古土谢图汗之子	不明
二世	罗布桑彬多密	喀尔喀蒙古图什业图汗之子	都科尔呼图克图
三世	伊什丹巴尼玛	西藏里塘丹津衮布家族	章嘉呼图克图
四世	罗布桑图巴坦旺楚克	西藏索诺木达锡家族	达赖喇嘛
五世	罗布桑楚勒都木济克墨特	西藏衮布敦都布家族	班禅额尔德尼

乾隆五十九年（1794 年），清政府首次对漠北藏传佛教高级僧侣进行行政处罚，以诺彦呼图克图"行止有亏"而不准转世，将其所遗金卷等财物赏给哲布尊丹巴呼图克图。③

嘉庆朝以降，清政府基本遵循乾隆时期提高哲布尊丹巴属下管事喇嘛的权力以分割削弱其教权的原则对漠北蒙古地区的政教关系进行法律调整。嘉庆十一年（1806 年），赐予绰尔济喇嘛罗布桑沙拉巴"兴教济众"

① 蒙文原著、陈仁先译：《蒙古逸史》，台湾广文书局有限责任公司 1976 年版，第236—239 页。
② 妙舟：《蒙藏佛教史》，广陵书社 2009 年版，第 159—170 页。
③ 蒙文原著、陈仁先译：《蒙古逸史》，台湾广文书局有限责任公司 1976 年版，第258 页。

名号和印信，令其教授哲布尊丹巴"所属之喇嘛堪布诺门汗等诵经"。①
道光二年谕令伊勒克慎诺们汗额林沁多尔济掌管诺们汗印并管理经棚经会
事务，提高商卓特巴地位，令"库伦乾德木尼额尔德尼商卓特巴棍布扎
布与盟长副将军等品级相同，著即会同办事，以后所办事件均着禀由汗山
盟盟长代奏"。② 此外，清政府限定哲布尊丹巴的世俗权力只能在其库伦
内部行使。《钦定理藩院则例》规定："哲布尊丹巴胡图克图之徒众给有
达尔汗票者，止准于库伦界内支用。"③ 漠北蒙古地区宗教组织在法律上
没有免差的特权，所属徒众虽然编设喇嘛旗但仍须当差。如乾隆二十四年
议准："喀尔喀诺颜胡图克图罗卜藏扎木扬丹津属下徒众，别编一佐领，
令其管辖，仍附入本部落内当差，并给与总管喀尔喀诺颜胡图克图徒众之
印，分镌满洲蒙古西番三体字。"④ 由此亦可见其他宗教组织在漠北蒙古
的政治法律地位仍然在世俗贵族之下。

　　但是有清一代，清政府对哲布尊丹巴与库伦办事大臣之间的法律关系
始终无明晰的法律规定与定例，主要体现于库伦办事大臣与哲布尊丹巴相
见时的礼仪规定方面。光绪二十二年（1896 年），库伦办事大臣桂斌等
奏称：

　　　　查库伦掌印办事大臣，有抚绥两爱曼、照料呼图克图之责，奴才
桂斌到任以来，凡于沙毕爱曼各蒙众多年被累不堪之虐，无不加意剔
除，谕以天理人情，务使心安而后已。仅知办所当办，无恤其他也。
惟于哲布尊丹巴呼图克图往还体制，未能认真，数月以来，迄无定
议。彼此相见之际多似参商，而公事之间备极融洽。若此因循日久，
究非所宜。检查理藩院则例，仅有"西藏通志"一条，内载驻藏大
臣总办阖藏事务，与达赖喇嘛、班禅额尔德尼平行等语。至库伦大臣

　　① 蒙文原著、陈仁先译：《蒙古逸史》，台湾广文书局有限责任公司 1976 年版，第
268 页。

　　② 蒙文原著、陈仁先译：《蒙古逸史》，台湾广文书局有限责任公司 1976 年版，第
274—275 页。

　　③ （清）理藩院修、杨选第等校注：《理藩院则例》，内蒙古文化出版社 1998 年版，
第 294 页。

　　④ 《钦定大清会典则例》，文渊阁四库全书史部政书类，总第 624 册，台湾商务印书
馆影印版，第 508 页。

品秩是否与驻藏相埒，哲布尊丹巴较之达赖、班禅分位是否相同，应否一律并行，抑或别有专列，相应请旨饬下理藩院查明咨复，以便恪守。①

奏折内容表明库伦办事大臣与哲布尊丹巴围绕双方相见仪礼产生有较大的分歧和争议，其法律原因是清政府在设定哲布尊丹巴与库伦办事大臣之间的政教关系时未明确界定库伦办事大臣的法律地位，故而库伦办事大臣请求中央政府作出明确解释或进行立法。这也表明随着清末中国所面临的国际、国内形势的日趋严峻，清政府在漠北蒙古地区设置的官员在宗教立法方面的主权意识不断增强，并希望能够削弱宗教组织领袖的教权的影响范围。清末新政开始之后，清政府在蒙古地方举办新政，遂引起漠北蒙古僧俗贵族不满，而随着俄罗斯势力的介入，很快失去调整漠北蒙古政教关系的宝贵契机。②

综上所述，清政府对漠北蒙古地区政教关系的法律调整主要围绕哲布尊丹巴呼图克图的教权与蒙古贵族的世俗权力的关系、哲布尊丹巴教权与对沙毕纳尔的世俗管理权，以及库伦办事大臣宗教管理权与哲布尊丹巴教权的关系而展开，通过将哲布尊丹巴转世于西藏、实行金瓶掣签和增强库伦满洲大臣权力等立法，因势利导，循序渐进，确保了漠北蒙古地方整体上教权与蒙古贵族的政权相分立，加强了中央政府对哲布尊丹巴宗教组织的监管，保障了漠北蒙古地区的政治稳定。但直至清末清政府对库伦办事大臣与哲布尊丹巴之间的政教关系仍无明确的法律界定，而随着俄国的介入，也即永远失去了进一步调整漠北蒙古政教法律关系的契机。

（三）清代对漠西蒙古地区政教关系的法律调整

清政府对漠西蒙古地方（新疆蒙古地区）也坚持宗教组织不能干预政务的原则，并将藏传佛教组织严格地置于国家的行政监督之下。伊犁地区寺庙主持喇嘛由清朝中央政府从京师委派，三年一换，以防止宗教组织

① （清）朱寿朋编：《光绪朝东华录》，中华书局1958年版，第3844页。
② 参见李毓澍：《外蒙古撤治问题》，台湾"中央"研究院近代史研究所专刊（一），1976年，第2—5页。

力量强大至威胁清朝对新疆的统治。① 在清代新疆地方官员的奏折中，我们也可以看到宗教组织不能干预政治的事例。光绪十三年（1887年），刘锦棠就安插承化寺棍噶扎拉参呼图克图徒众事，与伊犁将军等奏称："如虑该呼图克图无所管辖，恐复滋生事端，拟请以该呼图克图就近归塔尔巴哈台参赞大臣管辖，令于无事时但率其徒众诵经，不得干预公事，庶僧俗相安。"② 新疆建省后，清政府仍然对该地蒙古寺庙主要教职人员实行派出制度。新疆巡抚陶模的《更换众安寺呼图克图折》可以反映当时中央政府派出僧职人员的情况。其奏折称：

> 奏为更换呼图克图接管众安寺事务恭折仰祈圣鉴事。众安寺事务呼图克图德清鄂特苏尔呈报该呼图克图自光绪二十五年三月初一日到寺接管之日起，连闰扣至二十八年二月初一，三年期满，先期呈报，应请转咨乌里雅苏台拣选熟习经卷之呼图克图一员来科更替，以备接管寺务等情。当经据情转咨在案。旋乌里雅苏台咨称呼图克图德清鄂特苏尔在科驻管寺务既界三年期满，自应札饬札萨克图汗拣选熟习经卷之呼图克图前往接替，现由该汗部落盟长选派札勒堪札胡图克图达木鼎巴杂尔前来科布多众安寺接管等因，于本年三月二十八日，据札勒堪札胡图克图达木鼎巴杂尔到城来谒，臣当即接见。查该札勒堪札胡图克图达木鼎巴杂尔秉性灵异，经典精通，夙为蒙古所崇奉，即饬接管众安寺事务，并令敬诵皇经，祝厘保国。理合恭折具奏，伏乞皇太后、皇上圣鉴，谨奏。光绪二十八年四月二十三日拜发。本年六月初八日递回。奉朱批：知道了。钦此。五月十六日。③

由此可见，清政府对漠西蒙古地方控制力度较大，该地宗教组织重要的领导人员由中央政府直接委派，地方政府在委派过程中亦承担一定义务。

（四）清代对甘青地方政教关系的法律调整

甘青地方藏传佛教寺院可以分为蒙古寺院与藏族寺院。清政府在不同

---

① （清）理藩院修、杨选第等校注：《理藩院则例》，内蒙古文化出版社1998年版，第424页。

② 马大正、吴丰培：《清代新疆稀见奏牍汇编（同治、光绪、宣统朝卷）》（上册），新疆人民出版社1997年版，第416页。

③ 马大正、吴丰培：《清代新疆稀见奏牍汇编（同治、光绪、宣统朝卷）》（中册），新疆人民出版社1997年版，第1122页。

时期、不同地区对政教关系的法律设定不同。其宗教立法具有加强国家行政管理、原则性与灵活性相结合等特征。

清政府对甘肃省不同地区政教关系的法律设定不同，授予给宗教组织的权力大小也不一致。洮州（临潭）等地区藏族寺院拥有管辖信众的世俗权力。如光绪朝《洮州志》记载，着洛寺喇嘛僧官杨溯洛旺秀于同治年间仍管有番民兵共113户。①《岷州志》记载，岷州（岷县）地区的喇嘛僧官黄登烛坚错曾经管有"中马番人二十四族"②。但河州（临夏）藏族寺院则受到法律限制，无权管理藏族信众；国家向藏族信众征收赋税，然后依照寺院人数多少发放生活费用。道光年间编纂的《循化厅志》记载，清代甘肃河州厅每年征收藏族税粮大约1031石，每年给喇嘛口粮540余石。③此外，蒙古族寺院和甘肃寺院分开管理，宗教组织不能跨地区发展自己的信众和势力。乾隆年间甘肃藏族信众与拉卜楞寺（当时属青海）争夺黑错寺法台人选的案例有助于我们考察清政府对该地政教关系进行法律调整的大致思路。乾隆五十四年（1789年）清朝地方政府判决拉卜楞寺败诉，理由是"黑错僧俗七百余户久隶循化厅管辖，耕田输赋为内地民户，拉卜楞寺系蒙古郡王所辖"，不能"以外服喇嘛思将内地粮户据为己有"。④

青海西宁地区黄教寺院在罗布藏丹津叛乱之前拥有较大的权力，可以管理藏族信众。但罗布藏丹津叛乱被平定之后，清政府对这些黄教寺院的权力进行了限制，改变其管理藏族民众的传统，由国家对藏族民众实行直接管理。《青海善后事宜十三条》规定禁止喇嘛寺院收取田赋，由政府收取后，按照僧侣的多少给寺院发放基本的生活费用。雍正二年（1724年），陕甘总督岳钟琪对此提出修改意见，建议清政府将收取赋税的权力

① （清）张彦笃等：《洮州厅志》，载张羽新主编《中国西藏及甘青川滇藏区方志汇编》第22册，学苑出版社2003年版，第236页。
② （清）汪元絧等：《岷州志》，载张羽新主编《中国西藏及甘青川滇藏区方志汇编》第26册，学苑出版社2003年版，第28页。
③ （清）龚景瀚编、李本源纂修：《循化厅志》，台湾成文出版社1968年影印版，第63页。
④ （清）龚景瀚编、李本源纂修：《循化厅志》，台湾成文出版社1968年影印版，第144—145页。

交给寺院，以防止各种弊端的发生。其奏折称：

> 查喇嘛向来原不安分，今既大创之后，各寺喇嘛俱知畏惧，不似从前桀骜。前督臣年羹尧原议各寺院喇嘛至多不许过三百人，其余俱令还俗。臣思做喇嘛的多系唐古忒人，亦有土司土民，今若以额数之外俱令还俗，不但谁去谁存难以剖分，第恐本家人原无田土，又无牲畜，还俗之后何以资生，必至流离失所，更恐多事。臣思见莫若仍其旧，止令其恪守清规。倘有作奸犯科，治以重罪，则事不繁而黄教正矣。……再查原议番粮尽归地方征收，而岁计各寺所需，量给口粮，并加以衣单银两，如此各寺喇嘛衣食有资，地方官得以查考等语，臣查番人纳各寺喇嘛租粮，几倍于正供，然喇嘛亦止籍番租为活。若改归有司征收而量其所需口粮衣单银两转给，窃虑反致不敷，又恐有迟延勒掯之弊。臣愚，莫若援照内地寺院常住田地之例，种田之番人纳租，得租之喇嘛纳赋，则各寺院之地皆属天朝供赋之产矣，更属妥便。朱批：严议政议。①

由上可见，岳钟琪主要从经济与行政管理两方面提出其修改意见：经济方面，年羹尧限制喇嘛人数的建议，不合实际情况，有碍喇嘛生计；行政管理方面，其表面理由是地方官在向寺院发放生活津贴时会出现舞弊拖沓行为，借助宗教组织向藏族收取赋税是一个较为可行的办法，内地也有此例，但实际上是指对藏族的管理难度较大。雍正帝否决了岳钟琪的建议。藏文史料也证明清政府没有恢复青海西宁地区的黄教寺庙向藏民收租赋的习惯。据土观·洛桑却吉尼玛《章嘉国师若必多吉传》记载，罗布藏丹津反清事件被平定之后，土观活佛等西宁地方的驻京呼图克图曾多次向清廷奏请恢复青海宗教组织的原法律地位，其结果是青海藏传佛教寺院获得修复，"被汉人收走的拉德部落虽未归还，但每年从府库中支给固定的口粮和衣服银两代替，请求的事宜也都得以实现"。② 察汗诺们汗虽然实行喇嘛旗制度，旗内普通民事、刑事案件由宗教组织处理，但重要案件须上

---

① 中国第一历史档案馆：朱批奏折，档案号：04—01—30—0378—010。

② （清）土观·洛桑却吉尼玛著、陈庆英等译：《章嘉国师若必多吉传》，中国藏学出版社 2007 年版，第 29 页。

报西宁办事大臣；① 其转世灵童须由驻藏大臣在西藏实行金瓶掣签认定，从政治上接受国家的行政监督。② 对其他藏族寺院则一般实行政教合一，允许寺院或僧侣兼任行政职务。如允许西宁的红教札乌喇嘛在服从中央政府政治领导的前提下世代承袭百户。③ 清代国家在青海南部藏族地区对喇嘛则实行度牒制度，加强对藏传佛教宗教行为的管理。据统计，雍正五年（1727 年），青海海东、西宁、贵德等地区拥有度牒的僧人近 6000 名。④

第二节　清代对伊斯兰教信众聚居区政教关系的法律调整

一、清代对陕甘地方政教关系的法律调整

陕甘地方在清代中国西部占有重要地位。该地设有两个直省，每省设有巡抚，同时设有陕甘总督。作为一个中原向边疆的过渡地区，回族、撒拉族、汉族等多民族聚居。清政府以《钦定大清律例》等普通法律治理这些地区。乾隆四十六年（1781 年）之前，虽然伊斯兰教得到回族、撒拉族整个民族的信仰，但是由于教派纠纷与矛盾尚未激化该地社会政治秩序相对较为稳定，清政府整体上对伊斯兰教也持较为宽容的态度。在政教关系方面，国家政权逐渐向伊斯兰教权传统的管辖领域渗透，清政府开始注意到宗教组织对治理穆斯林的重要性。雍正七年（1729 年）陕西总督岳钟琪奏称：

> 奏为回民积习已深，密请渐施化导，以期消患于未形事。窃查编户之中有回民一种，其寺皆名礼拜，其人自号教门，饮食□裳异于常俗，所到之处不约而同，其习尚强梁、好为斗狠，往往一呼百应，声息相闻，直省皆然，秦中犹甚。臣留心查察，知此辈世率以兴贩私

---

① 杨强：《清代蒙古盟旗制度》，民族出版社 2004 年版，第 99 页。
② （清）理藩院修、杨选第等校注：《理藩院则例》，内蒙古文化出版社 1998 年版，第 403 页。
③ 《清仁宗实录》卷 272，嘉庆十八年八月癸酉。
④ 蒲文成：《青海佛教史》，青海人民出版社 2001 年版，第 233 页。

盐、伙作盗贼、窝藏赌博、酗酒打降为事。今渭南县辑捕私盐，回贩
竟有弓箭……等项兵器敢于拒捕。①

岳钟琪的奏折是向清廷提示回民与汉民相区别的一个重要原因是以礼拜寺
为基础的一种宗教。所以才有了后来雍正帝告诫回民不要"别为一教，
怙恶行私"②的训谕。为了有效管理陕甘地方的穆斯林信众，雍正九年
（1731年）甘肃巡抚许容奏准甘肃通省设立保甲，对伊斯兰教职人员进行
利用和改造，在承认掌教等教职设置的合法性的同时，由国家控制教职人
员的拣选，对能够认真履行清政府赋予的政治法律义务的掌教给予鼓励，
使教职人员具有行政化的色彩。这里存在一个较为重要的矛盾，即清政府
拣选掌教的标准是"老成持重"，能够履行国家义务，但是宗教信仰的要
求是精通经典和个人威望。故而从法理上看，这种控制效果实际可能并不
理想。③雍正之后，清政府对掌教赋予了更多的法律义务。乾隆二十二年
（1757年），清政府谕令伊斯兰教礼拜寺掌教稽察约束回民，并承担相关
的刑事责任："有出外为匪者，将掌教之人一并治罪。"④乾隆年间地方官
编纂的《西宁府新志》的记述则表明地方政府对伊斯兰教的看法和歧视：
"回民社学在东关大街北郡，东关回民甚众，多习回经而不读书。乾隆佥
事杨应琚、知府洪绪、知县陈铦创设学舍，延师教读焉。"⑤

乾隆四十六年（1781年）之后，清政府加强对陕甘地区伊斯兰宗教
组织的法律控制，在镇压苏四十三等事变/起义的基础上重新调整该地方
的政教关系。《甘肃善后事宜》规定：禁止回民信奉哲赫忍耶新教；改革
伊斯兰宗教组织内部教职人员名称，回民不许复称伊斯兰教职人员为总掌
教、掌教、阿訇、师傅等名号；将循化掌教改为总练，阿訇改为乡约；选

① 中国第一历史档案馆：《雍正朝汉文朱批奏折汇编》第14册，江苏古籍出版社
1989年版，第843页。

② 《清世宗实录》卷80，雍正七年四月辛巳。

③ 《皇朝文献通考》，四库全书史部政书类，总第632册，台湾商务印书馆1986年影
印本，第471页；《清世宗实录》卷112，雍正九年十一月戊子。

④ 《清史稿》卷120《食货志一》。

⑤ 凤凰出版社：《中国地方志集成·青海府县志辑·乾隆西宁府新志》（1），凤凰出
版社2008年版，第194页。

择老成之人充当乡约，稽查约束；新教礼拜寺全行拆毁，旧教嗣后亦不得增建。① 革除伊斯兰教职人员总掌教、掌教等名目是清政府对伊斯兰教内部教权结构进行改革的尝试。从法律内容看，似乎回民乡约已成为管理陕甘回民的主要基层组织，教内权威已不存在，但是实际上在管理回民社区的过程中，乡约即是改变名称的阿訇、掌教等教职人员。② 这一规定不但在陕甘地区得到了较为严格的执行，而且在全国也有较大影响，各省督抚大臣纷纷向清政府汇报本省有无掌教名目。如乾隆四十六年（1781年），江苏巡抚闵鹗元曾上报江苏"无回民掌教名目"③；此后不久，清政府对《甘肃善后事宜》进行修改，谕旨称：回民无分新教旧教，止以从逆者治罪，按察议新教旧教内均系良民，不便歧视，从前议禁当略为变通，嗣后严禁回民邪教及阿訇名目，亦不许添建礼拜寺。从法律上确立起处理政教关系的重要原则，即"只论逆顺，不论教之新旧"政治忠诚原则，放弃了其以前"新教即是邪教"的基本原则规定。但是，从实践上看，这一原则在相当长时间内并未被地方官所遵守。清代《循化厅志》的编修者认为此谕旨不过申明旧例，仅仅将"新教"字样改为邪教。④ 清代档案资料也表明哲赫忍耶等新教在民变/起义背景下于相当长的时间内仍被视为邪教，清朝地方政府查禁颇严。乾隆五十九年（1794年），陕甘总督勒保奏称：

> 臣以马亨、马元本由新教改归旧教，今复聚众念经，更改老教旧规，显有图复新教，谋为不法情事，并恐随从之人亦不止于此数。再四究诘，据各犯坚供马亨实因贫无聊赖，起意邀人至家念经，希图敛取钱物；马元冀分财物代为纠人入会，马环等转相纠约各出钱物，随从念经，亦止意图获福；至每日念经三本，并礼拜五次，较之旧规不同，不过故为立异，借此哄诱人；念经时仍照依旧教规矩并未高声摇

① （清）龚景瀚编、李本源纂修：《循化厅志》，台湾成文出版社1968年影印版，第181页。

② 路卫东：《掌教、乡约与保甲册——清代户口管理体系中的陕甘回民人口》，《回族研究》2010年第2期，第42页。

③ 第一历史档案馆：朱批奏折，档案号：04—01—01—0384—025。

④ （清）龚景瀚编、李本源纂修：《循化厅志》，台湾成文出版社1968年影印版，第181—182页。

头跳诵，实不敢图复新教；其随从之人因商量聚会仅止月余，不及纠约多人，实止此数，所得钱物亦属无多，并无另有谋为不法情事等供。加以刑夹，矢口不移，案无遁饰。臣查甘省回民礼拜一村即有一寺，向来各归本寺念经，惟从前新教念经或此村之人勾入彼村，并招集远方无籍回匪，暗相引诱，布散邪言，小则控争布施，互生嫌隙，大则潜谋滋事，酿成巨案。前于乾隆五十四年钦奉上谕，令臣留心访察，饬令地方文武员弁随时加意防闲，实力稽查，尚有无故纠合人众，夜聚晓散，形迹可疑者，即立行禀明严办，以示惩儆等因。仰见圣训周详，无微不至。今马亨、马元本系新教改归旧教，乃马亨因贫难度，不知安分守法，胆敢商同马元纠人至家念经，虽讯据仍照旧教规矩，并未高声摇头跳诵。该犯等家中亦查无新教经卷，但其勾引隔村别处之人，群聚念经，敛取钱物，已属违禁，复敢将念经及礼拜次数较旧规增加以示奇异，焉知非该犯等欲籍端引诱以为图复新教之渐，惟因稽查严密，聚会未久即经破案，全行拿获。①

由奏折内容可见，被逮捕者并非信仰新教，但是陕甘总督勒保为防止新教在甘肃死灰复燃，还是将当事人给予严厉处罚。

清政府对陕甘地区穆斯林社区内部的政教关系也进行了调整。乾隆四十六年（1781 年）之后进行改革，一方面在社区内部实行政教制衡的政策，另一方面加强国家行政管理。苏四十三事变/起义之后，清政府在甘肃河州地区设立管寺乡约与管会乡约②，是将对穆斯林世俗政务的管理与宗教事务的管理分开的尝试，并试图以此达到穆斯林社会内部的政教分立与制衡。乾隆五十四年（1789 年），清政府谕称："甘省回民，其教首阿浑即与闽省族正相仿。从前苏四十三、田五等，即系阿浑聚众滋事，各省回民甚多，若俱委之阿浑稽查管束，又安用地方官为耶？"③ 对国家基层官员提出了更高的治理要求。

清政府与伊斯兰教的这种关系一直保持到清代后期，直至同治陕甘回

① 第一历史档案馆：军机处录副奏折，缩微号：1446—057。

② （清）龚景瀚编、李本源纂修：《循化厅志》，台湾成文出版社 1968 年影印版，第184 页。

③ 《清高宗实录》卷 1334，乾隆五十四年七月庚戌。

民事变/起义之后，左宗棠等地方官员才再次提出禁革哲赫忍耶新教问题。左宗棠提议在全国禁革新教，遭到清政府否决。① 但是，左宗棠平定陕甘回民事变之后仍然在甘肃推行禁绝新教的政策与措施。其《安插回民告示》规定：

> 回教以默罕默德为宗，即今回民所行老教，其经典亦是教人学好向正，并无异端参杂，其中千数百年未之有改，亦无悖乱不经、自干刑戮之事，久为圣世所兼容。惟乾隆四十余年，马明心、苏四十三、田五等犯，自西域归，传授新教，煽惑愚回，驯致结众为逆，随经天威扫荡，诛灭无遗。近如马化漋潜以新教煽惑各处回民，凶焰日炽，经大军剿灭净尽。即马桂源自称得受西方圣人玉印，能号召回部，曾因办教起衅，致启兵端，复以诡词孝顺得守乡郡，旋与其兄本源勾通客回，抗拒官军，公然背叛。见在该叛兄弟妻子均已悉数就擒，解省审办。是新教在天方为异端，本默罕默德之罪人，在中国为妖孽，乃国家必讨之贼。尔等试思，从前千余老教久享太平，何以百余年新教一兴，屡造诛夷之祸。前鉴不远，后患宜防，既经奏明严禁新教，奉旨尤应一律遵守，永杜异端，共沾圣化。嗣后遇有海里飞、满拉等复以新教潜相煽惑者，十家长、百家长即拘送官司，审明严办，勿为所惑，自取灭亡。从前误被新教煽惑者，准其递具甘结，概予免究。如敢阳奉阴违，仍从新教者，查出严办，断不姑容。②

在告示中左宗棠以中央政府代表的身份和语气声明承认信仰伊斯兰教的合法性，认为伊斯兰教经典亦是劝人为善，指出新教在伊斯兰教发源地天方也是邪教，回民见到新教教职人员应即送官治罪，信仰新教者反悔出具甘结后免于追究法律责任。该告示虽然违背了清政府传统的处理宗教事务的政治忠诚法律原则，但是在近代中央权力衰落的情况下，仍然是具有较高效力的法律规范。此外，左宗棠在平定河州回民事变/起义过程中所颁布的《抚后禁令》规定："民间命盗及田土、户婚等案均应由地方官审办，

---

① （清）左宗棠：《左宗棠全集》第 7 册，上海书店 1986 年影印版，第 5958 页。

② （清）左宗棠：《左宗棠全集》第 16 册，上海书店 1986 年影印版，第 14606—14608 页。

不准该回目干预，回目如敢擅理民事，有延不到案者，加等治罪。"① 这
是陕甘地方政府首次颁布的禁止伊斯兰教干预世俗事务的法令。

河湟回民事变/起义之后，针对教争给地方政治稳定与政教关系调整
带来的严重影响，署河州知州杨增新不是要禁革新教，而是建议将所有门
宦全部革除。他禀称：

> 历朝兵祸始于河州。羌虏猖狂由于争教，非争教也，争门宦耳。
> 老教新教各有门宦，日思扩充其势力，巩固其地盘。久之，第三者出
> 于新教之外创为新新教，未几又有一人出于新新教之外，复创为蕲蕲
> 新教。既有创教之人，必有多数回民崇拜而遵行之。于是争端起，兵
> 衅开，祸患中于国家，良善坠于涂炭，及军务平定而门宦依然。将使
> 地方无蹂躏之虞，必以天经为统一之本，所有回教各门宦拟请一律取
> 消，别行更正名称，俾族尊重天经，则根脚正定，不为歧妄所动
> 摇矣。②

由上可见，杨增新认为河州等地兵祸不断，主要原因不在于是否信仰伊斯
兰教，而在于门宦层出不穷，争夺势力范围。其建议最后为陕甘总督所否
决。这样"只论逆顺，不论教之新旧"政治忠诚原则一直是清政府处理
政教关系的重要法律原则。

综上，乾隆四十六年（1781 年）之前，清朝处理陕甘地区政教关系
的切入点是通过伊斯兰教上层人士实现对回民世俗生活的政治管理，并尝
试将其纳入国家基层组织体系；乾隆四十六年（1781 年）之后，清政府
转而开始关注伊斯兰教内部权力结构，在陕甘地区对穆斯林社区进行改
革，尝试将其中的宗教事务与世俗事务分开，设立管寺乡约和管会乡约，
使其互相制衡；在处理国家与不同教派的关系方面，清政府从严厉镇压新
教的"新教即邪教"立场逐渐确立起"只论逆顺，不论教之新旧"的政
治忠诚原则，直至清末未有大的变化。

二、清代对回疆地方政教关系的法律调整

清政府对回疆地方政教关系的法律调整开始于统一回疆之后。统一回

---

① （清）左宗棠：《左宗棠全集》第 16 册，上海书店 1986 年版，第 14600 页。
② 慕寿祺：《甘宁青史略》卷 25，台湾广文书局有限责任公司 1982 年影印版。

疆之前仅是对回疆做民族政策方面的考虑，尚未涉及政教关系问题。康熙十六年（1677年）清政府对噶尔丹使团中的穆斯林加以排斥①，以及后来谴责噶尔丹坏达赖喇嘛教法，"实入回回之教"②，均是为防范和打击噶尔丹咄咄逼人之势，争取蒙古各部的支持而寻找的政治借口，没有涉及宗教立法中的政教关系问题。康熙三十五年（1696年），清政府召叶尔羌汗王阿卜都里什特至京师，并给予厚待③，也只是清政府对边疆民族政策或民族立法方面适时进行的调整，与清政府和伊斯兰教之间的关系无直接的联系。清政府对回疆地方政教关系法律调整的基本框架奠基于统一回疆的过程之中。

统一准噶尔部之后，清政府本拟令大小和卓统领回部地方，并派阿敏道至该地议事，但小和卓则趁机发动叛乱，"以计诱阿敏道而拘之"④；在处理该事件过程中，虽然多次发布谕旨将大小和卓叛乱视为政治事件，不提及其宗教性质，仅是将政治问题与宗教问题区别对待，以政治问题来论证统一回疆的合法性，然而仍然十分清楚大小和卓为回疆地方宗教领袖的重要影响。故而，在统一回疆之后清政府继续从法律层面上承认该地伊斯兰各教派系合法宗教，"对伊斯兰教采取了极为宽松的宗教政策，对宗教事务概不插手干涉"。⑤《新疆图志》记载：

> 乾隆年间，准部阿睦尔撒纳、回部霍集占皆以背叛诛夷，南北肃清，回释两教皆詟服，罔敢生事。然国家方振，兴黄教以镇抚蒙部，于回教亦不禁从。⑥

但是，嘉庆之后随着回疆和卓宗教势力叛乱的增加，清朝逐渐加强了对伊斯兰教的管理和政教关系的调整。

清政府对回疆政教关系的法律调整主要表现于：首先，从国家和伊斯兰教的关系来看，清政府以政治忠诚为标准对待所有的伊斯兰教派。清代

---

① 《清圣祖实录》卷69，康熙十六年十月甲寅。
② 《清圣祖实录》卷163，康熙三十三年闰五月丁丑。
③ 《清圣祖实录》卷175，康熙三十五年八月癸巳。
④ 故宫博物院：《清高宗御制文》第1册，海南出版社2000年影印版，第177页。
⑤ 梁海峡：《浅析清朝对回疆阿訇的管理政策》，《青海社会科学》2008年第3期，第74页。
⑥ （清）袁大化等：《新疆图志》卷38，台湾文海出版有限公司1965年版，第1384页。

回疆地方伊斯兰教主要分为白山派与黑山派。统一回疆之后，清朝中央政府未禁止任何一派的传教活动，在维护国家政治统一的基本原则之下，能够平等对待这两个教派；凡是参加叛乱的教派及其信众给予严厉镇压，对支持政府的教派及其信众给予奖励。道光年间，那彦成奏称：

> 黑帽、白帽虽系自分种类，在天朝大皇帝天恩所被，一视同仁。黑帽中有尽忠立功者，如奈玛特阿浑等悉予赏赐，并给与翎顶虚衔；如从前滋事之孜牙墩亦系黑帽回子，立时剿灭。白帽中如素皮呢斯等皆尽忠报国之人，其子嗣迈玛玉苏普、阿布都尔锡等俱赏给世袭翎顶。①

由此可见，清政府对待不同教派主要以其政治态度为依据，在政治忠诚的前提下宽容地对待所有的教派。清末西方人报道说："中国未能洞悉这些派别的重要性，并充分加以利用以获取益惠。他们叫黑山派为黑帽子，白山派为白帽子，这明显地表明，他们对这些派别的意义和作用一无所知。"② 这种评价与中国实际情形不相符合。在中国多民族多宗教/教派的西部地方，能够较为平等的对待不同的宗教/教派是治国者政治法律智慧与治国能力的重要体现，也与近现代以来宗教宽容和平等理论相接近。清政府的这种政治法律态度与政策也遵循着维护国家主权统一与政治稳定的基本原则。

其次，实行政教分立，禁止阿訇干预国家地方政务，提高世俗伯克的政治法律地位，使其能够与宗教贵族相互制衡。"通常，在教内担任职务的阿訇、伊玛目、喀孜、穆夫提等，不准许在政府机构中担任职务，同样政府官员一般也不能再兼任教职"③。但是，回疆政教分立政策的发展与完善经过了相当长时间的演变。乾隆二十五年（1760年），清政府仅仅对阿訇干预政事进行了规定，谕令："阿珲乃回人内诵经识字者，与准噶尔喇嘛相似，从前厄鲁特等不知事体，听信喇嘛，致生变乱，岂可使回人因

---

① （清）那彦成：《那文毅公奏议》，续修四库全书史部诏令奏议类，总第497册，上海古籍出版社2002年影印版，第773页。

② ［俄］乔汉·瓦里汉诺夫：《乔汉·瓦里汉诺夫选集》，阿拉木图1958年版，转引自陈慧生：《中国新疆地区伊斯兰教史》第一册，新疆人民出版社1999年版，第388页。

③ 李进新：《新疆伊斯兰汗朝史略》，宗教文化出版社1999年版，第245页。

仍旧习。著传谕舒赫德等，晓示各城回人等，嗣后诸事唯听阿奇木等伯克办理，阿浑不得干预。"① 嘉庆二年（1797 年），清政府始对阿訇等教职人员能否出任国家官职作出明确规定，谕令阿訇不得承受官职，"不应补放伯克"。② 但是道光朝之前，阿訇子弟等仍然能够出任国家官职。张格尔叛乱被平定之后，道光九年（1829 年）清政府修改了阿訇子弟可以充当伯克的惯例，谕令："以后无论何项回子，当阿浑者只准念习经典，不准干预公事，其阿浑子弟有当差及充当伯克者，亦不准再兼阿浑，以昭限制。"③ 至此，政教分立的政策才逐渐完善起来。在清政府的扶持下，世俗贵族伯克的政治法律地位开始超过阿訇，每当开斋入礼拜寺诵经之时，衣着华丽，护卫同行，阿訇跟随左右，"通城男女皆新衣喧填巷寺，群瞻阿奇木威仪，礼毕，随入阿奇木家拜年"。④ 与此同时，加强对阿訇拣选的管理。为防止伯克任意选取阿訇，政教勾结，那彦成奏准阿訇缺出应由各庄回子、伯克保举通达经典、为人诚实公正之人，出具结，听候阿奇木禀明本城办事大臣点充，"伯克等人不准徇私滥保，阿奇木不准任意挑剔。"⑤

再次，税务方面实行政教分立。清政府将宗教税收与大宗布施排除于法定税目之外，"坚定不移地将其增加纳税人的措施，实施于伊斯兰教的势力范围之内"，"将瓦哈甫土地上的'燕齐'农民编入民籍，使之变为向清朝直接纳税的臣民。而对于瓦哈甫土地及它附属的水利设施，则不加触动"。⑥

尽管如上所述清政府在一定层面推行政教分立的政策，防止宗教贵族干预国家事务，但是伊斯兰教的影响依然较大。宗教法庭的谢赫·斯拉木对伊斯兰教信众仍然拥有很大的权威，"继续干涉维吾尔百姓的宗教生活。尤其在斋戒期间，他们经常手拎宽鞭，在通卫要道当众鞭笞不斋戒的

---

① 《清高宗实录》卷 615，乾隆二十五年六月下辛丑。

② 《清仁宗实录》卷 24，嘉庆二年十一月庚辰。

③ 《清宣宗实录》卷 151，道光九年二月乙丑。

④ （清）椿园七十一：《西域闻见录》卷 7，中央民族大学图书馆藏刻本。

⑤ （清）那彦成：《那文毅公奏议》，续修四库全书史部政书类，总第 497 册，上海古籍出版社 2002 年影印本，第 729 页。

⑥ 刘志霄：《维吾尔族历史》（上），民族出版社 1985 年版，第 533 页。

维吾尔百姓"。① 而且阿訇仍然保有一定司法权力，"凡回子家务及口角争讼事件全凭阿浑一言剖断"。② 伯克衙门本身也保留有伊斯兰宗教法官哈子伯克。虽然清政府规定重要的刑事案件必须由办事大臣衙门依照《钦定大清律例》审理，但是民事案件和一般的刑事案件仍然依照伊斯兰教法审判。③ 迄止清代中国新疆建省之后，宗教组织的这些影响和权力/权利才受到较大的限制，刑事案件的审判权才被集中于州县，伊斯兰教与世俗政治事务才逐渐分离。清政府对回疆政教关系的立法才向内地化发展。④

总之，清代中国西部宗教立法对回疆地方政教关系的调整整体上实行政教分立的原则，禁止伊斯兰教干预国家世俗事务，尽力将伊斯兰教限制于穆斯林的日常生活，以政治忠诚为原则平等对待各教派。

————————

① 刘志霄：《维吾尔族历史》（中），民族出版社 1985 年版，第 530 页。
② （清）那彦成：《那文毅公奏议》，续修四库全书史部诏令奏议，总第 497 册，上海古籍出版社影印本，第 729 页。
③ 余振贵：《中国历代政权与伊斯兰教》，宁夏人民出版社 1996 年版，第 199 页。
④ 刘广安等：《中国古代民族自治研究》，中央民族大学出版社 2009 年版，第 239 页。

第 四 章
清代中国对西部宗教管理的法律调整

一般而言，宗教管理是指为了保障社会宗教生活的正常进行，促进社会宗教事业的健康发展，实现社会宗教生活的目标，"而对宗教组织与宗教活动所进行的决策、计划、组织、领导、控制、协调等一系列活动"。①法学意义上的宗教管理是指国家及其受托者为维护国家政治统一、社会稳定与秩序，保护宗教组织与信众的法定权利而对宗教组织、神职人员及其信众宗教活动所进行的决策、计划、组织、领导、控制、协调等系列活动。本章拟对清代中国西部宗教管理的主体和体制进行系统的考察。②

第一节　清代中国西部宗教管理的主体

一、清代藏传佛教管理的主体

（一）中央管理藏传佛教的主体——理藩院

理藩院是清政府设立的中央一级专门管理藏传佛教的行政主体。崇德

---

① 杨玉辉：《宗教管理学》，人民出版社 2008 年版，第 3 页。
② 学界多从宗教学和历史学的视角对藏传佛教和伊斯兰教相关宗教管理制度进行系统考察，而从法学的视角进行考察者较少，其中较为具有代表性的成果有冉光荣《中国藏传佛教寺院》（中国藏学出版社 1994 年版）、胡日查《清代蒙古寺庙管理体制研究》（辽宁民族出版社 2013 年版）等。

元年（1636 年）皇太极设立专管蒙古事务的中央机构——蒙古衙门；崇德三年（1638 年），更名理藩院，并铸造印信。但在康熙朝以前，理藩院之法律地位较低。顺治十八年（1661 年）经吏部议准：理藩院设立录勋、宾客、柔远、理刑四司，应增设各司郎中共 11 员，员外郎共 21 员，理藩院尚书衔名列于工部之后。① 康熙四十年（1701 年）清政府将柔远司分为柔远前司和柔远后司。② 雍正初年，清政府以廉亲王为理藩院尚书，办理院务，此即"以王公大学士兼理院事"。③ 乾嘉以后，理藩院机构基本稳定，下设旗籍清吏司、王会清吏司、柔远清吏司等机构。

理藩院下属机构各有专司。其中柔远清吏司承办呼图克图喇嘛等年班请安进贡，内外各寺庙喇嘛钱粮、草豆、烤炭银两；典属清吏司承办达赖喇嘛、班禅额尔德尼进丹书克，以及在京喇嘛考列等第、升迁、调补，发放喇嘛札付度牒、路引，奏请寺庙名号、各寺庙工程，咨取学艺班第，袭替僧正僧纲等事。④ 理藩院堂官兼管咸安宫蒙古官学、唐古忒学与雍和宫藏传佛教事务。⑤ 理藩院还须依法派遣笔帖式等官员参与照护四川和伊犁驻班堪布的换班工作及呼图克图呼毕勒罕转世等事务。⑥ 西藏地方堪布回藏时，"所带包数例有一定斤秤，秤包日由院专派司员一员监秤，会同本司司员验看，是否与例定包数斤秤相符，联衔具稿呈堂，不准例外多带"。⑦ 此外，该院还在库伦、四川、西藏、回疆、内蒙等许多地区有大量派出人员，协助地方政府处理民族宗教事务。乾隆八年（1743 年）之

---

① 《清圣祖实录》卷 4，顺治十八年八月戊申。

② （康熙朝）《大清会典》，近代中国史料丛刊三编第 72 辑，台湾文海出版有限公司 1992 年影印版，第 96—99 页。

③ 赵云田：《清代治理边陲的枢纽——理藩院》，新疆人民出版社 1995 年版，第 12 页。

④ 张荣铮等点校：《钦定理藩部则例·通例上》，天津古籍出版社 1998 年版，第 20 页。

⑤ 杨选第、金峰校注：《理藩院则例·通例上》，内蒙古文化出版社 1998 年版，第 4 页。

⑥ （清）理藩院修、杨选第等校注：《理藩院则例·通例上》，内蒙古文化出版社 1998 年版，第 8—9 页。

⑦ （清）理藩院修、杨选第等校注：《理藩院则例·通例上》，内蒙古文化出版社 1998 年版，第 17 页。

后，陕甘洮岷喇嘛承袭国师、禅师、都纲等宗教事务亦归理藩院专办。①

理藩院在管理藏传佛教过程中遇有重要问题应奏请皇帝审批，否则应承担法律责任。道光二十年（1840年），该院在管理哲布尊丹巴呼图克图朝觐过程中，依法禁止五世哲布尊丹巴使用清政府恩赏前辈呼图克图的物品，但未将该事转奏朝廷，道光帝遂下诏予以行政处罚，谕称：

> 昨因理藩院禁止哲布尊丹巴呼图克图设用旗伞并未奏明，嗣经该呼图克图呈出乾隆年间案据，该堂官等又未具奏，当降旨将该衙门堂司各官交部严议，兹据该部奏拟革职，实属咎所应得。奕纪着革去御前大臣、户部尚书、总管内务府大臣，并革去紫缰，毋庸管理理藩院事务，姑从宽加恩仍留都统；赛尚阿着革去都统，从宽降为二品顶戴；奕纪、赛尚阿、吉伦泰、文德和均带革职留任处分，八年无过，方准开复；郎中惠麟，着照部议革职。②

由上可见，按照行政惯例，理藩院应当转奏当时的具体情况，由朝廷最后作出决定，但是却并未转奏，故而应当承担较为严重的行政法律责任。针对此次渎职行为，李毓澍认为："由此一端，亦可见清中叶以降，理藩院每草率将事，且多擅恣威福，外藩向背，固已无形中受其影响。"③

（二）地方管理藏传佛教的主体

1. 驻藏办事大臣

《乾隆朝内府抄本〈理藩院则例〉》记载："雍正四年议准：西藏事务，以贝子康济鼐为正，以贝子阿尔布巴佐之，原令其会同众噶伦等和衷办公而设。若伊等不睦，后起衅端，亦有关系。应遣大臣前往，驻扎照看。其大臣更换，皆由特简。"④ 雍正五年（1727年）正式设置驻藏大臣；乾隆十四年（1749年）清廷赏给傅清都统衔，"前往与驻藏大臣纪山

---

① 《钦定大清会典则例》，文渊阁四库全书史部政书类，总第624册，台湾商务印书馆影印版，第519页。
② 王先谦等：《东华续录》，道光四十一，续修四库全书，史部，总第357册，上海古籍出版社影印版，第593页；《清宣宗实录》卷330，道光二十年正月己亥。
③ 李毓澍：《外蒙政教制度考》，台湾"中央"研究院近代史研究所专刊（5），1978年，第410页。
④ 赵云田点校：《乾隆朝内府抄本〈理藩院则例〉》，中国藏学出版社2006年版，第103页。

共同办事,其钦差大臣关防著傅清收掌。"① 吴丰培等学者据此认为驻藏
大臣正、副之分开始于此时。② 乾隆四十九年成书的《钦定历代职官表》
记载:"西藏办事大臣二人,司员一人,笔帖式一人,掌西藏之政令,凡
噶卜伦、代本、第巴、堪布皆属焉,有事则与达赖喇嘛定其赏罚,由特旨
简派,三年更代。"③

虽然驻藏大臣是清政府派驻西藏的钦差大臣,代表中央政府维护西藏
的政治稳定、处理西藏地区重要的宗教事务,但乾隆以后有发展成为地方
行政长官的取向,权限之大,"甚至并不止限于监督而已"④。《钦定理藩
院则例》规定:

> 驻藏大臣总办阖藏事务,与达赖喇嘛、班禅额尔德尼平行。噶布
> 伦以下番目及管事喇嘛,分系属员,无论大小事务,俱禀明驻藏大臣
> 核办。至扎什伦布诸务,亦一体禀知驻藏大臣办理,不准岁琫堪布等
> 代办,该大臣巡边之便稽察管来。⑤

此外,达赖喇嘛、班禅额尔德尼呼毕勒罕转世、经师的选定、喇嘛年班等
宗教事务均由驻藏大臣监管,并代为转奏达赖、班禅为首的宗教贵族的各
种请求。

2. 库伦办事大臣

库伦办事大臣是清政府派驻漠北蒙古地区主管土谢图汗部、车臣汗部
和哲布尊丹巴僧众事务的钦差办事大臣。关于库伦办事大臣的设置时间,
有两种观点。《清史稿》记载设置于乾隆二十七年(1762 年)⑥。蒙文
《蒙古逸史》认为库伦办事大臣设立于乾隆二十三年(1758 年)二世哲
布尊丹巴圆寂之后。是年三月初七日清帝谕称:

---

① 《清高宗实录》卷 351,乾隆十四年十月丙申。
② 吴丰培、曾国庆:《清朝驻藏大臣制度的建立与沿革》,中国藏学出版社 1989 年
版,第 18 页。
③ 《钦定历代职官表》,四库全书本史部职官类,总第 602 册,台湾商务印书馆 1986
年影印版,第 408 页。
④ 刘义棠:《西藏政教合一制的演变及中央监督机关之设置》,收入张曼涛主编:《西
藏佛教教义论集》(一),北京图书馆出版社 2006 年版,第 183 页。
⑤ (清)理藩院修、杨选第等校注:《理藩院则例》,内蒙古文化出版社 1998 年版,
第 431 页。
⑥ 《清史稿》卷 206《表第四十六·疆臣年表十》。

哲布尊丹巴呼图克图现已圆寂，所有库伦经棚事务虽然有商卓特巴逊都布多尔济照料，然所属之徒众甚多，非一人所能监管，著派喀尔喀左副将军桑斋多尔济妥为管理。钦此。①

《蒙古及蒙古人》也记载二世哲布尊丹巴圆寂后，清政府下诏：

喀尔喀哲布尊丹巴呼图克图示寂，库伦之宗务掌管，虽有商卓特巴三都布，然下级从僧之管理，一名不足，诏喀尔喀理刑官桑斋多尔济，可以库伦之监理，与从僧之统辖托之。②

妙舟《蒙藏佛教史》记载，乾隆二十三年的诏书称：

喀尔喀哲布尊丹巴呼图克图示寂，库伦之宗务掌管，虽有额尔德尼商卓特巴三都布，然下级从僧之管辖，一名不足。特选喀尔喀理刑官桑齐多尔济为库伦办事大臣，使护理库伦，兼辖从僧。③

设置时间问题必须从清政府对藏传佛教的立法基本原则来观察。循序渐进原则是清代中国西部宗教立法的基本原则。清朝统一准噶尔部之后，在北方的俄国成为潜在的威胁的背景下，漠北蒙古占有更为重要的战略地位，清政府从政治、经济、宗教等方面加强对该地的治理尤为必要。但对于当时较为强大的漠北蒙古，清政府只能采用循序渐进的方式进行改革，先设立库伦蒙古办事大臣，然后再设库伦满洲办事大臣，逐渐实现中央政府的治理目标。所以才有了乾隆二十六年（1760年）上谕：

据桑斋多尔济奏称：现在库伦事务纷繁，非一人所能兼顾，请加派大臣一员，帮同办事等情。着派富德前往，会同桑斋多尔济办事，至如何换班，如何发俸，由六部大臣核议具奏，钦此。库伦设立满洲办事大臣自此始。④

由此可知，这个上谕是在桑斋多尔济奏请之下发布的，而且所加派钦差大臣的目的是帮同或会同办事。从清政府循序渐进立法基本原则来看，库伦

---

① 蒙文原著、陈仁先译：《蒙古逸史》，台湾广文书局有限责任公司1976年版，第216—217页。

② ［俄］婆资特奈夜夫原著、北洋法政学会编译：《蒙古及蒙古人》，北洋法政学会1913年版，第441—442页。

③ 妙舟：《蒙藏佛教史》，广陵书社2009年版，第163页。

④ 蒙文原著、陈仁先译：《蒙古逸史》，台湾广文书局有限责任公司1976年版，第224页。

蒙古办事大臣的设置应为库伦办事大臣设置之始，后来增加库伦满洲办事大臣，只不过使该机构更加完善。唯有如此清政府才能逐渐赢得漠北蒙古僧俗贵族对中央政府加强治理措施的认可与支持。无论系库伦蒙古办事大臣，抑或是库伦满洲办事大臣，其钦派性质毋庸置疑。

　　库伦办事大臣的宗教管理职责主要为代奏哲布尊丹巴呼图克图朝觐、入藏学习等方面的请求，监督、保护哲布尊丹巴呼图克图的安全等。如乾隆五十六年（1791 年），四世哲布尊丹巴朝觐皇帝，由库伦办事大臣逊都布多尔济沿途照护；道光四年（1824 年），库伦办事大臣蕴敦多尔济代奏五世哲布尊丹巴请求于热河朝觐；道光十五年（1835 年）哲布尊丹巴迁居库伦土拉河以北新居，由库伦办事大臣德勒克多尔济奏准；咸丰元年（1851 年），哲布尊丹巴呼毕勒罕实行金瓶掣签，清政府颁赏赐物，亦由德勒克多尔济晓谕漠北蒙古四部落僧俗贵族办理。[①] 李毓澍先生认为："此种政术上的运用，要为清代边政措施中最为成功的一面。"[②] 从法律层面而言，这不仅为一种政术，而且也是一种行政惯例，是清政府对漠北蒙古宗教事务渐进立法的结果。

　　3. 西宁办事大臣

　　西宁办事大臣是清政府为加强对青海地方的行政管理而设置的钦差办事大臣。乾隆元年（1736 年）理藩院议准：西宁设驻扎大臣 1 人、本院司官 1 人，均令互相交错更替，统以 3 年为期；其更换大臣时，由院从散秩大臣、八旗护军统领和副都统及各部院侍郎内，将其中谙练蒙古事务者推荐奏请朝廷简放。[③]《清史稿》记载："西宁办事大臣，乾隆元年置，辖青海三十六旗会盟。所属有司员、笔帖式各一人。"[④]

　　西宁办事大臣不仅主管青海地方蒙古各部会盟等世俗事务，而且还主管该地区的宗教事务。《乾隆朝内府〈理藩院则例〉》规定："又有大喇嘛

　　① ［俄］婆资特奈夜夫原著、北洋法政学会编译：《蒙古及蒙古人》，北洋法政学会1913 年版，第 449 页。

　　② 李毓澍：《外蒙政教制度考》，台湾"中央"研究院近代史研究所专刊（5），1978年，第 131 页。

　　③ 赵云田点校：《乾隆朝内府〈理藩院则例〉》，中国藏学出版社 2006 年版，第 104页。

　　④《清史稿》卷 117《职官志四》。

察汗诺门汗所属蒙古，分为佐领，不统于各旗，别给印信，令大喇嘛管辖，均受总理青海蒙古事务大臣节制。"① 西宁办事大臣还有协同驻藏大臣管理青海及途经青海的蒙古各部的进藏熬茶活动之责。② 嘉庆二十五年（1820年），西宁办事大臣素纳奏称：伊犁塔尔巴哈台所属喇嘛格斯贵、鄂左尔等赴藏熬茶，沿途染病，应给予路引，并派兵护送，以资约束；其染病不能前往者，由青海分别留养。清政府批示："理宜如此。"③ 道光四年（1824年），那彦成奏请立法稽查蒙古喇嘛出口赴藏熬茶等活动，严禁无票之人任意出入青海，清廷谕令由青海办事大臣负责发放路票。④ 清政府也不断调整西宁办事大臣的职权。嘉庆十年（1805年），贡楚克扎布奏准将办事大臣事权略为加重，由办事大臣兼辖西宁附近地方文员自道府以下、武员自镇协以下的所有官员；地方文武官员考核时，令青海办事大臣会同陕甘总督秉公分别查办。⑤

在处理藏传佛教事务过程中，西宁办事大臣失职或渎职也应当承担相应的法律责任。道光三年（1823年）六月，清廷斥责西宁办事大臣松廷未依照法律程序呈报栋廓尔呼图克图转世灵童，而是任由呼图克图徒弟私自呈报。⑥ 道光二十七年（1847年），库伦堪布诺们汗等至西藏熬茶，西宁办事大臣哈勒吉那遣青海蒙古兵往返照护至柴达木，由于照顾不周，致使牲畜被抢；清廷斥责其防护不力，谕令将其那交部议处，"仍著该大臣督饬兵弁，严缉此案赃贼，务获究办，断不准任令逃逸。所有此次被抢牲畜，并着该大臣照数赔补，以示惩儆"。⑦

4. 蒙古地方自治机构

有清一代，清朝统一漠南、漠北、漠西蒙古地区之后，在这些地区实

---

① 赵云田点校：《乾隆朝内府〈理藩院则例〉》，中国藏学出版社 2006 年版，第95 页。

② 蔡家艺等：《西宁办事大臣的设置及其对青海地区的管治》，《青海民族研究》1990年第 1 期。

③ 《清宣宗实录》卷 3，嘉庆二十五年八月癸丑。

④ 《清宣宗实录》卷 71，道光四年闰七月辛丑。

⑤ 《清仁宗实录》卷 154，嘉庆十年十二月壬辰。

⑥ 《清宣宗实录》卷 53，道光三年六月己亥。

⑦ 《清宣宗实录》卷 444，道光二十七年十月癸未。

行盟旗制度，编设旗分，委任盟长、副盟长、旗札萨克等，授予其处理盟旗内重要事务之权责，其中包括上报盟旗内僧侣人数、组织境内藏传佛教僧侣领取度牒、对游方僧侣和境内僧侣行为进行稽查、管理境内活佛转世相关事务等。《钦定理藩院则例》规定："其驻扎各游牧处所之胡图克图、诺们汗、班第达、堪布、绰尔济等转世后，均俟年至十八岁，由该管大臣盟长等核实报院。"① 游牧地区赐有印敕的活佛转世后，其敕书由该管大臣、盟长备文报院，奏交内阁更换。② 乾隆五十八年（1793 年）以后转世并无奏案之呼毕勒罕、绰尔济喇嘛等，若滥行报院代奏请安，"将该盟长、札萨克等劾参"。③ 雍和宫四学考中名号班第及食二两钱粮班第者，由本旗札萨克每年每人给厨役银 15 两，给衣服银 10 两，计给 3 年；学艺班第 80 名，由本旗札萨克处每年每名给口粮银 40 两、厨役银 15 两、衣服银 10 两，计给 3 年；所有银两由各札萨克汇交该盟长处，年终汇总，派员送京，一面报理藩院，一面至雍和宫交纳；内札萨克限次年开印之次日，外札萨克限次年开印之又次日，至雍和宫德木齐喇嘛印务处，由掌印呼图克图验收，拖延 1 年不交者，该札萨克罚俸 3 个月，2 年不交者罚俸 6 个月，3 年不交者罚俸 1 年，仍由该盟长饬催该旗送应交银两至理藩院。④

蒙古地方的盟长和札萨克对盟或旗周围的庙宇有管理之责，在该庙宇呼图克图圆寂后，应依据徒众人数与庙宇距离该旗的远近等条件实行不同的管理方式。若其徒众不超过 500 名，而庙宇相距该旗在 500 里以内者，该盟长则应在徒众内择其明干 1 人，赏给札萨克喇嘛职衔，督率徒众；若徒众超过 500 名，而庙宇相距该旗在 500 里之外者，并准其给予印信；诺门汗圆寂后徒众过 500 名者，该札萨克应于徒众内择其贤能 1 人，给予达

---

① （清）理藩院修、杨选第等校注：《理藩院则例》，内蒙古文化出版社 1998 年版，第 386 页。
② （清）理藩院修、杨选第等校注：《理藩院则例》，内蒙古文化出版社 1998 年版，第 387 页。
③ （清）理藩院修、杨选第等校注：《理藩院则例》，内蒙古文化出版社 1998 年版，第 402 页。
④ （清）理藩院修、杨选第等校注：《理藩院则例》，内蒙古文化出版社 1998 年版，第 418—419 页。

喇嘛职衔，不给印信，待该呼图克图、诺门汗转世成立后，督率有人，始将扎萨克喇嘛、达喇嘛各职衔撤销。① 由此可见，在藏传佛教事务管理中旗札萨克、盟长等管理主体的职责的法律设定较为严密与具体。

5. 喇嘛僧官

所谓"喇嘛僧官"系指在藏传佛教及其相关事务的管理过程中，拥有法定管理权力和承担相应法律责任的僧侣官员的统称。他们是清朝藏传佛教管理主体的重要组成部分。清政府将喇嘛分别为不同的等级，授予以一定的职衔，根据其对国家藏传佛教管理贡献的大小授予一定名号，使其享有管理或参与管理藏传佛教的权力，并依法承担一定的法律责任。他们以国家官员和藏传佛教高僧的双重身份参与管理藏传佛教事务，有助于相关宗教问题的解决。清代喇嘛僧官较为复杂，其中达赖喇嘛、班禅额尔德尼、哲布尊丹巴、章嘉呼图克图等是清政府最为重要的喇嘛僧官，由国家通过不同的法律方式予以确认，负责一方宗教事务，并向清代国家承担一定的法律与政治责任。其中，章嘉呼图克图若必多吉主管包括京师等地区在内的漠南藏传佛教事务，也经常以钦差大臣的身份参与西藏等地方的宗教事务管理。如他曾以钦差大臣的身份参与了七世达赖喇嘛转世灵童的确定工作，并且最后获得西藏地区大部分僧俗贵族的支持。②

达赖喇嘛、班禅额尔德尼、摄政等重要宗教人士是清朝在西藏地区最为重要的喇嘛僧官。清代国家法律曾多次对他们管理宗教事务的权力予以确认。《钦定西藏善后章程二十九条》对达赖喇嘛选任大寺堪布的权力给予了较为明确的认可和规范。如第十八条规定：

> 嗣后各大寺院之堪布应由达赖喇嘛、驻藏大臣及济咙呼图克图三人遴选任命，并颁给加盖三方印信之执照。至于小寺院之堪布喇嘛，仍由达赖喇嘛任命。③

《钦定理藩院则例》对此条所规定的达赖喇嘛的宗教管理权再次给予确

---

① （清）理藩院修、杨选第等校注：《理藩院则例》，内蒙古文化出版社 1998 年版，第 427—428 页。

② （清）多喀夏仲才仁旺杰著、李凤珍译：《噶伦传》，中国社科院民族研究所等《藏文史料译文集》，西藏自治区历史档案馆 1985 年油印本，第 68 页。

③ 中国藏学研究中心等：《元以来西藏地方与中央政府关系档案史料汇编》，中国藏学出版社 1994 年版，第 831—832 页。

认，规定大寺坐床堪布喇嘛缺出，由达赖喇嘛知会驻藏大臣、办事胡图克
图，公同拣放，给予合印执照，派往住持；其小寺堪布喇嘛缺出，由达赖
喇嘛自行补放。① 摄政是清政府为保证达赖喇嘛年幼时期及其圆寂后西藏
社会政治的稳定而设立的喇嘛僧官，由中央政府审批任命。摄政代理达赖
喇嘛总理西藏一切政教事务，如噶伦等重要官员的任免，"就宗教地位而
言，仅次于达赖、班禅"。②

此外，蒙古地区的都统、副都统、将军等官员，对本辖区内的藏传佛
教组织和信众也有一定的监督管理权。如顺治十七年（1660 年）题准：
"归化城喇嘛等，有事往厄鲁忒、喀尔喀处去者，俱具题而往，都统不时
稽察，不许妄为。"③ 乾隆三十七年（1772 年），青海都统曾审理甘肃黑
错寺与拉卜楞寺之间的纠纷。④

总之，清朝对蒙藏地方藏传佛教管理主体的设置较为完善，权责较为
明晰。中央由理藩院总理藏传佛教管理事务，蒙藏地方由驻藏办事大臣、
库伦办事大臣、西宁办事大臣、盟长、副盟长等相关机构层层负责管理，
构成了一个有机管理体系。

二、清代伊斯兰教管理的主体

（一）中央管理伊斯兰教的主体

清代西部地方的行政建制按性质可分为直省与藩部两种。不同地区宗
教的管理主体有较大差别。陕甘直省伊斯兰教相关事务由中央礼部主管。
但礼部的这一职权在《钦定大清会典》、《钦定大清会典事例》等国家法
典中均无明文记载，仅仅是作为一种惯例被实际执行着。⑤ 由此可知，管

① （清）理藩院修、杨选第等校注：《理藩院则例》，内蒙古文化出版社 1998 年版，第 434 页。
② 蒲文成：《清代以来西藏的第巴、藏王和摄政》，《青海民族学院学报》（社会科学版）1988 年第 2 期。
③ （康熙朝）《大清会典》，近代中国史料丛刊三编第 72 辑，台湾文海出版有限公司 1992 年影版，第 7068—7069 页。
④ （清）龚景瀚编、李本源纂修：《循化厅志》，台湾成文出版社 1968 年影印版，第 145 页。
⑤ 参见余振贵：《中国历代政权与伊斯兰教》，宁夏人民出版社 1996 年版，第 206 页。

理陕甘地方伊斯兰教的主体的权责并不明晰，伊斯兰教事务在国家法律中的地位也较为一般。

回疆地区宗教管理的行政主体是理藩院，其下属机构徕远清吏司是主管机关。《钦定理藩院则例·通例下》规定：

> 徕远清吏司承办驻京回子王公台吉、回疆各城回子王公台吉伯克等升降、袭替、回子家谱，夏冬二季回子支派册籍，哈密、吐鲁番、库车回子王公台吉等俸银、俸缎、俸米、盘费、口粮、捐输、核奖，回疆各城赋役贡税，哈密、吐鲁番、库车王公台吉等来京年班请安进贡，年节入宴行礼赏项，行在请安筵宴，行围赏项，霍罕伯克、四川土司头人及各城伯克来京朝觐进贡，哈萨克赴热河朝觐进贡，布鲁特进贡，颁给回疆各城时宪书等事。①

由上述规定可知，理藩院徕远清吏司职权中有关管理宗教事务方面的规定较为模糊，清政府偏重于对该地区世俗政治事务的处理。

（二）地方管理伊斯兰教的主体

1. 参赞大臣、领队大臣等

参赞大臣、领队大臣等官员是清政府在回疆地区设置的地方高级行政长官，拥有对回疆伊斯兰教事务较为独立的管理权。《钦定回疆则例》规定：若回疆阿訇剥削回户、化导无方，则驻扎大臣有权立即将其惩办革职。②

2. 伯克

清政府在新疆地方继承与发展了维吾尔族传统的伯克制度。阿奇木伯克等官员拥有推荐阿訇，并上报驻扎大臣进行审批的法定权力，而且必须对自己拣选的阿訇的行为承担相关连带法律责任。道光十一年（1831年）清政府发布谕旨：阿訇与回疆地方治理有较大关系，尤其是大阿訇，参赞大臣应"督饬阿奇木，将充当大阿浑之人，慎加遴选，务期明白晓事，素为回众所信服者，方准保举，倘有不公不允之处，即将阿奇木严参治

---

① （清）理藩院修、杨选第等校注：《理藩院则例》，内蒙古文化出版社1998年版，第20页。
② 《钦定回疆则例》卷8，张锐智、徐立志：《中国珍稀法律典籍集成》丙编第2册，科学出版社1994年版，第519页。

罪，该参赞仍随时查访"①。

此外，在地方伯克官制体系内还有主管宗教事务的官员，即默提沙布和杂布提玛克塔普。"默提沙布"，又译称摩提色布、摩提沙布、茂特色布。"杂布提玛克塔普"又译称"匝布剃墨克塔布"。清政府在统一回疆过程中即开始对其旧有的伯克职责进行详细调查。《钦定西域同文志》记载："茂特色布，帕尔西语，利益之谓，教习回人经典、礼拜以祈福佑"；"匝布剃墨克塔布，帕尔西语，匝布梯，稽察之谓，墨克塔布，学舍也，职司稽察学舍诸务"。② 乾隆二十四年（1759 年），定边将军兆惠在《喀什噶尔设官定职、征粮、铸钱及驻兵分防各事宜》中专门提及过茂特色布，其职责是"承办经教"。③ 这是清代中国对回疆伊斯兰教管理主体的最早立法。《钦定大清会典则例》对上述伯克的职权进行了确认："摩提沙布伯克，专司教习回童经典、礼拜"；"杂布提摩克塔布伯克，专管回教经典"。④《钦定西域皇舆图志》也专门记载：茂特色布伯克，管理经典，整饬教务，不与民事；匝布梯墨克塔布伯克，专司教习经馆事务。⑤

3. 总督、巡抚、提督等

清代督抚体制系在明代基础上发展而来。直省设总督"统辖文武、诘治军民，巡抚综理教养刑政"，提刑按察使司"主刑名、粮储、驿传、盐法、兵备、河库、茶马、屯田及守巡各道"。⑥ 在马应焕诉马来迟案中，参与该案审理的官员即有甘肃巡抚黄廷桂、川陕总督张广泗等地方大员。⑦ 在处理哲赫忍耶派与虎夫耶派的教争中，主管该案件审理的有循化

① 《清宣宗实录》卷 183，道光十一年正月辛巳。

② （清）傅清等奉敕纂：《钦定西域同文志》，文渊阁四库全书经部小学类，总第 235 册，台湾商务印书馆 1986 年影印版，第 218、226 页。

③ 条文见《清高宗实录》卷 593，乾隆二十四年七月庚午。

④ 《钦定大清会典则例》，文渊阁四库全书史部政书类，总第 624 册，台湾商务印书馆 1986 年影印版，第 544、545 页。

⑤ （清）傅清等奉敕纂：《钦定皇舆西域图志》，文渊阁四库全书史部地理类总第 500 册，台湾商务印书馆 1986 年影印版，第 629 页；《回疆则例》卷 2，《蒙古律例回疆则例》，全国图书馆文献缩微复制中心 1988 年影印版

⑥ 《钦定大清会典则例》，文渊阁四库全书史部政书类，总第 624 册，台湾商务印书馆 1986 年影印版，第 57 页。

⑦ 第一历史档案馆：朱批奏折，卷号：04—01—0155—058

同知张春芳、兰州知州杨士玑等国家官员。① 苏四十三回民事变/起义之后，清政府首先在甘肃推行乡约制度，将掌教改为管寺乡约，使其依法管理某一区域伊斯兰教活动。② 不久，清政府又将乡约制度推广至陕西地区，使约正也成为该地宗教事务的管理者。③ 新疆建省之后，其行政体制发生较大变化，清政府设立新疆巡抚，主管全疆政务，其下设立郡县，伯克遂转化为乡约，县级官员成为管理伊斯兰教的主体之一。④ 维族乡约在回疆的宗教管理中也占有重要地位，虽然有学者指出至今还未发现能证明维族乡约有管理宗教的职责方面的材料，但是，在存在语言和宗教隔阂的回疆地区，维族乡约辅助县级官员管理宗教是有可能的。⑤

综上，清代对西部伊斯兰教事务管理的主体的种类虽然较多，但是这些管理主体中除回疆有专职伯克之外，其他主体均非专职机构，法定权责不甚明晰。

第二节　清代中国对西部宗教
管理体制的法制建构

清代中国对西部宗教管理体制的法制建构决定于中国法律的传统与西

---

① 参见（清）龚景瀚编、李本源纂修：《循化厅志》，台湾成文出版社 1968 年影印版，第 178—179 页。

② 参见（清）龚景瀚编、李本源纂修：《循化厅志》，台湾成文出版社 1968 年影印版，第 181 页。

③ 道光七年（1827 年），陕西孝义镇回民与大荔县西大村汉民发生纠纷，回民一方参加调解纠纷的有武生、乡约和头人（和解碑文上乡约列于头人之前，也表明其社会地位比头人高），没有掌教参与，而在回民社会中掌教最具威望，所以可以推知此处所谓的乡约即是管寺乡约或即已转化为国家基层组织体系成员的掌教。总之，苏四十三回民事变/起义之后，陕西伊斯兰教掌教也已经改称为乡约。参见马长寿：《同治年间陕西回民起义历史调查记录》，陕西人民出版社 1993 年版，第 59—60 页；路卫东：《掌教、乡约与保甲册——清代户口管理体系中的陕甘回民人口》，《回族研究》2010 年第 2 期，第 43 页。

④ 民国六年（1917 年），新疆都督杨增新向属下各县下发公文，禁止各县官府向各回庄派充阿訇，并详细说明颁发此项禁令的理由，由此可以推知清代新疆建省后各县政府拥有对阿訇的任免权。参见杨增新：《通令各县所属乡庄阿洪不准地方官派充文》，《补过斋文牍》第 5 册，中国边疆丛书第 1 辑第 14 种，台湾文海出版社 1965 年影印版，第 2622—2627 页。

⑤ 参见赵丽君：《清代新疆乡约制度研究三题》，《新疆大学学报》2006 年第 4 期，第 31—34 页。

部民族宗教的特色。在中国家国一体、亲贵合一的特有体制下，政府对基层的管理实为一种委托代管，允许其保持一定程度的自治。① 这种权力分配传统有力地影响着中国西部地方宗教管理体制的构建。而西部多民族、多语言和宗教本身的复杂性等因素则强化了这种法制建设，使清代国家在宗教管理方面不得不将管理权分为多个层次和级别。在宗教管理过程中，清政府逐渐确立起不同宗教管理主体之间的权力分配与互动的基本规则。

一、清代对藏传佛教管理体制的法制建构

（一）喇嘛敕封制度

喇嘛敕封制度在清代法律中是一种国家授权制度。清朝依靠自己强大的武力与国家力量，将中国西部宗教管理的权力分割为不同等级和层次，较为重要宗教管理权包括国家最高宗教管理权和喇嘛僧官的宗教管理权两类。喇嘛敕封制度主要是对第二种宗教管理权的授权制度。受权者一般是藏传佛教界影响力较大的宗教上层人士。喇嘛敕封的内容包括僧官的封号、册书、印章、权力、责任等。喇嘛敕封的准则是宗教组织及其上层人士对清代国家的贡献和在当地影响力的大小。

清政府通过敕封制度，将西部地方藏传佛教的管理权分别授予给达赖喇嘛、班禅额尔德尼、哲布尊丹巴呼图克图和章嘉呼图克图。在国家的支持下形成了四个藏传佛教行政管理中心。顺治时期清朝即从法律上敕封格

---

① 管理体制是指管理系统的结构和方式，即以何种组织形式和如何将这些组织形式结合为一个有机的系统，并以何种手段与路径实现管理任务和目标，换言之，是指规定各种组织的管理范围、权限、利益及其相互关系的准则与制度。宗教管理体制是宗教管理机构即各种宗教管理主体在管理范围、权限、利益以及相互关系等方面的准则与制度。张晋藩先生指出中国古代基层行政管理权的行使具有委托管理的基本特征，即国家将县以下基层行政管理权委托给族长和家长，使其管理家族成员和家庭成员。（参见张晋藩：《中国法律的传统与近代转型》，法律出版社2009年版，第141页）。这种家族权和家长权是由于国家的委托而形成的，其最终效力仍然来源于国家主权。笔者认为这种权力委托制作为一种传统和惯行也被清朝所继承，并被有效适用于西部广大地区，在清朝的国家主权和强大的武力支配下，在西部民族宗教盛行地区发挥了重要的法律政治作用。宗教管理权从整体上被一分为二，在保持主权统一的情况下，清政府不但将宗教管理权委托给西部地方的僧俗贵族（尤其是蒙藏僧俗贵族），而且也将一定的其他世俗行政权委托于他们。这种"宗教管理权"具有双重性：对于宗教组织而言，这种"宗教管理权"是清政府授予的一种"自治权利"，而对于中央政府而言则是一种"委托权力"。

鲁派领导人阿旺罗桑嘉措为"西天大善自在佛所领天下释教普通瓦赤喇怛喇达赖喇嘛",并赐给金册、金印。册文曰:

> 朕闻兼善独善,开宗之义不同;世出世间,设教之途亦异。然而明心见性、淑世觉民,其归一也。兹尔罗布藏札卜素达赖喇嘛襟怀贞朗,德量渊泓,定慧偕修,色空俱泯,以能宣扬释教、诲导愚蒙,因而化被西方,名驰东土。我皇考太宗文皇帝闻而欣尚,特遣使迎聘。尔早识天心,许以辰年来见。朕荷皇天眷命,抚有天下,果如期应聘而至,仪范可亲,语默有度,臻般若圆通之境,扩慈悲摄受之门,诚觉路梯航,禅林山斗,朕甚嘉焉。兹以金册印封尔为"西天大善自在佛所领天下释教普通瓦赤喇怛喇达赖喇嘛",应劫现身,兴隆佛化,随机说法,利济众生,不亦麻哉!①

这是一段为学界熟知的册文,但是再次全文照录于上,著者认为其有极为重要的法律意义。从法律渊源上看,该法律文件的效力来源是占领北京并计划统一中国的清王朝,追求国家政治统一是其基本国策。虽然这种册封在内容上与前朝没有较大的差别,"不过沿元明之旧,换其袭敕"②,但是法律性质已经发生改变,体现着新的中央政府对藏传佛教上层领袖相关管理权限的重新授予与认可。也正是由于格鲁派在西藏政治地位并不稳定③,所以达赖喇嘛接受清朝的册封之后,在政治上开始认同清朝中央政府。阿旺罗桑嘉措在其《自传》中这样说:

> 皇帝颁发了印文为"西天大善自在佛所领天下释教普通瓦赤喇怛喇达赖喇嘛"的汉、蒙、藏三种文字合璧的金印和金册。……还有用上述三种文字书写的让我管领西方众生的敕书及赏赐物品等,金册、金印在盛大的宴会上颁赏。……我为具结欲界大自在写了诗体吉祥偈颂,启用了此印,作了荐新。④

在达赖喇嘛看来,册文是清朝皇帝使其"管领西方众生"的授权法律文书,

---

① 王森:《西藏佛教发展史略》,中国社会科学出版社1987年版,第188页。
② 张羽新:《清政府与喇嘛教》,西藏人民出版社1988年版,第340页。
③ 参见马连龙:《历辈达赖喇嘛与中央政府关系》,青海人民出版社2008年版,第80—82页。
④ (清)五世达赖喇嘛阿旺罗桑嘉措著、陈庆英等译:《五世达赖喇嘛传》,中国藏学出版社1997年版,第343页。

他不久即启用了清朝赐给的金印。五世达赖喇嘛在政治上从未如封赠漠北蒙古首领那样给清朝皇帝赠予封号，这也说明其基本政治态度。其后，历代达赖喇嘛均须经过中央政府的册封，才拥有管理西藏宗教事务的法定权力。清朝不但将西藏地方的宗教管理权授予达赖喇嘛，而且在维护国家政治统一原则的指导下，以同样的方式将漠北蒙古地方的宗教管理权授予哲布尊丹巴呼图克图，将漠南蒙古的宗教管理权授予给章嘉呼图克图。这种授权是有条件的授权，即这些宗教组织领导人必须承担维护蒙藏地区政治稳定与国家政治统一的法律义务，否则即予以削减和收回。金瓶掣签[1]的法律意义在于当达赖喇嘛为首的西藏宗教领导人滥用手中的宗教管理权，导致蒙藏地区政治出现动荡时，中央政府从维护国家政治统一的原则出发，在合适的时间，以双方都能接受的法律方式削减西藏宗教组织领导人管理宗教事务的权力。清朝对陕甘地区藏族喇嘛僧官的敕封也体现出授权性质，史料记载：

> 国师名爵甚大，非有功绩不准升授。岷州国师后丹子达节，伊师后只即丹子，初只授为护印番僧纲司，后因攻贼有功，升封国师，给与镀金银印，业已承袭一代。今后丹子达节年老辞职，其徒后尖采宁卜并无功绩，不得仍袭国师，照伊祖初封例，授为护印番僧纲司，给与铜印、敕书。其前国师印信、诰命，著缴送内阁销毁。[2]

由此可见，敕封乃是以一定法律义务为前提的一种授权。这个义务就是维护国家政治统一、稳定及清政府的最高统治者权。总之，清代喇嘛敕封制度是国家授予相关藏传佛教宗教人士以宗教管理权，并使其承担一定义务的规则集合。

（二）喇嘛僧官制度

喇嘛僧官制度是宗教管理权分割的重要结果，是对藏传佛教管理权的一次具体的分配。清代的喇嘛僧官系统包括漠南喇嘛僧官、西藏喇嘛僧官、陕甘喇嘛僧官、漠北喇嘛僧官等系统。这些喇嘛僧管系统又可以分出较小的僧官系统。如西藏喇嘛僧官系统又可分出达赖喇嘛为首的喇嘛僧官系统和班禅额尔德尼为首的喇嘛僧官系统。当然国家授予这些喇嘛僧官的

---

① 牙含章：《达赖喇嘛传》，人民出版社 1984 年版，第 62—63 页。

② （雍正朝）《钦定大清会典》，中国近代史料丛刊第 78 辑，台湾文海出版社有限责任公司 1994 年版，第 7027—7028 页。

权力由于诸多原因常远远超出纯宗教的范围而延伸至世俗政治事务之中。

1. 漠南喇嘛僧官系统

漠南喇嘛僧官系统是以西藏、青海等地区的驻京呼图克图和漠南蒙古藏传佛教组织为基础发展而来。清朝在处理藏传佛教事务过程中，为加强与西藏、蒙古等地区的宗教、政治联系，邀请蒙藏地区许多有宗教修为的呼图克图等宗教上层人士至京师充实、管理漠南地区的寺院，逐渐确立起以京师喇嘛僧官为干、以多伦诺尔和归化城喇嘛僧官为枝的藏传佛教行政管理体制。漠南僧官系统的主要管辖范围是京师、五台山、内札萨克四十九旗、归化城、西宁等地区的藏传佛教组织及其相关事务。其藏传佛教管理权力延及漠北、新疆等广大地区。如新疆伊犁掌教堪布 1 人，依法应由驻京喇嘛内派往，三年更代。《钦定理藩院则例》规定：

> 伊犁地方掌教喇嘛，由京城掌印胡图克图拣派堪布一员往驻，每届三年，奏请更换。其员缺，交掌印胡图克图于京城及热河堪布内另行拣选更换。所遗之缺即著年满回京之人调补。至年满之人果能驭服番众，经该将军奏请奖励者，交掌印胡图克图量予升用，不得奏请加衔。所有该堪布等由藏带来之徒众未经补入额内者，遇该堪布奉差外出，即交掌印胡图克图查明，裁去钱粮，均令随往，俟期满来京再行支领。其五台山扎萨克喇嘛一缺，亦由唐古忒喇嘛内拣选补授。所有徒众，即于选补时裁去钱粮，饬令全数带往。倘私自逗遛，一经查出，严行究治，并将该管之扎萨克喇嘛等一并议处。①

四川地方广法寺等主要寺庙的喇嘛僧官也由京师派往。据档案记载，乾隆五十九年（1794 年）七月，福康安曾奏称：

> 窃照广法寺主持喇嘛向系由京派往，三年一换，嗣于乾隆四十八年钦派堪布喇嘛罗布藏札木杨赴寺主持，因该喇嘛勤习经典，番众悦服，蒙恩赏给札萨克班第达名目，即令在寺主持，钦遵在案。兹据四川布政使闻嘉言、署松茂道承勋转据懋功同知张若泳详称，该喇嘛于本年六月二十二日因病身故，臣查该喇嘛罗布藏札木杨自主持广法寺

---

① （清）理藩院修、杨选第等校注：《理藩院则例》，内蒙古文化出版社 1998 年版，第 424 页。

以来，宣扬黄教化导番民，远近土司、屯弁均各皈依倾服，兹既据报身故，该寺主持未便乏人，相应请旨于京城各寺内简派熟悉经典之堪布喇嘛一名，前往主持，奉扬圣化，庶于新疆有裨。①

其中"向系"二字表明从京师选派主持喇嘛已经成为一种惯例和规则。这一规定至嘉庆年间仍然在使用。②

清政府非常重视漠南喇嘛僧官体制的建设。首先，清政府依托藏传佛教内部组织规范，根据权力大小与宗教地位高低，将漠南地区喇嘛僧官分为掌印札萨克大喇嘛、副掌印札萨克大喇嘛、札萨克大喇嘛、副札萨克大喇嘛、札萨克喇嘛、副大喇嘛③、闲散喇嘛、德木齐、格斯贵等。④ 这些喇嘛僧官依法可以获得不同的职衔和名号。主要的职衔有呼图克图、诺们汗、班第达、堪布、绰尔济等；主要的名号有国师、禅师等。喇嘛僧官的职衔和名号不能兼授，如"不得以胡图克图兼诺们汗、班第达、堪布、绰尔济等职衔，亦不得以国师兼禅师名号"。⑤

其次，明确规定不同地区喇嘛僧官设置的名额。整体而言，不同时期不同地区喇嘛僧官设置的略有变化，但均有较为明确的登记。乾隆时期京师地区的喇嘛僧官设置详见下表所示：

表 9　乾隆时期京师喇嘛僧官及徒众人数统计表⑥

僧官名称	本僧官人数	下属格隆人数	下属班第人数
札萨克大喇嘛	1	6	6
副札萨克大喇嘛	1	5	6
札萨克喇嘛	4	16	24

① 第一历史档案馆：朱批奏折，档号：04—01—01—0460—039。

② （嘉庆）《钦定大清会典》，近代中国史料丛刊三编第 64 辑，台湾文海出版有限公司 1991 年影印版，第 2445 页。

③ 大喇嘛是喇嘛僧官中的一级，有时也译为"达喇嘛"，即首领喇嘛，副大喇嘛比大喇嘛低一级。

④ 参见（乾隆朝）《钦定大清会典》，文渊阁四库全书史部政书类，总第 619 册，台湾商务印书馆 1986 年影印版，第 744 页。

⑤ （清）理藩院修、杨选第等校注：《理藩院则例》，内蒙古文化出版社 1998 年版，第 384 页。

⑥ 《钦定大清会典则例》，文渊阁四库全书史部政书类，总第 624 册，台湾商务印书馆 1986 年影印版，第 512 页。

续表

僧官名称	本僧官人数	下属格隆人数	下属班第人数
大喇嘛	18	36	108
副大喇嘛	7	14	4
闲散喇嘛	10	—	20
德木齐	29	—	29
格思规	49	—	49
总计	122	77	246

乾隆初期还向盛京、西宁、内蒙等地派驻僧官，其具体分布寺庙和人数见表10：

表 10　乾隆时期分驻喇嘛僧官统计表①

	札萨克大喇嘛	副札萨克大喇嘛	札萨克喇嘛	大喇嘛	副大喇嘛	德木齐	格斯贵	总计
盛京实胜寺	—	—	—	1	—	1	—	2
永安寺	—	—	—	1	—	—	—	1
玛哈噶喇楼	—	—	—	2	—	—	—	2
东西南北四塔	—	—	—	4	—	—	—	4
西勒图库伦	1	—	4	—	—	1	—	6
西宁西勒图	—	—	—	1	—	—	—	2
内蒙古四十九旗	—	—	—	49	—	—	—	49
归化城	1	1	6	2	—	1	—	11
多伦诺尔	1	—	1	2	2	—	—	5
总计	3	1	11	62	2	3	—	82

乾隆朝之后，喇嘛僧官设置略有变化，名称增多，行政等级更加严密，体制进一步完善。京师地区的喇嘛僧官设置进一步规范化。据《钦定理藩院则例》规定，京城地区共设有掌印札萨克达喇嘛 1 缺、副札萨克达喇嘛 1 缺、札萨克喇嘛 4 缺、达喇嘛 14 缺、副达喇嘛 3 缺、画佛副达喇嘛 1 缺、额设苏拉喇嘛 10 缺、教习苏拉喇嘛 6 缺、额外教习苏拉喇嘛 4 缺、仓苏拉喇嘛 9 缺、公缺德木齐 31 缺、格斯贵 50 缺。② 但《钦定理藩院则例》所

---

① 参见赵云田点校：《乾隆朝内府抄本〈理藩院则例〉》，中国藏学出版社 2006 年版，第 126—127 页。

② （清）理藩院修、杨选第等校注：《理藩院则例》，内蒙古文化出版社 1998 年版，第 337 页。

记载的喇嘛僧官的总体数目远远超出前述规定，其具体分布见下表：

表 11　乾隆朝以后京师喇嘛僧官分布和设置表

	掌印札萨克喇嘛	副掌印札萨克喇嘛	札萨克喇嘛	副札萨克达喇嘛	达喇嘛	副达喇嘛（公缺）	画佛副达赖喇嘛	额外教习苏拉喇嘛	教习苏拉喇嘛	苏拉喇嘛	仓苏喇嘛	德木齐	格斯贵	备注
雍和宫	—	—	1	—	—	—	—	4	6	—	—	4	2	①雍和宫额外教习苏拉喇嘛擦呢特学3名、巨特巴学1名，教习苏拉喇嘛擦呢特学2名、扎年阿克学2名、巨特巴学1名、曼巴学1名，札萨克喇嘛1名为专缺。②隆福寺至永慕寺14座寺院中的14名达喇嘛为公缺。③所有德木齐格斯贵人员设定系根据《理藩院则例·喇嘛例一》"京城及各寺喇嘛定额"条。④实谛寺、功德寺、新正觉寺、隆福寺、永福寺为包衣喇嘛。
阐福寺	—	—	1	—	—	—	—	—	—	—	—	1	2	
嵩祝寺	—	—	1	—	—	—	—	—	—	—	—	1	2	
福佑寺	—	—	1	—	—	—	—	—	—	—	—	1	1	
隆福寺	—	—	—	—	1	—	—	—	—	—	—	1	2	
普胜寺	—	—	—	—	1	—	—	—	—	—	—	1	2	
大隆善护国寺	—	—	—	—	1	—	—	—	—	—	—	1	2	
妙应寺	—	—	—	—	1	—	—	—	—	—	—	1	2	
净住寺	—	—	—	—	1	—	—	—	—	—	—	1	2	
三佛寺	—	—	—	—	1	—	—	—	—	—	—	1	2	
长泰寺	—	—	—	—	1	—	—	—	—	—	—	1	2	
慈度寺	—	—	—	—	1	—	—	—	—	—	—	1	2	
达赖喇嘛庙	—	—	—	—	1	—	—	—	—	—	—	1	2	
察罕喇嘛庙	—	—	—	—	1	—	—	—	—	—	—	1	2	
圣化寺	—	—	—	—	1	—	—	—	—	—	—	1	2	
正觉寺	—	—	—	—	1	—	—	—	—	—	—	1	2	
慈佑寺	—	—	—	—	1	1	—	—	—	—	—	1	2	
永慕寺	—	—	—	—	1	—	—	—	—	—	—	1	2	
慧照寺	—	—	—	—	—	1	—	—	—	—	—	1	2	
弘仁寺	1	1	—	—	—	1	—	—	—	—	—	4	2	
梵香寺	—	—	—	—	—	—	—	—	—	—	—	1	2	
西黄寺	—	—	—	—	—	—	—	—	—	—	—	1	1	
东黄寺	—	—	—	—	—	—	—	—	—	—	—	1	1	
普度寺	—	—	—	—	—	—	—	—	—	—	—	1	2	
资福院	—	—	—	—	—	—	—	—	—	—	—	4	2	
化成寺	—	—	—	—	—	—	—	—	—	—	—	1	2	
永福寺	—	—	—	—	1	—	—	—	—	—	—	1	1	
实谛寺	—	—	—	—	1	1	—	—	—	1	—	1	2	
功德寺	—	—	—	—	1	—	—	—	—	—	—	1	1	
新正觉寺	—	—	—	—	1	—	—	—	—	—	—	1	1	
总计	1	—	4	—	18	4	—	4	6	3	—	39	55	

乾隆朝以后，热河地区的喇嘛僧官体制逐渐完善。根据《钦定理藩院则例》，主要有堪布达喇嘛 2 缺、达喇嘛 4 缺、副达喇嘛 11 缺、苏拉喇嘛 8 缺，德木齐 15 缺、格斯贵 8 缺。其具体分驻寺庙和人数见表 12：

表 12　乾隆朝以后热河地区喇嘛僧官分布表①

喇嘛僧官名称		普陀宗乘	须弥福寿	浦仁寺	普宁寺	殊像寺	安远庙	安远寺	广缘寺	普善寺	总计
堪布达喇嘛		1	1	—	—	—	—	—	—	—	2
达喇嘛		1	—	1	1	1	—	—	—	—	4
副达喇嘛	教习副达喇嘛	3			3		1				11
	办事副达喇嘛	—	1		1	1	1				
苏拉喇嘛	办理苏拉喇嘛	1									8
	办事苏拉喇嘛	—	1						1（专缺）		
	教习苏拉喇嘛	—			3					1	
德木齐		4	2	1	5	2	—	—	—	1	15
格斯贵		2	2		2	2					8

乾隆朝以后，清政府也非常重视盛京、西安、五台山、归化城、多伦诺尔等地区喇嘛僧官的设置。根据《钦定理藩院则例》可知，共设有札萨克达喇嘛 4 缺、副札萨克达喇嘛 1 缺、札萨克喇嘛 5 缺、达喇嘛 12 缺、副达喇嘛 2 缺。详细分布见表 13：

表 13　乾隆朝以后盛京、西安等地喇嘛僧官分布表②

喇嘛僧官名称	归化城	会宗善因寺	射虎川台麓寺	五台山菩萨顶等寺	西安广仁寺	盛京实胜寺	盛京永安寺	玛哈噶喇楼	锡埒图库伦	总计
札萨克达喇嘛	1	1	—	1	—	—	—	—	1	4

---

① （清）理藩院修、杨选第等校注：《理藩院则例》，内蒙古文化出版社 1998 年版，第 376 页。

② （清）理藩院修、杨选第等校注：《理藩院则例》，内蒙古文化出版社 1998 年版，第 376—377 页。

喇嘛僧官名称	归化城	会宗、善因寺	射虎川台麓寺	五台山菩萨顶等寺	西安广仁寺	盛京实胜寺	盛京永安寺	玛哈噶喇楼	锡埒图库伦	总计
副扎萨克达喇嘛	1	—	—	—	—	—	—	—	—	1
扎萨克喇嘛	1	—	—	—	—	—	—	—	4	5
达喇嘛	—	2	1	—	1	1	1	6	—	12
副达喇嘛	—	2	—	—	—	—	—	—	—	2
德木齐	—	2	—	—	—	—	—	—	—	—
格斯贵	—	4	—	—	—	—	—	—	—	—

再次，清政府较为重视喇嘛僧官管理权力行使程序方面的规范，在重要寺院设立喇嘛印务处，委任掌印呼图克图和帮办呼图克图，统一漠南地区的喇嘛僧官宗教管理权的行使。道光十九年（1839年），在弘仁寺设立喇嘛印务处，规定："其用印时，由该胡图克图等眼同钤用。印钥交正掌印扎萨克达喇嘛佩带，无论该掌印胡图克图住持何庙，不得将印信擅贮本庙。"道光二十三年（1843年），在多伦诺尔会宗寺设立印房，"并添设印务德木齐一缺，与原设印务德木齐一缺共二缺，责成在印房轮流住班，看守印信"。①

最后，详细设定漠南各地高层喇嘛僧官的职权、升迁任免程序等问题。规定京城掌印札萨克达喇嘛主管印务，兼管弘仁寺和唐古特学事务，缺出时应将副札萨克达喇嘛和驻京胡图克图等高层喇嘛僧官，按照品秩，写明年岁，缮写清单，恭折具奏，请旨简放；京城副札萨克达喇嘛缺出，应将驻京内应放副札萨克达喇嘛的胡图克图等僧官的衔名开单，注明年岁及身体状况，请旨简放；京城的札萨克喇嘛共四缺，其中雍和宫1缺，是西藏专缺，有管理教习经卷之责，其余三缺遇有缺出，由达喇嘛补放，补放札萨克喇嘛之达喇嘛仍然管理其原出寺庙，其原出寺庙内达喇嘛之缺从

① （清）理藩院修、杨选第等校注：《理藩院则例》，内蒙古文化出版社1998年版，第385页。

本庙拣选，京城内外札萨克喇嘛僧官拣放亦如此。① 京城其他各寺庙达喇嘛下属的2名达格斯缺出，由掌印呼图克图拣选派充。热河地区各庙喇嘛僧官拣选严格按照僧官等级升迁。锡埒图库伦掌印札萨克达喇嘛缺出，应将莫尔根绰尔济之孙补放，或在其徒众内择才堪胜任者，保送至理藩院院补放。② 五台山菩萨顶所属之罗侯寺设虚衔达喇嘛1名，缺出由五台山菩萨顶札萨克喇嘛处在本寺内拣选保送，由京师喇嘛印务处拟定正陪，奏请补放。其所属之玉花池、寿宁寺、金刚窟、涌泉寺、七佛寺、三泉寺、善财洞、普安寺等八庙也各设达喇嘛1名，缺出由五台山菩萨顶札萨克喇嘛拣选充补。③

综上所述，经过康、雍、乾、嘉四朝的立法，至道光时期，清政府已经建立起以掌印呼图克图为中心的较为完备的喇嘛僧官制度，通过对喇嘛僧官的行政等级化设置，使高层喇嘛僧官成为一种流动的宗教管理主体，领导其他享有不同宗教管理权的喇嘛僧官，将重要的宗教问题汇总于京师。这样即形成了中央和各级喇嘛僧官分别行使不同级别宗教管理权的统一的管理体制。

2. 西藏喇嘛僧官系统

西藏喇嘛僧官系统包括达赖喇嘛和班禅额尔德尼两个子系统。其中以达赖喇嘛系统的僧官最多，管辖地区最广。清代自乾隆后期至道光中期曾经对西藏喇嘛僧官进行过两次改革，主要是确定喇嘛僧官的级别，将地方宗教管理权授予达赖喇嘛和班禅额尔等喇嘛僧官，派遣驻藏大臣代表中央行使最高宗教管理权，加强国家对宗教的行政监督。

乾隆十六年（1751年），清政府重新将前藏宗教管理权交给达赖喇嘛和班禅额尔德尼。《酌定西藏善后章程十三条》藏文本第五条规定：

选派坐床喇嘛、堪布等，应照旧例遵行。查旧例各寺院堪布喇

---

① （清）理藩院修、杨选第等校注：《理藩院则例》，内蒙古文化出版社1998年版，第407页。

② （清）理藩院修、杨选第等校注：《理藩院则例》，内蒙古文化出版社1998年版，第408页。

③ （清）理藩院修、杨选第等校注：《理藩院则例》，内蒙古文化出版社1998年版，第384页。

嘛，均由达赖喇嘛查看庙宇大小，选择喇嘛之贤能，酌量派往。自珠尔默特纳木扎勒任事以来。竟任意私自补放调换，不容达赖喇嘛主持，甚属不合。嗣后各寺之堪布喇嘛，或遇缺出，拣选派往；或人不妥协，应行调换，均应由达赖喇嘛酌行。①

该规则重新确认了达赖喇嘛在西藏地区拥有对西藏大小庙宇的最高管理权。其法律效力来源并非是旧例本身，而是清朝中央政府的授权。

对藏传佛教管理体制改革幅度最大的是《钦定西藏善后章程二十九条》。鉴于长期以来达赖喇嘛不能有效行使广泛的政教权力，导致廓尔喀入侵、噶伦专权、亲族干扰宗教事务和政治事务等不良结果，中央政府决定对其宗教管理权进行规范和限制。首先规定确立金瓶掣签制度，缩减达赖喇嘛和班禅额尔德尼拣选重要活佛转世灵童的权力，并将其审批权收归中央政府。其次，对前后藏喇嘛僧官的选任进行规范。规定前藏喇嘛噶伦从大堪布拣选奏补，仔本和商卓特巴缺出应从业尔仓巴、协尔邦、噶厦大仲译、孜仲喇嘛中拣补；业尔仓巴、希尔邦从雪第巴、朗仔辖米本、僧官达本中拣选；僧官达本和雪第巴从喇嘛中拣选；营官不得由孜仲喇嘛自行补放，应由驻藏大臣拣选有才干者充任。后藏喇嘛僧官的拣选升迁程序见下列表：

表 14　后藏僧官拣选升迁程序图表

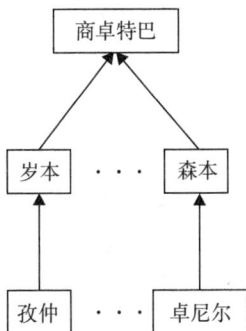

同时规定达赖喇嘛和班禅额尔德尼在世时，其亲族不得担任喇嘛僧

---

① 张羽新：《清朝治藏典章研究》，中国藏学出版社 2002 年版，第 36 页。

官、干预宗教和世俗事务的处理。① 这些规定是清政府对西藏宗教管理权的重新调整和分配，以加强国家宗教管理权为核心。

《钦定理藩院则例》对西藏各宗的喇嘛僧官也进行了较为详细的统计，喇嘛僧官的人数和详细分布见下表：

表 15　西藏地方喇嘛僧官统计表②

喇嘛僧官品级	所辖地区	人数	是否僧俗并用	总数
五品边缺	哈拉乌苏	1	是	1
五品大缺	桑昂曲宗	1	是	4
	昔孜	1	是	
	协噶尔	1	是	
	纳仓	1	是	
六品中缺	桑叶	1	否	18
	作岗	1	是	
	冷竹	1	否	
	茹拖	1	否	
	锁庄子	1	是	
	夺	1	是	
	结登	1	否	
	直谷	1	是	
	拉里	1	否	
	沃隆	1	否	
	文扎卡	1	是	
	辖鲁	1	否	
	拉噶孜	1	是	
	岭	1	是	
	纳布	1	否	
	朗错	1	否	
	羊八井	1	否	
	麻尔江	1	否	

---

① 请参见中国藏学研究中心等：《元以来西藏地方与中央政府关系档案史料汇编》，中国藏学出版社 1994 年版，第 825—830 页；牙含章：《达赖喇嘛传》，人民出版社 1984 年版，第 62—67 页。

② （清）理藩院修、杨选第等校注：《理藩院则例》，内蒙古文化出版社 1998 年版，第 436—437 页。

喇嘛僧官品级	所辖地区	人数	是否僧俗并用	总数
七品小缺	金东	1	否	10
	撒拉	1	否	
	浪荡	1	否	
	拉康	1	否	
	曲隆	1	否	
	朗茹	1	否	
	哩乌	1	否	
	降	1	否	
	业党	1	否	
	工布塘	1	否	

由上表可知，其中僧俗并用的营官共有 12 个地区，单独任命喇嘛僧官管理的地区有 21 个。中央政府通过这种等级化的改革规范了西藏地方基层喇嘛僧官的设置。道光二十四年（1844 年）琦善等奏准的《酌定裁禁商上积弊章程二十八条》依据《钦定西藏善后章程二十九条》的原则，对西藏地方喇嘛僧官设置做了进一步改革。①

3. 陕甘喇嘛僧官系统

陕甘地区，尤其是甘肃地方（包括今青海部分地区）喇嘛僧官的设置未参照漠南喇嘛僧官系统，主要继承明代的僧官体制，仿照汉传佛教僧官，称都纲、僧纲、僧正。该地区共有藏族寺庙 21 座，其中河州、贵德厅和洮州厅各 3 座、西宁县 7 座、碾伯县 4 座、松山 1 座，大通县 1 座，共设有都纲 3 缺、僧纲 15 缺、僧正 4 缺，朝廷发给印敕等以证明其宗教管理权力和应承担之法律责任。各种喇嘛僧官分布具体情况见表 16：

---

① 张其勤原稿、吴丰培增辑：《清代藏事辑要》，西藏人民出版社 1983 年版，第 422—423 页。

表16　甘肃所属各庙喇嘛僧官分布表①

地区	寺庙名称	都纲	僧纲	僧正
河州	普纲寺	1	—	—
	灵寺	1	—	—
	弘化寺	1	—	—
西宁县	西那寺	—	1	—
	塔尔寺	—	1	—
	扎藏寺	—	1	—
	元觉寺	—	1	—
	沙冲寺	—	1	—
	仙密寺	—	1	—
	佑宁寺	—	1	—
碾伯县	瞿昙寺	—	1	—
	宏通寺	—	1	—
	羊尔贯寺	—	1	—
	普化寺	—	1	—
大通县	广化寺	—	1	—
贵德厅	二迭阐寺	—	1	—
	垂巴寺	—	1	—
	玛尼寺	—	1	—
洮州厅	闫家寺	—	—	1
	龙元寺	—	—	1
	圆成寺	—	—	1
松山	报恩寺	—	—	1

4. 漠北喇嘛僧官系统

漠北喇嘛僧官系统具有自己的特色，主要建立于其传统宗教组织基础

---

① （清）理藩院修、杨选第等校注：《理藩院则例》，内蒙古文化出版社1998年版，第378页。

之上，设立喇嘛旗。法律地位最高的喇嘛僧官是哲布尊丹巴呼图克图，在宗教上享有最高的权威。此外，该地区还有额尔德尼班第达呼图克图、札牙班第达呼图克图、青苏珠克图诺们汗、那鲁班禅呼图克图等。[①] 这些喇嘛僧官依据清政府的授权继续对其僧众行使宗教管理权。

（三）喇嘛朝贡制度

宗教管理权的多元分层，使两种性质不同的宗教管理主体的沟通成为重要的政治和法律问题，而喇嘛朝贡制度是这两种不同宗教管理主体之间互动的重要法制保障，体现了宗教管理权力分配的基本准则。

清代中国西部宗教立法对达赖喇嘛、班禅额尔德尼、哲布尊丹巴、陕甘地区宗教组织的朝贡时间、贡物、中央政府的赏赐、食宿等方面都有详细的规定。这些法律规定有些是强行性法律规范。如每次朝贡必须按照中央政府规定的时间进行，宗教组织在中央政府授予敕印时应及时朝贡谢恩，否则应承担一定法律责任。如，康熙年三十五年（1696 年）甘肃庄浪（今甘肃永登）红山堡报恩寺都纲因康熙二十六年承袭都纲时没有进贡，受到清政府斥责，最后向清政府补贡，并另外"加贡香一百二十斤、延寿果一百二十斤、木贴飞金石心桌一张、蛇角一对、天降宝石一个"。[②] 有关哲布尊丹巴贡物的规范也是强行性法律规范。哲布尊丹巴应当向清政府进贡"九白"[③]，这是维护国家政治统一原则在宗教立法上的重要体现之一。有些规范的内容则具有较大的伸缩性，如哲布尊丹巴呼图克图之外的喇嘛僧官的贡物规范。宗教组织可以根据本地的实际情况做出灵活的调整。相关法律对喇嘛僧官朝贡的详细规定见下表：

---

① （清）姚明辉辑：《蒙古志》，台湾成文出版社 1968 年影印版，第 270—271 页。

② （雍正朝）《钦定大清会典》，中国近代史料丛刊第 78 辑，台湾文海出版有限公司 1995 年影印版，第 7041 页。

③ （乾隆朝）《钦定大清会典》，文渊阁四库全书史部政书类，总第 619 册，台湾商务印书馆 1986 年影印版，第 531 页。

表 17　喇嘛僧官朝贡表①

喇嘛僧官	贡物	政府赏赐	国家发给骒头和骒价数目	时间住宿
达赖喇嘛	哈达、铜佛、舍利、珊瑚琥珀、数珠、藏香、氆氇等物	折赏外，回时降敕慰问，赏达赖喇嘛重，并六十两镀金银茶桶一，镀金银瓶一，银锺一，蟒缎二匹、龙缎二匹、庄缎二匹、片金二匹、闪缎四匹、字缎四匹、大卷八丝缎十四匹，大哈达五个、小哈达四十个、五色哈达十个等	应给一百六十头。给驮载正供及携带货物之骒每头发脚价三钱	
达赖喇嘛来使堪布	哈达、铜佛、藏香、氆氇等	正使二等雕鞍一，重三十两银茶桶一，银执盂一，缎三十匹，毛青布四百匹、豹皮五张、虎皮三张、獭皮五张。跟役喇嘛十八人，每人各给缎二匹，毛青布各二十匹。跟役一名，缎一匹，毛青布十匹。副使三等蟒缎一匹，方补缎一匹，大缎一匹，梭布二十四匹。跟役喇嘛十二人，每人各给彭缎一匹，毛青布十匹	来使堪布自带货物，官为代雇不得过一百头；所带徒众不得过四十名。骑驮照例给与。驮轿之骒价加倍给发	二年一贡，居西黄寺
班禅额尔德尼	哈达、铜佛、舍利、珊瑚琥珀、数珠、藏香、氆氇等物	折赏外，降敕慰问，并赏重三十两银茶桶一，银瓶一，银锺一，各色大缎二十四匹，大小哈达各十个	应给一百二十头。骒价同达赖喇嘛	
班禅来使堪布	哈达、铜佛、藏香、氆氇等	金黄色蟒袍一，重三十两银执盂一，缎二匹，毛青布六十二匹。跟役喇嘛二十八人，每人各给缎二匹，毛青布二十匹。跟役一名，缎一匹。毛青布十匹	来使堪布自带货物，官为代雇不得过八十头所带徒众不得过四十名。骒价同达赖喇嘛使	
哲布尊丹巴呼图克图	白驼一只、白马八匹	赏三十两重银茶筒，茶盆一，缎三十，布七十；来使缎各三，布各二十四，从人布各六		每年一贡
帕克巴拉呼图克图	金碗、黄莲等	折赏外，降敕慰问，并赏重三十两银茶桶一，各色大缎十二匹，大小哈达各七个。正使，三等蟒缎一匹，缎二匹，布二十四匹。副使，缎二匹，布十二匹。从人六人，每名各给布六匹	雇给骑驮二十头	嘉庆四时一次，后改为间五年一次

① （清）理藩院修、杨选第等校注：《理藩院则例》，内蒙古文化出版社 1998 年版，第 384—403 页。

续表

喇嘛僧官	贡物	政府赏赐	国家发给骡头和骡价数目	时间住宿
嘉喇呼图克图	铜佛、藏香、哈达等物。	折赏外,降敕慰问,并赏各色大缎四匹,大小哈达各四个。正、副使给赏同上	同上	间五年一次
岷州圆觉寺等二十六寺	每寺贡马一匹、青木香二桶	每马给表缎一匹,里绸一匹,绢一匹。赏为首达喇嘛表缎三匹,里绸一匹,红缎袷衣一件,袷袈裟一件,单裙一件,靴袜各一双,玲珑泡子什件,袷胸漆鞍一副。其余达喇嘛等各赏表缎二匹,里绸一匹,红缎袷衣一件,袷袈裟一件,单裙一件,靴袜各一双,玲珑泡子什件,缰辔连踢胸漆鞍一副。赏小番僧表缎各一匹,里绸各一匹,红布袷衣各一件,靴袜各一双。仆从布各四匹	由驿遣回	分五班,三年一班
庄浪红山堡报恩寺喇嘛	青木香二桶、延寿二包,咨交内务府;马二匹,咨交上驷院	每马给表缎一匹,里绸一匹,绢一匹。赏达喇嘛表缎三匹,里绸一匹,红缎袷衣一件,袷袈裟一件,单裙一件,靴袜各一双,玲珑泡子什件,缰辔连踢胸漆鞍一副。赏小喇嘛表缎各一匹,里绸各一匹,红布袷衣各一件,靴袜各一双。仆从布各四匹,在院赐宴一次	自备资斧遣回,或力不能来,即交地方官转进	间五年

清代法律对喇嘛僧官朝贡使者来往途中和在京师期间的食宿、物品丢失、各地官员的迎送和照护问题均有详细的规定,学界多有论述。① 这些都体现了清朝对喇嘛僧官的组织化管理的特征。

(四) 喇嘛僧官年班朝觐制度

喇嘛僧官年班朝觐和喇嘛僧官朝贡有较大区别。朝贡制度是喇嘛僧官每隔一定时间派遣使者至京师向清政府进贡方物,以表示其政治忠诚,并达到与中央政府互动沟通的制度;而喇嘛年班朝觐制度则是由喇嘛僧官亲自至京师觐见皇帝,同时贡献方物的制度,其核心是喇嘛僧官必须本身至京师。喇嘛年班制度一般适用于清朝行政建制较为完善、直接控制力较强、

---

① 请参阅本文"绪论"部分。

距京师较近的区域，及宗教、政治影响较小的喇嘛僧官。哲布尊丹巴呼图克图无须参加年班。漠北、漠南蒙古诸部其他呼图克图、大喇嘛、诺们汗等喇嘛僧官，则应遵守年班制度，每年均须依法定的次序至京师朝见清帝。

嘉庆朝《钦定大清会典》规定："内札萨克四十九旗，归化城、察哈尔、阿拉善、喀尔喀及库伦、锡呼图库伦各处大喇嘛，除哲布尊丹巴呼图克图不列年班外，其余分编为六班。"① 具体班次见表18：

表18 蒙古地方喇嘛僧官年班班次表

班次	所在部落或地区	僧侣名称	僧侣职衔名号
第一班	喀尔喀	那噜班禅	呼图克图
	阿拉善	达克布	呼图克图
	科尔沁	诺颜	呼图克图
	土默特	迈达尔	呼图克图
	浩齐特	毕里克图	诺们罕
	阿巴哈纳尔	班第达	喇嘛
	喀尔多斯	那旺端多布	呼图克图
	归化城	额尔德尼达延齐	呼图克图
	归化城	彦察尔济	喇嘛
	乌喇特	罗布藏达木巴喇布齐	喇嘛
	喀尔喀	墨尔根班第达	呼图克图
第二班	察哈尔	额尔德尼诺本齐罗本	绰尔济大喇嘛
	喀尔喀	额尔德尼伊拉古克散	喇嘛
	土默特	喇克巴鄂杂尔	大喇嘛
	阿巴哈纳尔	喇木扎木巴锡喇布扎木苏	喇嘛
	乌喇特	巴尔多尔济	喇嘛
	归化城	垂斯哈布达彦齐	呼图克图
	归化城	吹齐托音	呼图克图
	察哈尔	叶固则尔	胡图克图
	阿拉善	托布桑	喇嘛
	乌珠穆沁	罗布藏多布丹	喇嘛

---

① （嘉庆朝）《钦定大清会典》，近代中国史料丛刊第64辑，台湾文海出版社有限公司1991年版，第2478页。

续表

班次	所在部落或地区	僧侣名称	僧侣职衔名号
第三班	察哈尔	岱青绰尔济罗布藏丹达尔	喇嘛
	喀尔喀	西瓦锡勒图	呼图克图
	锡哷图库伦	章楚布多尔济	喇嘛
	郭尔罗斯	沙布咙蕴端扎木苏	喇嘛
	乌珠穆沁	固沙哩绰尔济那旺索特巴	喇嘛
	阿巴哈纳尔	固锡罗布藏吹珠尔	喇嘛
	乌喇特	东廓尔班第达	喇嘛
	归化城	宁宁	呼图克图
	归化城	那旺达木巴	大喇嘛
	察哈尔	固什敏珠尔	绰尔济喇嘛
第四班	喀尔喀	青苏珠克图	诺们罕
	喀尔喀	罗布藏扎木禅	诺们罕
	土默特	阿玉什墨尔根	绰尔济喇嘛
	苏尼特	罗布藏喇什	大喇嘛
	乌珠穆沁	阿旺罗布藏彭楚克	喇嘛
	阿巴哈纳尔	玛侬寺罗布藏尼玛	喇嘛
	乌喇特	喇木扎木巴格图彭楚克	喇嘛
	归化城	锡勒图	呼图克图
	归化城	达延齐	呼图克图
	察哈尔	喇木扎木巴罗布藏丹巴	喇嘛
第五班	喀尔喀	额尔德尼班第达	胡图克图
	喀尔喀	扎雅班第达	呼图克图
	土默特	苏苏克图绰尔济阿旺锡喇布	喇嘛
	乌珠穆沁	莫罗木喇木扎木巴罗布桑里瓦	喇嘛
	阿巴哈纳尔	拜扎奢布东	喇嘛
	锡哷图库伦	萨木鲁阿旺扎木扬	呼图克图
	乌喇特	固什罗布藏达木辟勒	喇嘛
	归化城	达尔汗绰尔济	呼图克图
	归化城	察汉第彦齐	呼图克图
	察哈尔	达赉	呼图克图

续表

班次	所在部落或地区	僧侣名称	僧侣职衔名号
第六班	土默特	察汉第彦齐	呼图克图
	苏尼特	干珠尔巴额尔德尼	堪布喇嘛
	乌珠穆沁	莫罗木喇木扎木巴衮楚克喇什	喇嘛
	阿巴哈纳尔	德尼墨尔根	喇嘛
	乌喇特	墨尔根第彦齐	喇嘛
	归化城	扎彦班第达	呼图克图
	归化城	鄂木布扎木散	大喇嘛
	察哈尔	额木齐达尔汉	绰尔济喇嘛
	察哈尔	固什扎木张雍噜依	喇嘛

由上表可见，漠北和漠南蒙古地方喇嘛僧官共有 60 人。这些喇嘛僧官负责处理本地宗教事务。其中锡哷图库伦札萨克喇嘛、喀尔喀哲布尊丹巴呼图克图、额尔德尼班第达呼图克图、扎牙班第达呼图克图、青苏珠克图诺们罕、那鲁班禅呼图克图等喇嘛僧官既拥有管理徒众宗教事务的权力，又拥有管理徒众一般世俗事务的权力。

喇嘛僧官年班朝觐也有一定条件和程序。漠南、漠北蒙古等处呼图克图、绰尔济喇嘛等，只有年已及岁和已出痘者，才准其来京年班朝觐；年岁较小、未出痘和不值班者，可不进京朝觐，但准其依蒙古王公例，差人进贡请安；年班僧官经卷熟习者，可准将其编入洞礼经班次。洞礼经班一般定为六班，按年轮流，年班喇嘛僧官须于每年十一月中旬来京，若轮值本班有患病等故者，必须呈报该盟盟长，由后者查实报理藩院，准其次年补班；如果无故旷班或屡年托故不来者，则将该喇嘛僧官革除名号字样。① 故而，年班朝觐对于漠北、漠南蒙古各部喇嘛僧官既是一种义务，但同时又是一种特殊的法律权利，他们借此可以抬高自己的政治地位。

清政府对喇嘛僧官年班朝觐的廪饩也有较为详细的规定。康熙六十一年（1722 年），清政府首次对请安或进贡的呼图克图、札萨克大喇嘛、副札萨克大喇嘛等喇嘛僧官的廪饩进行规范，详见表 19：

---

① 杨选第等校注：《理藩院则例》，内蒙古文化出版社 1998 年版，第 389—390 页。

表 19 清廷首次发给喇嘛僧官廪给表①

喇嘛僧官等级	给予银两	给坐马（匹）	代养马（匹）
呼图克图胡毕尔汗	八钱五分	3	14
副札萨克大喇嘛	七钱三分	3	12
札萨克喇嘛	六钱二分	2	10
大喇嘛、	四钱七分	1	7
副喇嘛	四钱七分	1	7
噶卜楚	三钱七分	1	6
拉穆札穆巴	三钱七分	1	6
格隆	三钱	1	5
格思规	五分	1	—
班第	五分	1	—

嘉庆时期，清朝对蒙古呼图克图、大喇嘛等年班的徒众人数、坐马、廪饩等方面的规定更加细致明确，已逐渐形成较为完善的制度，其具体规定见下表：

表 20 喇嘛僧官年班待遇表②

喇嘛职衔	随从徒众人数		从役（人）	坐马（匹）	廪饩（每日）		
	格隆	班第			廪给银	米	草料银
呼图克图、扎萨克大喇嘛	4	3	2	3	八钱五分	一斗五升	二钱二厘四丝一忽
副札萨克大喇嘛	4	3	2	3	七钱三分	一斗五升	二钱二厘四丝一忽
札萨克喇嘛	3	2	2	2	六钱二分	一斗二升	一钱三分四厘九丝四忽

---

① 赵云田点校：《乾隆朝内府〈理藩院则例〉》，中国藏学出版社 2006 年版，第142—143 页。

② （嘉庆朝）《大清会典》，近代中国史料丛刊第 64 辑，台湾文海出版社有限公司1991 年版，第 2482—2483 页。

续表

喇嘛职衔	随从徒众人数		从役（人）	坐马（匹）	廪饩（每日）		
	格隆	班第			廪给银	米	草料银
达喇嘛、副达赖喇嘛	2	2	1	1	四钱七分	九升	六分七厘三毫四丝七忽
闲散喇嘛	1	1	无	1	三钱七分	六升	同上
德木齐		2	2	1	三钱	同上	同上
格思贵		2	2	1	三钱	同上	同上
格隆		2	2	1	三钱	同上	同上

《钦定理藩院则例》对呼图克图、呼毕勒罕、札萨克大喇嘛、副札萨克大喇嘛、札萨克喇嘛等年班朝觐的僧官的廪给规定得更为详细。具体规定见表21：

表21　《钦定理藩院则例》年班僧官廪给表①

喇嘛僧官名称	所带徒众			支给廪给（每日）			支给期限
	格隆	班第	跟役	银	米	拴马	
呼图克图、呼毕勒罕、札萨克大喇嘛	4	3	2	八钱五分	一斗五升	3	（1）喀尔喀四部落年班之胡图克图、呼弼勒罕喇嘛等来京，支给二十八日廪饩。班外本身并差人请安进马来京，各支给七日廪饩。
副札萨克大喇嘛	3	3	2	七钱三分	一斗五	3	（2）内扎萨克等处年班之胡图克图、呼弼勒罕喇嘛等来京，支给二十六日廪饩。班外本身并差人请安进马来京，各支给五日廪饩。青海西宁呼图克图喇嘛本身及差人请安来京，俱支给六十日廪饩。
扎萨克喇嘛	3	2	2	六钱二分	一斗二升	2	

① （清）理藩院修、杨选第等校注：《理藩院则例》，内蒙古文化出版社1998年版，第163—174页。

（五）特殊的朝觐规则

朝觐对于达赖喇嘛、班禅额尔德尼、哲布尊丹巴呼图克图，是一种"选择性"的规则。他们可以向清朝中央政府提出朝觐请求，须经中央政府审批，处理程序与一般喇嘛僧官不同。以哲布尊丹巴为例，《钦定理藩院则例》规定：

> 哲布尊丹巴胡图克图来京瞻觐，预期由驻扎库伦办事大臣等奏请，奉旨俞允后，由该大臣于该处办事大臣内奏派一员，专司照料；于喀尔喀四部落蒙古贝勒、贝子、公、扎萨克台吉、闲散台吉内，每部落各拟派二员，共八员，沿途护送行走。一面将该胡图克图启程日期、行走道里、随带人数花名、呈进贡物清单先行造册见报院，其贡物清单用清、汉字缮写。行抵多伦诺尔地方，同照料大臣先行咨报军机处、理藩院具奏，奏下，如奉旨派御前乾清门侍卫往迎，赉有赏件，并由院派出司员一员同往。①

由此可见，哲布尊丹巴等朝觐清帝之请求，是一种较为特殊的权利。朝觐请求权，属于哲布尊丹巴呼图克图等宗教领袖，但批准权属于中央政府。道光四年（1824年），哲布尊丹巴欲赴热河朝觐，由库伦办事大臣蕴端多尔济代奏，清帝予以否决：

> 蕴端多尔济等奏哲布尊丹巴呼图克图之呼毕勒罕恩请明年瞻觐一折。哲布尊丹巴呼图克图至诚恩请，殊属可嘉，朕甚欣悦，惟念哲布尊丹巴呼图克图之呼毕勒罕，尚在年幼正当学习经艺之时，明年暂且不必前往热河。俟伊应来之时再行降旨，令其前来瞻觐。赏去黄哈达一方。蕴端多尔济等接奉时转赏哲布尊丹巴呼图克图之呼毕勒罕，即将朕旨明白晓谕遵行。②

谕旨说明道光帝否决哲布尊丹巴热河朝觐的原因有二：其一是年龄尚幼、正当学习经艺的关键时刻，其二是此次请求朝觐无重要事情，待将来有重

---

① （清）理藩院修、杨选第等校注：《理藩院则例》，内蒙古文化出版社1998年版，第390页。

② 《清宣宗实录》卷74，道光四年十月壬午；蒙文原著、陈仁先译：《蒙古逸史》，台湾广文书局有限公司1976年版，第275—276页。

要事情或应来朝觐时再来。这种解释颇为牵强，也说明这种特殊朝觐规则的不确定性。蒙文《蒙古逸史》的译者认为，乾嘉以后随着对漠北蒙古地区统治的加强，清朝对哲布尊丹巴呼图克图的政治待遇在不断下降。[①]著者认为，依据《钦定理藩院则例》规定，清帝否决其朝觐请求在当时是一种合乎法律程序的行为。但是对朝觐请求的否决也说明大活佛的朝觐请求权规则缺少实现条件方面的规定，具有不稳定、不明确和不可预测等特征，体现了清代中国西部宗教立法的专制性。后来，清政府将此种不明确的权利也给予了其他喇嘛僧官，如哲布尊丹巴的商卓特巴、西藏的摄政等。咸丰二年（1852 年）九月，哲布尊丹巴的商卓特巴那木济勒多尔济请求入京朝觐，得到清帝批准。[②]

综上，清代通过敕封制度和喇嘛僧官制度实现了对宗教管理权的法律配置，通过朝贡制度和年班朝觐制度确立了保障国家和受权者之间互动的体制，保证了喇嘛僧官制度和敕封制度的有效运行；而喇嘛僧官本身的僧侣角色，则使清代对藏传佛教的管理具有强烈的组织化、制度化和自治化的特色。

二、清代对伊斯兰教管理体制的法制建构

清朝也不可能独占对伊斯兰教的管理权。清政府不得不依靠伊斯兰教职人员和其他机构对伊斯兰教进行管理。在处理伊斯兰教事务和治理穆斯林社区的过程中，清政府曾尝试通过乡约制度和伯克制度来解决宗教管理权力的分配问题。

（一）穆斯林乡约制度

陕甘地区是穆斯林较多的地区。如何管理该地区的伊斯兰教也是清代国家面临的重要问题。清政府逐渐在该地区推行乡约制度，尝试通过这种体制实现对伊斯兰教的管理。

从法学意义上看，乡约是乡民基于一定的地缘和血缘关系，为某种共同目的而设立的生活规则及组织；它在中国传统社会秩序构造中发挥着重

---

① 蒙文原著、陈仁先译：《蒙古逸史》，台湾广文书局有限公司 1976 年版，第 224 页。

② （清）潘颐福：《东华续录》，上海图书集成书局 1911 年版，第 6 页。

要的作用，其价值主要表现在教化和乡治两个方面；乡约可分为官办和官督民办两大类，官方的支持和认可使乡约组织获得了某种合法性的授权，从而与国家权力发生了密切联系。① 清政府在陕甘地区也凭借乡约制度实现了对伊斯兰教及其信众的管理。有学者认为乡约是清政府直接管理西北穆斯林社会的成功尝试，具有特殊的伊斯兰教化和治安功能。② 著者认为清代回民乡约是清政府对中国传统伊斯兰教管理制度的继承和发展。元明时期，以伊斯兰教职人员为首的穆斯林社区即有一定自治的权利，在穆斯林较为集中的社区，国家通过掌教、阿訇等实现对该地区宗教、人口、经济等方面的治理。清朝前期亦依靠伊斯兰教阿訇，使其承担行使管理穆斯林社会的一定的权力，如统计人口、负责治安等。③ 乾隆四十六年（1781年）之后，清政府始对伊斯兰宗教组织进行立法改造，《甘肃善后事宜》规定："回民不得复称总掌教、掌教、阿洪、阿衡、师父名目，择老成人充乡约，稽查约束，循化掌教改为总练、阿洪改为乡约。"④

但是文献对《甘肃善后事宜》内容的记载较为模糊，很难观察出苏四十三回民事变/起义之后甘肃省乡约的具体权力结构。《循化厅志》记载有署河州知州涂跃龙的立法建议及甘肃省两司的复函。由此可知河州等回民聚居区乡约设置的基本情况。涂跃龙的立法建议共8条，涉及乡约设置的有3条，兹列举于下：

一、向例编查保甲无论汉回，总以十户为一牌，十牌为一甲，十甲为一保，今令照寺分造不归入汉民保甲，如迁徙增添，该寺乡约随时开除具报。违者，照脱漏户口律治罪。

一、大小寺各有乡约，今既归本寺，勿论大小礼拜日期，该乡约率领所管烟户，不准赴别寺礼拜；婚丧止请本寺乡约念经，不许别寺

---

① 参见张中秋：《乡约的诸属性及其文化原理认识》，《南京大学学报（哲社版）》2004年第5期，第52页。

② 参见武沐等：《清代河州穆斯林乡约制度考述》，《西北师大学报（社会科学版）》2006年第5期，第117页。

③ 路卫东：《掌教、乡约与保甲册——清代户口管理体系中的陕甘回民人口》，《回族研究》2010年第2期，第43页。

④ （清）龚景瀚编、李本源纂修：《循化厅志》，台湾成文出版社1968年影印版，第181页。

换夺。犯者，照光棍扰害良民例，极边充军。

一、管寺乡约与管会乡约应分别责成。凡礼拜寺念经教经等事，如有换夺，勾引诸弊，责成管寺乡约；至娼、盗、赌博、奸拐等事，责令管寺与管会乡约一体察举。失察及知情受财故纵等弊，按所犯轻重，一体分别治罪。①

据甘省两司批文称：

回民聚处地方，原依民户编造，自成牌甲。惟汉回杂处之区，若将回民另编，转致零星不便稽查，是以与汉民挨次编列，均听回乡约稽查，历年办理既久；且管寺乡约因革除阿浑名目更易，不过素习念经，未必皆醇谨晓事；若令与回民乡约同司保甲，地方诸事转无以专责成，所请照寺分造等语毋庸议。至严禁换夺勾引及窝留汉奸，均应如该州所请，但各项治罪之处均应临时按拟，毋庸预立科条。②

由此可知，甘省两司否决了回民单独"照寺保甲"、由管寺乡约和管会乡约一块处理"娼、盗、赌博、奸拐"等刑事案件的建议。甘省两司所称"回乡约"即涂跃龙所提到的管会乡约，主要依据保甲法管理回民世俗事务。两司认为"管寺乡约"原称"阿浑"等名目已革除，只管理伊斯兰教事务，不便与管会乡约"同司保甲"。由此可见，陕甘地区的回民乡约包括管寺乡约和管会乡约，各有其职责范围。这样在陕甘地方即将伊斯兰教职人员与国家基层的宗教管理从成文法层面上结合了起来。清政府不得不将部分宗教管理权委托给熟悉回民社会的伊斯兰教职人员。但是如何对管寺乡约的宗教管理权进行监督，形成国家与管寺乡约的有效互动，清政府没有这方面成熟的立法，只能由基层地方官员进行低级的行政监督。

（二）伯克制度

回疆统一之后，清政府保留并改造了其传统的伯克制度。法律上对管理宗教事务的专职伯克的保留使回疆地区的宗教管理权一分为三，即驻扎大臣、世俗伯克、宗教组织。其中，主管宗教事务的茂特色布伯克和匝布

---

① （清）龚景瀚编、李本源纂修：《循化厅志》，台湾成文出版社 1968 年影印版，第181—182 页。

② （清）龚景瀚编、李本源纂修：《循化厅志》，台湾成文出版社 1968 年影印版，第184 页。

剃墨克塔布伯克获得了部分宗教管理权。如何确保这种宗教管理权的有效行使呢？首先，须考察茂特色布伯克和匝布剃墨克塔布伯克的品级、设置和待遇情况。《钦定西域同文志》较为详细地记载了乾隆时期清政府对两者的认识和设置。其任职者、任职地区、品级和最初设置的时间详见下表：

表 22　乾隆年间伯克任职统计表①

地区	出任者	职官名称	品级	最初设置时间
库车	尼雅斯	茂特色布	七品	乾隆二十四年
沙雅尔	伊斯拉木	茂特色布	七品	乾隆二十四年
阿克苏	楚鲁克	茂特色布	七品	不明
和阗	阿舒尔	茂特色布	七品	不明
和阗	素勒坦和卓	茂特色布	六品	不明
喀什噶尔	阿里木	茂特色布	五品	不明
叶尔羌	摩罗郭帕	茂特色布	六品	乾隆二十六年
叶尔羌	库尔班	匝布剃墨克塔布	六品	乾隆二十六年

由上表可见主管伊斯兰教的伯克在乾隆时期的品级是五品至七品三个品级，其中以五品最少，七品最多，最早设置是在乾隆二十四年。《钦定皇舆西域图志》也记载有回疆主管宗教事务的伯克的设置情况，详见表 23：

表 23　《钦定皇舆西域图志》记载统计表②

城庄	所在地区	伯克名称	品级	数量	设置时间
库车	库车地区	茂特色布	七品	1	乾隆 25
沙雅尔	库车地区	茂特色布	七品	1	乾隆 25
喀什噶尔	喀什噶尔	茂特色布	五品	1	不详

---

① 参见（清）傅清等奉敕纂：《钦定西域同文志》，文渊阁四库全书经部小学类，总第 235 册，台湾商务印书馆 1986 年影印版，第 218—247 页。

② 参见（清）刘统勋等奉敕纂：《钦定皇舆西域图志》，文渊阁四库全书史部地理类，总第 500 册，台湾商务印书馆 1986 年影印本，第 617—627 页。

续表

城庄	所在地区	伯克名称	品级	数量	设置时间
叶尔羌	叶尔羌地区	茂特色布	六品	1	不清
和阗	和田地区	茂特色布	七品	1	不清

由上表可见，《钦定皇舆西域图志》记载管理宗教的伯克的数目、品级、设置地区，均比《钦定西域同文志》记载的少，而且库车地区设置茂特色布伯克的时间也不一致。嘉庆朝《钦定大清会典》也有相关记载，详见下列表：

表24　嘉庆朝《钦定大清会典》相关伯克统计表

所在地区	伯克名称	品级	数量
喀什噶尔	摩提沙布	五品	1
叶尔羌地区	摩提沙布	六品	1
叶尔羌地区	杂布提摩克塔布	六品	1
阿克苏地区	摩提沙布	七品	1
库车地区	摩提沙布	七品	1
和阗地区	摩提沙布	七品	1

《钦定回疆则例》没有记载管理宗教的五品伯克的地区和人数，具体分布情况如下表所示：

表25　《钦定回疆则例》相关伯克统计表①

城庄	所在地区	伯克名称	品级	数量
库车	库车地区	默提沙布	七品	1
阿克苏	阿克苏地区	默提沙布	七品	1
克里雅勒	和阗地区	默提色布	七品	1
塔哈尔齐	叶尔羌	默提色布	六品	1
卡木拉	叶尔羌	杂布提玛克塔普	六品	1

---

① 《钦定回疆则例》卷8，收入张锐智、徐立志主编《中国珍稀法律典籍集成》丙编第二册，科学出版社1994年版，第428—435页。

《钦定回疆则例》的规定表明，主管宗教事务的伯克的品级有所下降，人数有所减少。但是叶尔羌、库车、阿克苏、和阗等四个地区仍然是清政府较为重视的地区。其中很难解释的问题是回疆白山派力量最强的喀什噶尔地区，在《钦定回疆则例》中竟然没有记载专门管理宗教的伯克。①

清政府对回疆地区伊斯兰教的管理主要通过上述专职伯克和阿奇木伯克而实现。清政府设计了保证这些伯克有效行使受托权力的制度，即伯克朝觐制度。而伯克本身体制和伯克朝觐制度的演变则表明清政府忽视了或未关注回疆伊斯兰教的管理体制的建设。"朝觐制度实施之初，对伯克品级并无限制，从三品到七品伯克均属入觐之列。"② 但由于伯克人数较多，接待成为问题，清政府不断提高参加朝觐的伯克品级。乾隆二十五年（1760年），清政府谕令"六品以上者办送来京，其七品人员不必前来，俟伊等升转后，再行轮班引见"。③ 乾隆二十八年（1763年），再次规定："五品以下不必入班。"④ 这些规定表明管理伊斯兰教的专职伯克在整个伯克体制内的法律地位不断降低，最后逐渐将六品伯克排除于朝觐行列之外，似乎显示出清政府在乾隆时期即已对伊斯兰教管理法制建设并不十分重视。道光时期的立法直接绕过茂特色布伯克和杂布提玛克塔普伯克，由阿奇木伯克行使宗教管理权，并直接对驻扎大臣负责。⑤ 由此可见，清政府在回疆通过伯克对伊斯兰教进行管理的制度建设存在一定的失误。伯克制度实际处于国家体制的边缘。新疆建省之后，清政府废除了伯克制度，将伯克逐渐改为乡约。维族乡约成为地方政府管理宗教的重要助手。

总之，清代对西部伊斯兰教管理体制的法律调整存在有较大的缺陷，尚未形成较为完善的管理制度。乡约制度从一开始即处于国家体制的边缘，而伯克制度在国家行政管理体制中也处于逐渐被边缘化的状态，新疆建省之后，伯克制度退出了国家正规的行政管理体制。

---

① 《回疆则例》卷1（收入《蒙古律例　回疆则例》，全国图书馆文献缩微复制中心1988年影印版）也未记载喀什噶尔设置有主管宗教的伯克。

② 王东平：《清代回疆法律制度研究》，黑龙江教育出版社2002年版，第148页。

③ 《清高宗实录》卷616，乾隆二十五年七月戊申。

④ 《清高宗实录》卷681，乾隆二十八年二月甲寅。

⑤ 《钦定回疆则例》卷8，张锐智、徐立志主编：《中国珍稀法律典籍集成》丙编第二册，科学出版社1994年版，第519页。

第 五 章

清代中国对西部宗教行为和
宗教财产的法律调整

第一节　清代中国对西部宗教行为的法律调整

法律以调整人们的行为为主要对象，通过设定某种行为方式引导人们的相关社会活动，进而调整重要的社会关系，衡平重要的社会利益。"行为是法律调整的起点，也是法律调整的终结。"① 学界对法律所调整的行为的研究一般将行为分为民事行为、刑事违法行为、行政行为、诉讼行为、涉他行为等类型；行为科学则主要从心理学角度对行为的原因、目的等问题进行详细探讨，常常将行为分为个人行为、组织行为、人际行为、领导行为等。② 台湾学者李长贵先生则将行为分为动机行为、情绪行为、认知行为、学习行为、社会行为、适应行为、互动行为、团体行为、沟通行为、工作行为、制度行为；将宗教行为归于制度行为，进而将其分为宗教仪式、宗教感情、宗教组织、英雄崇拜行为、人文宗教行为等进行考

---

① 孙国华：《法的形成与运作原理》，法律出版社 2003 年版，第 6 页。
② 参见曾杰：《行为科学》，科学技术文献出版社 1987 年版，第 95—164 页；杨明权等：《行为科学》，陕西人民出版社 2003 年版，第 66—143 页；王益民：《行为科学理论与实践》，新疆人民出版社 1996 年版，第 100—168 页。

察。① 著者认为，以法学视角而言，除上述分类之外，依据法律调整的可行性、行为的公开性与涉他性等标准，还可以将行为区分私密行为与非私密行为、普通行为与特殊行为、涉他行为与涉己行为等。其中私密行为无法以法律进行调整。现代学界对普通行为研究较为深入，而对特殊或专门行为的研究则较为欠缺。宗教行为是一种特殊的复杂行为。一般而言，宗教学认为宗教行为是宗教重要的构成要素之一，是信仰者内在的宗教体验与宗教观念表现于外在的身体动作和语言形式的统称，一般包括巫术、献祭、禁忌、祈祷等。② 著者认为这种划分过于笼统与粗糙；宗教行为还应包括宗教组织制度、宗教的经典、宗教的仪式等丰富的内容。其中既可分为个人宗教行为与组织行为，也可分为私密宗教行为与非私密宗教行为，还可分为涉他宗教行为与涉己宗教行为，以及核心宗教行为、次核心宗教行为与核心外宗教行为。③ 这些宗教行为在不同的时间与地点对法律而言具有不同的意义，即其法律调整的价值与其发生的政治、经济和文化环境具有极为重要的关系。故而，对宗教行为的详细划分具有重要的法学意义与价值，也是保护宗教信仰自由权利等基本人权的必然要求。

　　对宗教行为的分析应当根据该行为发生的时间、地点和政治环境以及族群状况等进行较为具体的分析，而非仅仅依据西方的某些经验，生搬硬套，找出所谓的共性。清代西部藏传佛教迄止 17 世纪末期已经为藏族与蒙古族全民族所信奉，在西藏、漠南蒙古、漠北蒙古地区分别形成达赖喇嘛、班禅额尔德尼、章嘉呼图克图、哲布尊丹巴呼图克图四大活佛系统；而伊斯兰教也为撒拉族、东乡族、回族、维吾尔族等信奉的全民族性宗教，形成了哲赫忍耶、库布忍耶等教派。清代中国西部宗教行为逐渐多样化，且与民族问题相互关联，形成了较为复杂的政治、宗教生态环境，对清代国家政治法律治理提出了更高的要求。藏传佛教宗教行为中的活佛转世行为、跨地区宗教行为、信众出家行为、宗教服装等开始进入国家立法

────────────────

① 李长贵：《行为科学》，台北建立书局 1981 年版，第 408—415 页。

② 参见吕大吉：《宗教学通论》，中国社会科学出版社 1998 年版，第 293 页。

③ 参见田庆锋：《法治视域下的清代金瓶掣签立法探析》，《河南师范大学学报》2012年第 6 期；黄丽馨：《台湾宗教政策与法制》，台湾大学 2008 年硕士学位论文，第 68—71 页。

的视野,成为法律调整的重要对象;乾隆四十三年之后,伊斯兰教礼拜行为、教职人员行为等宗教行为开始进入清政府法律调整范围之内。本节拟以宗教学、法学、行为科学等跨学科的理论与比较的方法对清政府对中国西部宗教行为的法律调整进行考察。

一、清代对藏传佛教宗教行为的法律调整

(一) 对活佛转世行为的法律调整

活佛转世是解决藏传佛教组织领袖身份承袭的一种重要而又复杂的涉他宗教行为,关涉蒙藏地方不同集团利益与权力的分配等诸多问题。学术界对该行为的教理、基本程序等问题论述颇多,但对政教合一语境下清代中国西部宗教立法对活佛转世行为调整的法律特征的探讨则显得不足。清政府对活佛转世宗教行为的法律调整与其对活佛转世、护法降神等宗教行为的认知密切相关。

1. 清政府对活佛转世与护法降神活动的认知

活佛转世与护法降神是清代藏传佛教较为重要的宗教行为,两者相互维系,均是清代藏传佛教教权的重要表现形式。活佛转世需要护法降神指认,护法降神需要转世活佛教权的支持和承认。

护法,又译称"吹忠"。西藏重要的护法神有拉穆、噶吗霞、乃穷、噶东等吹忠。其中,拉穆护法地位最高,达赖、班禅和其他重要活佛的转世均由其降神认定,影响及于蒙藏广大地区。[①] 清政府首次全面接触活佛转世和护法降神是七世达赖喇嘛圆寂之时。七世达赖喇嘛圆寂之后,清朝中央政府派遣大国师章嘉呼图克图若必多吉至西藏主持和协调转世灵童的认定工作。此次转世灵童的认定工作耗时长达 4 年之久,各方争议较大,主要通过护法降神表现出来。据《章嘉国师若必多吉传》记载:

> 达赖喇嘛的转世被拉穆护法断定在西面的某个地方,而其他护法的预言则众说纷纭,一时难以断定。噶伦们主张将众护法集中在遍知一切班禅大师的身前,一起降神明示,以确定方向。一天,在布达拉宫的大厅的窗前,班禅活佛、章嘉国师、摄政、钦差大臣、噶伦等依

---

① 房建昌:《清代西藏护法考》,《思想战线》1990 年第 4 期,第 79—82 页。

次坐定，然后将拉穆、乃穷、桑耶、噶栋、昌珠等护法请到大厅中央降神。桑耶护法首先附体，随后其他护法也纷纷附身。桑耶护法抢先登上拉穆护法的宝座，气势汹汹，耀武扬威，致使请示预言的人们不能作讨论预言的提问。昌珠护法以前也说过达赖喇嘛转生在西面，这次害怕若与桑耶护法所说不一，会立刻有刀剑加身的危险，便改变前言，附会说达赖喇嘛转生在东面。这样，诸护法降神，预言仍不相同。①

由上可见，护法在活佛转世中扮演着沟通神灵与人的角色，各个护法主张之间的分歧较大。章嘉呼图克图给乾隆帝所上密折称班禅额尔德尼和拉穆护法认为后藏所出幼孩为转世灵童，而哲蚌等四大护法则认为里塘所出幼孩为转世灵童，并以七世达赖喇嘛圆寂时面东而坐为依据。他认为由于班禅额尔德尼极为聪颖德高，西藏公班智达、噶伦等要员内信奉者众，拉穆护法是有名望的吹忠，其言唐古特人众亦极信服，而且拉穆吹忠曾担保将来不会出现问题，故而建议确认后藏幼孩为转世灵童。② 正是由于有七世达赖喇嘛转世灵童确认的经历，乾隆帝才得出结论，指出活佛转世宗教行为不过是宗教组织为了给自己找一个聪慧小孩作为将来的领袖③；拉穆吹忠等护法降神与内地师巫相同，多以邪术惑人耳目，"妄诞不经"④。

2. 护法降神与"金瓶掣签"立法

护法降神与金瓶掣签制度的确立有较为密切的联系。学界有争论的问题是护法在金瓶掣签制度中的作用。苏发祥认为，清政府在金瓶掣签过程中未废除护法降神，而是仍由四大护法降神预言，先指出可能的转世灵童；这样既尊重历史传统，又可有效限制护法的作用，是金瓶掣签制度得到西藏僧俗欢迎的根本原因所在。⑤ 柳陞祺等学者则认为，由于金瓶掣签制度的实施在蒙古地方遭到抵制，乾隆帝遂取消拉穆吹忠在指定转世灵童

① （清）土观·洛桑却吉尼玛著、陈庆英等译：《章嘉国师若必多吉传》，民族出版社 1988 年版，第 266—267 页。
② 中国第一历史档案馆：《清宫历世达赖喇嘛档案荟萃》，宗教文化出版社 2002 年版，第 151—152 页。
③ 张羽新：《清朝治藏典章研究》，中国藏学出版社 2002 年版，第 751 页。
④ 《清高宗实录》卷 1417，乾隆五十七年十一月壬子。
⑤ 苏发祥：《清代治藏政策研究》，民族出版 1999 年版，第 174 页。

全过程中的作用，其完全推行经过了三个朝代。① 之所以产生这种分歧，一个较为重要的原因是对金瓶掣签立法缺少一个较为系统的考察。在现有的考察中，忽视了达赖喇嘛与班禅额尔德尼在确认转世灵童方面也有很大权威，甚至是决定性的权威。乾隆五十八年（1793 年）赛因诺颜部额尔德尼班第达呼图克图的转世灵童就是先由吹忠指认，然后由达赖喇嘛审批。② 也就是说，确认转世灵童的决定权依然最后掌握于达赖喇嘛手中，护法降神指认仅仅是达赖喇嘛与班禅额尔德尼教权的组成部分。而且清代中国西部宗教立法所确立的金瓶掣签制度经过乾隆、嘉庆、道光三朝的不断发展，至道光朝才逐渐完善起来，法律文本几经修改。著者认为，其最终目的是通过对护法降神权威的打击，将重要活佛转世灵童的审批权收归中央，防止世俗贵族与宗教贵族相联合，最后确立宗教立法的合理边界。

研究金瓶掣签制度的法律特征，既要考察《钦定西藏善后章程二十九条》的相关内容，又要注意不同法律形式在金瓶掣签制度形成过程中的作用。首先，清代关于金瓶掣签制度的主要法律文本有三个藏文本。这三个文本虽然对金瓶掣签制度均有规定，但存在一定的差别。牙含章先生的藏文译本（A 本）为：

> 关于寻找活佛及呼图克图的灵童问题，依照藏人例俗，确认灵童必问卜于四大护法，这样就难免发生弊端。大皇帝为求黄教得到兴隆，特赐一金瓶，今后遇到寻认灵童时，邀集四大护法，将灵童的名字及出生年月，用满、汉、藏三种文字写于签牌上，放进瓶内，选派真正有学问的活佛，祈祷七日，然后由各呼图克图和驻藏大臣在大昭寺释迦佛像前正式认定。假若找到的灵童仅只一名，亦须将一个有灵童名字的签牌，和一个没有名字的签牌，共同放进瓶内，假若抽出没有名字的签牌，就不能认定已寻得的灵童，而要另外寻找。达赖喇嘛和班禅额尔德尼像父子一样，认定他们的灵童时，亦须将他们的名字用满、汉、藏三种文字写在签牌上，同样进行，这些都是大皇帝为了

---

① 柳陞祺等：《清代在西藏实行金瓶掣签的经过》，《民族研究》1982 年第 4 期，第 16—17 页。

② 张其勤原稿、吴丰培增辑：《清代藏事辑要》，西藏人民出版社 1983 年版，第 346 页。

黄教的兴隆，和不使护法弄假作弊。这个金瓶常放在宗喀巴佛像前，需要保护净洁，并进行供养。①

中国藏学研究中心《元以来西藏地方与中央政府关系档案史料汇编》的藏文译本（B本）：

> 达赖喇嘛和班禅额尔德尼为黄教教主。蒙古和西藏地区活佛及呼图克图转世灵童时，依照西藏旧俗，常问卜于四大护法神，因依口传认定，未必准确，兹大皇帝为弘扬黄教，特颁金瓶。嗣后认定转世灵童，先邀集四大护法神初选灵异幼童若干名，而后将灵童名字、出生年月日书于签牌，置于金瓶之内，由具大德之活佛讽经祈祷七日后，再由各呼图克图暨驻藏大臣于大昭寺释迦佛尊前共同掣签认定。如四大护法神初定仅一名，则须将初定灵童名字之签牌，配一无字签牌置于瓶内，若掣出无字签牌，则不得认定为初选之灵童，须另行寻访。因达赖喇嘛与班禅额尔德尼互为师弟，凡达赖喇嘛、班禅额尔德尼之呼毕勒罕，即仿互为师弟之义，令其互相拈定。掣定灵童须以满、汉、藏三种文字书于签牌上，方能公允无弊，众人悦服。大皇帝如此降谕，旨在弘扬黄教，以免护法神作弊，自当钦遵执行。金瓶应净洁不污，常供于宗喀巴佛尊前。②

《西藏历史档案荟萃》的藏文译本（C本）为：

> 关于寻找活佛灵童事宜。经各方认真考查，并问卜于四大护法神之后，将在御赐金瓶内放入写有拟定为灵童者名字及出生年月的签牌，选派学识渊博的喇嘛，祈祷七日后，由众呼图克图会同驻藏大臣于释迦牟尼佛像前认定。又若四位护法神认识一致，则将一有灵童名字之签牌同一无名签牌一并放入瓶内。若抽出无名签牌，便不能认定之，需另外寻找。再者，认定达赖、班禅灵童时，须将其名以满、汉、藏三体文字书于签牌，如此则可取信于天下民众。③

这三种藏文本均承认护法在确定活佛转世灵童过程中有降神的权力。但是

---

① 牙含章：《达赖喇嘛传》，人民出版社1984年版，第62—63页。
② 中国藏学研究中心等：《元以来西藏地方与中央政府关系档案史料汇编》，中国藏学出版社1994年版，第825—826页。
③ 西藏自治区档案馆：《西藏历史档案荟萃》，文物出版社1995年版，第164页。

也有很大区别，语气各有不同。A 本明确地指出实行金瓶掣签的重要原因是护法在降神过程中弄假作弊。B 本认为护法降神确定转世灵童"因依口传认定"而会产生"不准确"的现象，语气较为柔和。C 本则未说明实行金瓶掣签的原因。有学者认为 C 本非正式文本。① 但这三种版本的内容均承认护法有权参与确认转世灵童的过程，但均非最后程序。

其次，从确立金瓶掣签制度的立法进程看，是否禁止护法降神在清朝君臣之间争议也较大。清政府的态度也有一个复杂的变化过程。乾隆帝五十七年（1792 年）八月二十七日，清帝经军机大臣传谕给福康安等人：

> 前后藏为达赖喇嘛、班禅额尔德尼驻锡之地，各蒙古以及番众人等前往煎茶瞻拜，皈依佛法，必其化身之确，方足以衍禅教而惬众心。今藏内达赖喇嘛、班禅额尔德尼等呼毕勒罕示寂后，俱令拉穆吹忠作法降神，俟神附伊体，指明呼毕勒罕所在。拉穆吹忠既不能认真降神，往往受人嘱求，任意妄指，是以达赖喇嘛、班禅额尔德尼、哲布尊丹巴呼图克图等，以亲族姻娅递相传袭，近数十年来总出一家，竟与蒙古之王公世职无异……嗣后应令拉穆吹忠四人认真作法降神指出，务寻实在根基呼毕勒罕姓名若干，将其生年月日各写一签，贮于由京发去金本巴瓶内，令达赖喇嘛等会同驻藏大臣共同念经，对众拈定具奏，作为呼毕勒罕，不得仍前任意妄指，私相传袭，以除积弊而服人心。②

由此可知，清政府担心护法"任意妄指"，将达赖喇嘛、班禅额尔德尼等大活佛及贵族的亲属指认为呼毕勒罕。该谕旨指示将来确认呼毕勒罕的程序是：

$$\boxed{吹忠认真降神指出} + \boxed{金瓶掣签} = \boxed{选定呼毕勒罕}$$

同年十一月，乾隆帝回顾了护法在确认转世灵童中的传统的程序，称：

> 向来藏内出呼毕勒罕，俱令拉穆吹忠降神附体，指明地方人家寻觅。其所指呼毕勒罕不止一人，找寻之人，各将所出呼毕勒罕生年及

---

① 廖祖桂等：《〈钦定藏内善后章程二十九条〉版本考略》，中国藏学出版社 2006 年版，第 138 页。

② 季垣垣点校：《廓尔喀纪略》，中国藏学出版社 2006 年版，第 622—623 页。

伊父母姓名，一一记明，复令拉穆吹忠降神祷问，指定真呼毕勒罕，积习相沿，由来已久。①

由此可知传统活佛转世过程中护法降神确认呼毕勒罕的程序是：

| 吹忠降神指明地方 | ＋ | 吹忠降神祷问指定 | ＝ | 选定呼毕勒罕 |

后来乾隆帝谕令福康安等直接禁止拉穆等护法参与活佛转世活动，认为：

> 吹忠多以邪术惑人，降神时舞刀自扎，而于身体无害。此等幻术，即使其法果真，在佛教中已最为下乘；若系虚假，则更不值一嗽，岂可仍前信奉。福康安等应即令吹忠四人各将其法试演，俾僧俗人等共知其妄，勿为所愚。嗣后出呼毕勒罕竟可禁止吹忠降神，将所生年月相仿数人之名，专用金本巴瓶，令达赖喇嘛掣签指定，以昭公允。②

这样活佛转世的程序又改变为：

| 任意拣选数人 | ＋ | 达赖喇嘛掣签 | ＝ | 选定呼毕勒罕 |

福康安等也两次上奏清帝难以禁止，并进而指出难以骤然禁革的原因。其中，乾隆五十七年（1792年）十二月福康安等奏称：

> 虽吹忠之指认呼毕勒罕不甚可凭信，但不由吹忠指认，不特签上无凭开写，转难入瓶备掣，尤恐各呼毕勒罕之徒弟众多，纷纷冒认，弊窦丛生，更属毫无实据，且吹忠不过四名，即降神所指之呼毕勒罕，亦不过数人而止。臣等敬译圣谕，以指认呼毕勒罕与吏部掣签相比，实为此时切喻。窃以礼部掣签本系堂官亲掣，即使书吏指缺撞骗，偶尔符合，亦系其人应得此缺，并非书吏有权，可见一命之荣，胥关命数，何况达赖喇嘛、班禅额尔德尼等总领黄教，管辖卫藏，上受圣主优渥恩施，下为众蒙古番民信奉，纵非实有根气，其福命亦自不凡。今既专用钦颁金本巴瓶掣签，即吹忠所指认不尽可信，而于瓶内掣出，承嗣衣钵，（朱批：仍应防弊。）自可令僧俗人等同心悦服，

---

① 《清高宗实录》卷1417，乾隆五十七年十一月壬子。
② 中国藏学研究中心等：《元以来西藏地方与中央政府关系档案史料汇编》，中国藏学出版社1994年版，第809页。

从前弊窦似可革除。现在如有应出之呼毕勒罕，不拘大小呼图克图，即遵旨先行试掣，以垂法制。①

乾隆五十八年（1793年）正月，福康安等再奏：

若竟革去吹忠，势不能将前后藏略具聪明之幼孩遍加试验，必致远近纷纷冒认，一时竟出呼毕勒罕数十百人，转属不成事体。甚或串通前辈徒众，预将前辈物件令所报之呼毕勒罕认熟，以便临时识认，此亦弊所必有。是以臣等再四筹画，莫若因势利导，仍遵前奉谕旨，令番民敬信之吹忠等务皆降神指认，总以钦颁金本巴瓶为准，入瓶掣得者，始作为真正呼毕勒罕，似足以除积弊而服人心。（朱批：亦不过权宜而已。）②

福康安坚持认为若无护法降神参与的程序则藏地冒认呼毕勒罕之事将会增多，增加确认真正呼毕勒罕的工作难度，不可能将所有灵童都进行掣签。乾隆帝的朱批似乎暂时同意福康安的建议。福康安建议保留护法降神实际上是西藏宗教贵族不愿意放弃传统教权行使的范围。乾隆五十八年（1793年）三月，清帝再次传谕福康安等，内称：

至藏内拉穆吹忠一事，前据福康安等续奏，亲加试验，俱不能用刀自扎，以舌舐刀。但若竟革去吹忠，势不能将前后藏略具聪明之幼孩，遍加试验等语，所奏尚属未当。吹忠等所习幻术，尚不及内地之师巫，积习相沿，最为可笑。若仍由该吹忠等降神指认，伊等皆可听受嘱托，假托神言，任意妄指。虽由金奔巴瓶内签掣，而所掣之人仍不能无徇情等弊，不过系一二权势之人主谋。而吹忠四人内，大约即系拉穆一人主持，其弊已可概见。嗣后如遇应出呼毕勒罕时，原不必将前后藏所有报出幼孩，尽皆试验，祗须由驻藏大臣就所报之人，查其略有家世及素有声望之户所报幼孩，择其福相聪慧数人将生年月日，归瓶签掣，微贱户属及相貌陋劣者，原可量加删汰，无庸一并签

① 中国藏学研究中心等：《元以来西藏地方与中央政府关系档案史料汇编》，中国藏学出版社1994年版，第810页。
② 中国藏学研究中心等：《元以来西藏地方与中央政府关系档案史料汇编》，中国藏学出版社1994年版，第814页。

掣。此事惟在驻藏大臣主持，秉公办理，本无格碍。①

这样确认呼毕勒罕的程序即改为：

藏传佛教组织推荐	+	驻藏大臣遴选	+	金瓶掣签	=	选定呼毕勒罕

《钦定西藏善后章程二十九条》第一条的内容表明，为了稳定西藏政局，乾隆帝最终未废除护法降神的参与权，保留其传统认定呼毕勒罕的第一步。然而此后不久该立法旋即被修订。由于西藏拉穆吹忠妄指漠北蒙古土谢图汗之子为赛音诺颜部额尔德尼班第达呼图克图的转世灵童，清政府遂于乾隆五十八年（1793 年）四月诏谕蒙藏各部，宣布禁止蒙古王公贵族子弟充选呼毕勒罕，"所有找寻呼毕勒罕一事，永远不准吹忠指认"②。这样清政府一方面立法将金瓶掣签推广至蒙古地区，另一方面禁止吹忠行使指认呼毕勒罕之权。那么此次立法究竟有没有取消吹忠（护法）在指定呼毕勒罕全过程中的作用呢？八世达赖喇嘛转世灵童的寻找过程可以为我们提供一种解释。据清朝官方档案记载，驻藏大臣转奏济咙呼图克图的话称："未敢降神护法、跳龙丹，惟有率领众喇嘛虔心念经，以求呼毕勒罕及早出世。又采访舆论，藏内大小人等佥云，第九辈达赖喇嘛应在东方出世。"③ 似乎这一次真的没有发生护法降神宗教行为。然而《九世达赖喇嘛传》却记载：

> 乃穷护法神曾两次附体于寺院一个名叫阿旺饶登的僧人，然后将一把刀子弄弯，降神预言说："此应于年吉曲科寺之官家是恰当而必要的，是为成就者。"说完此话后就再也没有附体。④

由此可见，护法在藏传佛教中的拥有重要宗教权威，仍然通过降神宗教行为对转世灵童的选择产生了重要的影响。清政府也不会不知道这种道理。故而，嘉庆以降编纂的《钦定理藩院则例》对指认呼毕勒罕制度又进行

---

① 《清高宗实录》卷 1423，乾隆五十八年三月辛丑。

② 张其勤原稿、吴丰培增辑：《清代藏事辑要》，西藏人民出版社 1983 年版，第 352 页。

③ 中国第一历史档案馆：朱批奏折民族类第 1442 号第 4 号，转引自柳陞祺等《清代在西藏实行金瓶掣签的经过》，《民族研究》1982 年第 4 期，第 18 页。

④ （清）第穆·图丹晋美嘉措著、王维强译：《九世达赖喇嘛传》，中国藏学出版社 2006 年版，第 11 页。

了修改，规定：

> 一、蒙古番子部落呈报胡图克图大喇嘛之呼弼勒罕出世，准于闲散台吉或属下人等及唐古忒平人之子嗣内指认，其达赖喇嘛、班禅额尔德尼之亲族及各蒙古汗王、贝勒、贝子、公、扎萨克台吉等子孙内，均禁止指认呼弼勒罕。①

该条是《钦定理藩院则例》中唯一一条关于选定转世灵童的规定。由该规范内容可知清朝中央政府逐渐将护法问题彻底从成文法律中删除或进行有意识地模糊处理，不再关心护法是否降神这一宗教行为，对指认行为的主体也不作明确界定，而是简要限定指认呼毕勒罕的具体范围，即不准许在前世达赖喇嘛、班禅额尔德尼之亲族及各蒙古汗、王、贝勒等子孙内拣选，将大活佛转世灵童的最终审批权归于中央政府。这也是活佛转世宗教行为核心问题的本质所在。回顾学界对该立法的评价，王献军认为清政府为杜绝世俗贵族对活佛职位的控制而否定"吹忠"降神选定活佛转世灵童的规定，确立起"金瓶掣签制度"，但该制度仅对达赖、班禅等大活佛的转世灵童的选择发挥着一定作用。② 著者认为该法适用范围并非仅仅限于达赖、班禅等最上层的活佛，也适用于其他上层活佛之转世；其确立的金瓶掣签制度的主要目的，也正在于对这些大活佛转世范围的调整，惟有大活佛转世宗教行为才具有重大的社会公共性，对清政府政治统治具有举足轻重的影响。该立法的意义即在于对转世的范围的限定从制度上保证着教权和世俗贵族权力的严格分离以及上层宗教贵族教权世袭的终结，也使法律的调整边界从护法降神宗教行为之中收缩，进而使规范具有明确、具体和可行性。

综上所述，从宗教学的角度观察，在大活佛转世过程中，护法具有较高的权力与权威，这种权力和权威本质上仍隶属于达赖喇嘛和班禅额尔德尼的最高教权，是后者的重要组成部分与延展。一般大活佛转世灵童确定

---

① （清）理藩院修、杨选第等校注：《理藩院则例》，内蒙古文化出版社 1998 年版，第 403 页。

② 参见王献军：《西藏政教合一制研究》，南京大学 1997 年博士学位论文，第 109 页。

的程序是，护法出面指认之后，达赖喇嘛或班禅再给予批准，① 护法指认仅仅是确认转世灵童众多程序中的一个程序。清代中国西部宗教立法的切入点不是达赖喇嘛的"审批权"，而是护法的"指认权"。这样既有助于维护达赖喇嘛和班禅额尔德尼的尊严，也有助于减少活佛转世改革的阻力，以护法降神的弊病迫使西藏僧俗贵族在活佛转世制度改革方面让步，承认国家收回转世灵童最终审批权之合理性。金瓶掣签立法充满了政治与法律智慧。宗教立法改革过程中护法降神指认权的确认、废止和淡化处理，实际体现着清政府根据实际情况不断对立法本身进行调整的法律发展观，也呈现出宗教团体、地方贵族与中央政府利益博弈的特点。该立法既有利于维护蒙藏地区政治的稳定，加强国家对蒙藏地区佛教的监管，又有利于宗教活动的有序展开。这种法律调整的方式不仅与当时清政府对蒙藏地区的主权管辖方式有关，而且更决定于蒙藏地区特定的宗教环境与政教合一的语境。在此种特定语境下，惟有大活佛的转世宗教行为才具有重大的社会公共性，对清代中国西部政治与民族关系才具有举足轻重的影响。更为重要的是，此种传统语境（context）即使在中国普遍宣传无神论的当下，在中国西部地方，尤其是藏区仍然以文化、信仰，甚至政治的方式发挥着其持久的影响力。这种影响的最为突出的政治表现即是世界范围内欧美西方国家暗中支持的"藏独"理论及其恐怖活动。因此，以西方颇具现代特色的政教分离的法政理论评价清代金瓶掣签立法，乃至抨击当下中国仍然适用的金瓶掣签制度显然有些不合时宜。总而言之，清政府对活佛转世和护法降神宗教行为的立法找寻到了法律调整的合理支点与切入点，较为合理地设定了世俗法律对宗教行为监督和干预的边界，体现了清代国家西部宗教立法循序渐进与因势利导的基本原则。

（二）对跨地区宗教行为的法律调整

1. 对西藏僧俗信众跨国宗教行为的法律调整

西藏地方与周边国家的宗教联系较为密切，每年均有许多信仰者至周边国家朝佛，尤其是至廓尔喀首都。廓尔喀入侵后事件发生后，清政府立法永远禁止藏地信众前往该地做佛事。乾隆五十七年（1792 年）十月，

① 佚名：《番僧源流考》，西藏人民出版社 1982 年版，第 28 页。

福康安等奏请：

> ……藏内僧俗人等向多前赴阳布朝礼神塔，达赖喇嘛亦每年遣人前往一次，难保其不奸良混杂，向亦毫无稽查。但僧俗人等总以阳布神塔最为灵应，朝礼必可获福，达赖喇嘛刷塔亦系数百年相传旧例。若即一概禁止，番民素性奉佛，转恐不无偷越之弊。嗣后凡遇达赖喇嘛差人刷塔及朝塔番民俱由驻藏大臣发给印票，限以回往日期，回藏日将照票缴销，不许逗留边外。现在廓尔喀业已诚心内附，如有逾限不回者，驻藏大臣即可行文廓尔喀部长查催，以昭严密。

福康安等提出的对跨国宗教行为的程序规范，经军机处大臣议复，被清朝中央政府最后否决。清帝认为："前已奉旨永行停止，均毋庸议。"[1] 清政府也禁止西藏其他教派与外国私自勾通联系。乾隆五十三年（1788 年），清政府训令第穆呼图克图等不得与外国私自交接。[2] 次年，谕令驻藏大臣传谕萨迦呼图克图，未经驻藏大臣批准不许与界外廓尔喀私自联系。[3] 对外国人至西藏进行熬茶等佛事活动，清政府也予以明确的限定。道光元年（1821 年）奏定："哲孟雄部长来藏熬茶，八年一次，届期不来，亦听其便。如未至八年，即行斥驳，如请来卓木避暑，即随时批驳。"[4]

2. 对大活佛宗教行为的规范

藏传佛教组织大活佛离开自己的住庙，前往他处学经、做佛事等，须经清政府审批，否则相关管理官员应承担一定的法律责任。如乾隆六年（1741 年），哲布尊丹巴奏请返回外蒙驻锡，得到清政府批准。[5] 乾隆八年（1743 年），二世哲布尊丹巴呼图克图擅自离开库伦赴额尔德尼召，土谢图汗敦丹多尔济未加阻拦，清政府对其渎职行为予以严旨切责。[6] 达赖

---

① 吴燕绍辑、吴丰培增订：《廓尔喀纪略辑补》卷 46，中国社会科学院民族研究所历史室 1977 年油印本，中央民族大学图书馆藏。

② 张其勤原稿、吴丰培增辑：《清代藏事辑要》，西藏人民出版社 1983 年版，第 219 页。

③ 《清高宗实录》卷 1339，乾隆五十四年九月辛丑。

④ （光绪朝）《钦定大清会典事例》卷 993《理藩院三一·禁令·西藏禁令》，中华书局 1990 年影印版。

⑤ 蒙文原著、陈仁先译：《蒙古逸史》，台湾广文书局有限公司 1976 年版，第 198 页。

⑥ 包文汉整理：《清朝藩部要略稿本》，黑龙江教育 1997 年版，第 86 页。

喇嘛、班禅额尔德尼呼毕勒罕选择经师、拟定法名、受戒、坐床等，均应由驻藏大臣奏请清政府批准。①

3. 对青海等地区蒙古信众入藏朝佛行为的法律调整

青海等地区蒙古僧俗人员前往西藏熬茶拜佛者较多，《钦定西藏善后章程二十九条》规定：青海蒙古王公等派人入藏迎请高僧活佛至其地做佛事的法律程序是，首先向西宁办事大臣申请，由西宁办事大臣咨文驻藏大臣，再由驻藏大臣发给执照，若有不领执照私自外出朝佛者，一经查出，将主管喇嘛僧官惩治。② 乾隆五十八年（1793 年）十月，清政府对此规范进行修订，认为由于蒙古地方辽阔，有些部落距钦差大臣驻扎地方较远，以前立法较难周知，即使知道有该项法律规定，也不能永远遵守，驻藏大臣如果因为信众没有票照而不准其来藏，则影响人们前来学经、瞻礼，进而影响到达赖喇嘛所得布施，故而规定：嗣后蒙古各部落人等赴藏，如在十人以上，即由本管王公台吉呈明理藩院及本处钦差大臣给与路票方准至西藏；其人数在十人以下，若情愿照例领票者，仍令一体发给，若无力领票，则允其自由来藏。清政府指出这样立法"于限制中仍寓体恤之意，商上布施亦可不致缺乏，较为两便"。③ 道光四年（1824 年），清政府对青海蒙古喇嘛入藏熬茶再次进行立法，规范喇嘛向地方政府申请票照的程序，规定："凡有北口各部落蒙古喇嘛赴藏熬茶，十人以上，仍留原处请票，十人以下无票出口者，由西宁何处营卡行走，即责令该营卡官弁查验人畜包物数目，报明青海衙门核给执照，一面移咨驻藏大臣查照，将票缴销；回时由驻藏大臣发给路票，在青海衙门查销。"④

4. 对西藏本地喇嘛外出做佛事等宗教行为的法律调整

为维护西藏地区的政治稳定，各寺僧人外出做佛事应当至驻藏大臣处

---

① （清）孟保著、黄维忠等点校：《西藏奏疏》，中国藏学出版社 2006 年版，第54 页。

② 中国藏学研究中心等：《元以来西藏地方与中央政府关系档案史料汇编》，中国藏学出版社 1994 年版，第 814 页。

③ 吴燕绍辑、吴丰培增订：《廓尔喀纪略辑补》卷 54，中国社会科学院民族研究所历史室 1977 年油印本，中央民族大学图书馆藏。

④ （光绪朝）《钦定大清会典事例》卷 993《理藩院三一·禁令·西藏禁令》，中华书局 1990 年影印版。

领取票照，不能随意外出，否则相关喇嘛僧官应当承担法律责任。《钦定西藏善后章程二十九条》规定：

> 达赖喇嘛所辖各寺活佛及僧人等，应一律详造名册，并责成噶伦填造各呼图克图所属庄户名册，一式二份，呈报驻藏大臣衙门及达赖喇嘛，以备稽查。嗣后各寺僧人凡无护照擅自外出者，一经查出，即承办该僧人主管堪布及札萨克等头目。[①]

乾隆五十八年（1793年），西藏噶勒丹锡呼图呼图克图未经批准，私自派喇嘛至蒙古部落化缘，受到清政府的斥责。[②] 此外，清政府禁止西藏喇嘛班第等私来内地和京师，规定在京喇嘛等奉使西藏时不得将该地班第擅自带回，违者，"除将该班第遇便仍递回籍外，该喇嘛罚钱粮一年"；西藏喇嘛等"非奉旨调取，不准私来"。[③]

5. 对蒙古和陕甘地方僧俗信众出境从事宗教活动的法律调整

蒙古各旗喇嘛出境拜佛熬茶，须至该管官处领取票照，不得私自出境。《钦定理藩院则例》规定：

> 各旗蒙古及喇嘛等出境，或载货贸易，或拜佛熬茶，于各该管官名下就近给发票据，并移咨交界各旗，按月派员实力巡查，如有私自出境者，除勒令回归本处，仍治以违例之罪。其蒙古地方接壤交界，并责成各该管官不时亲历巡查，如有别旗无业蒙古隐迹其间，立即逐回该旗，照例治罪，仍将容留之蒙古量予责惩。[④]

新疆地方蒙古喇嘛前往西宁、五台山等处朝佛，应从当地政府领取照票，由当地政府移咨西宁办事大臣，并上奏中央政府备案。如光绪时期，新疆境内的札哈沁旗总管曾向新疆巡抚陶模呈报本旗11人前往西宁地区

---

① 中国藏学研究中心等：《元以来西藏地方与中央政府关系档案史料汇编》，中国藏学出版社1994年版，第814页。

② 吴燕绍辑、吴丰培增订：《廓尔喀纪略辑补》卷51，中国社会科学院民族研究所历史室1977年油印本，中央民族大学图书馆藏。

③ （清）理藩院修：《理藩院则例》，杨选第等校注，内蒙古文化出版社1998年版，第413—414页。

④ （清）理藩院修：《理藩院则例》，杨选第等校注，内蒙古文化出版社1998年版，第302页；该条道光二十四年定，参见光绪朝《钦定大清会典事例》卷993《理藩院三一·禁令·内蒙古禁令》（中华书局1990年影印版）。

朝佛。陶模遂向清廷奏称：

> 臣查向章：凡蒙古喇嘛等遇有呈请前往五台山、西宁等处磕头者，一面具奏，一面发给照票，令其前往，久经办理有案．今札哈沁德木齐喇嘛达尔嘉等呈请前往西宁棍佈木招磕头，自应照准，除由臣发给照票一张暨咨行西宁办事大臣查照，俟该德木齐喇嘛达尔嘉等磕头事竣即饬催回旗外，理合具折奏闻，伏祈皇太后、皇上圣鉴。谨奏。光绪二十七年十一月二十四日拜发。二十八年正月十七日递回，奉朱批：该衙门知道。钦此。十二月十九日。①

由奏折的内容及行文时间可见，清朝地方官员和蒙古地方官员有责任对该地蒙古喇嘛出境从事宗教活动进行监督，直至清末这种执法工作的效率仍然较高。

漠南蒙古各部贵族前往五台山等处做佛事，也应当报清政府备案，遵守相关法律。《钦定理藩院则例》规定：漠南蒙古王、贝勒、贝子、公、扎萨克等前往五台山进香者，应将所带跟役数目及其行走路线呈报本盟盟长，由其报理藩院备案，咨行兵部发给路引；佛事完毕回旗后，应将原领路引缴回理藩院，咨送兵部查销；所带跟役人数，亲王和郡王不得过 80 名，贝勒、贝子、公等不得过 60 名，且不准携带鸟枪。②

漠南蒙古喇嘛欲赴漠北、漠西蒙古等处，必须至当地政府领取票照，亦不许擅自容留漠北、漠西蒙古喇嘛人等，否则应承担一定法律责任。《钦定理藩院则例》规定：归化城喇嘛，若有事故赴喀尔喀、额鲁特等处者，均令报明该将军，详细稽察，毋许妄为；不得擅自留住额鲁特、喀尔喀地区的格隆、班第等，违者依照喇嘛私请私行例，各罚一九牲畜。③

对于岷洮地区喇嘛至青海蒙古地区做法事等行为，《钦定理藩院则

---

① 马大正、吴丰培：《清代新疆稀见奏牍汇编（同治、光绪、宣统朝卷）》（中册），新疆人民出版社 1997 年版，第 1094 页。

② （清）理藩院修、杨选第等校注：《理藩院则例》，内蒙古文化出版社 1998 年版，第 296 页；该条雍正六年定，参光绪朝《钦定大清会典事例》卷 993《理藩院三一·禁令·内蒙古禁令》（中华书局 1990 年影印版）。

③ （清）理藩院修、杨选第等校注：《理藩院则例》，内蒙古文化出版社 1998 年版，第 411 页；顺治十七年定，参见光绪朝《钦定大清会典事例》卷 993《理藩院三一·禁令·喇嘛禁令》（中华书局 1990 年影印版）。

例》规定：洮岷地方喇嘛以治病攘灾为名逛骗蒙古者，扎萨克严行禁止；如系治病有益，则令容留，不得借词逛骗；若有违例隐藏者，发觉时，除喇嘛逐回原籍外，仍将该旗扎萨克等一并议处。①

禁止无固定住所的游方僧侣在蒙古各地游荡。"格隆、班第等，不得将游方喇嘛擅行收留，违者，比照喇嘛私请私行例，各罚一九牲畜。"②

对五台山本地和蒙古地区喇嘛圆寂后骨殖埋葬问题，《钦定理藩院则例》规定："凡喇嘛僧道、旗民蒙古人等之骨殖，不准送往五台山埋葬。如蒙古达喇嘛等，有愿将骨殖送往五台山埋葬者，由院具奏，请旨遵行。其本处喇嘛僧道尸骨，令其远离寺庙埋葬。"③

总之，清政府主要通过对跨地区宗教行为的导引性规范，以行政监察、审批的方式，使中国西部广大地区的藏传佛教活动保持保持着一定的秩序，有助于避免因宗教活动的无序而带来地区的政治动荡。

（三）对藏传佛教信众出家行为的法律调整

依照宗教的标准，藏传佛教传布和发展的一个重要标志是喇嘛僧侣人数的多少。清朝虽然为实现广教安民、安辑蒙藏的立法目的，在北京、直隶、漠北蒙古、漠南蒙古等地区大力兴建藏传佛教寺院，并且对蒙藏地区信众出家为僧为尼的行为在法律上给予一定优待，但是在蒙古地方仍有一定限制，对私当喇嘛班第、容留无籍喇嘛和妇女私自出家的宗教行为进行较为严厉的刑事处罚。

1. 对私当喇嘛班第和容留无籍喇嘛行为的法律调整

班第，藏文音译，本是对佛教僧人的统称，清代用为蒙藏佛教僧人最低的一种等级。④《蒙古律例》规定：喇嘛等将家奴及他人送来之人收为

---

① （清）理藩院修、杨选第等校注：《理藩院则例》，内蒙古文化出版社 1998 年版，第 412 页；雍正三年题准，参见光绪朝《钦定大清会典事例》卷 993《理藩院三一·禁令·喇嘛禁令》（中华书局 1990 年影印版）。

② （清）理藩院修、杨选第等校注：《理藩院则例》，内蒙古文化出版社 1998 年版，第 414 页。

③ （清）理藩院修、杨选第等校注：《理藩院则例》，内蒙古文化出版社 1998 年版，第 415 页；雍正六年议准，参见光绪朝《钦定大清会典事例》卷 993《理藩院三一·禁令·喇嘛禁令》（中华书局 1990 年影印版）。

④ 任继愈：《佛教大辞典》，江苏古籍出版社 2002 年版，第 980 页。

班第，并将无籍班第隐匿存留者，将该管大喇嘛革退，罚三九牲畜，格隆、班第等罚三九牲畜；内地人将家人作为班第送与喇嘛，并将无籍私行之喇嘛、班第隐留者，自该都统以下，小领催以上，将隐匿之人与为首者一并交部，从重治罪；外藩蒙古地方除档内所载之喇嘛外，应将私自混行喇嘛班第尽行驱逐，若隐留不予驱逐并将属下家奴私为班第，且被别人及属下家奴举报者，系王、贝勒、贝子、公、扎萨克台吉，罚马五十匹，系官则革职，系平人则鞭一百，该管王、贝勒、贝子、公、台吉罚俸九个月，管旗章京、副章京、参领罚一九牲畜，佐领骁骑校罚二九牲畜，小领催、十家长鞭一百，将所罚之牲畜的三分之一分给予举报者，若系属下家奴举报，令其出主家，将私为班第之人、私住之喇嘛班第均革退，发回本旗本主。① 《钦定理藩院则例》规定：喇嘛不准将本身家奴及外人家奴容留并作为班第，倘有隐匿容留者，将该喇嘛罚三九牲畜；管旗之王、贝勒、贝子、公、台吉、塔布囊等私自送家奴充当班第者，各罚扎萨克一年俸禄；不管旗之王、贝勒、贝子、公、台吉、塔布囊以及无俸官员、平人等，若将自己的家奴充当班第者，均折罚二九牲畜，仍将私充班第之人驱逐回藉；察哈尔八旗及牧群人等有犯，也照此办理。②

由此可见，乾隆时期对于私当喇嘛班第、容留无籍喇嘛班第等行为的处罚较为严厉，处罚种类有罚畜、罚俸和鞭刑，以现代法律理论而言，其法律责任之设定包括刑事责任和行政责任；嘉庆以降重点由喇嘛僧官和蒙古地方官员和贵族承担相关法律责任，但总体精神变化仍未改变，其中含有国家监控喇嘛人数和政教分立意义，处罚方式主要是罚畜和罚俸。

2. 对青壮年蒙古牧民私自出家行为的刑法调整

为保护蒙古地区的生产力和较为可靠的兵源，禁止青壮年蒙古牧民私自出家是清政府一贯坚持的立法原则。《蒙古律例》规定：披甲壮丁不得私为乌巴什，年老、残疾、丁册裁名之人有愿为乌巴什者，听之；若披甲

---

① 《蒙古律例》，台湾成文出版社有限责任公司 1968 年影印手抄本，第 45—47 页。

② （清）理藩院修、杨选第等校注：《理藩院则例》，内蒙古文化出版社 1998 年版，第 414 页；此条康熙十年定，参见光绪朝《钦定大清会典事例》卷 993《理藩院三一·禁令·喇嘛禁令》（中华书局 1990 年影印版）。

壮丁私为乌巴什,照私为喇嘛班第之例治罪。① 此种法律规范从清初一直适用至清末。《钦定理藩部则例》也规定:"凡蒙古地方骁骑壮丁,不准私为乌巴什。违者,照私为格隆、班第例办理。其年老残废、丁册除名之人,愿为乌巴什者,听其自便";"蒙古妇女不准私为齐巴罕察,违者,亦照私为班第例办理。"② 如果将该立法与蒙古地方的比丁立法相联系则其中隐含的立法目的更加明确。③

(四)对喇嘛念经治病等宗教行为的规范

喇嘛外出念经治病须报明该管喇嘛,不许私请私行。乾隆时期《蒙古律例》规定,欲请喇嘛班第等念经治病者,将缘由禀明该管大喇嘛,准其带往,带往之人须送回特交付大喇嘛;若喇嘛班第等留宿于所去之家,不告知大喇嘛私自行走,延请之人不告知大喇嘛带往,令其住于其家内者,将擅行住宿之喇嘛班第罚三九牲畜存公,将私自带往之人交院治罪。④《钦定理藩院则例》则规定:凡延请喇嘛班第等治病念经,须报明该管喇嘛,准其带往;事毕后,仍令延请之人送回该庙;若未经报明该管喇嘛,"私请私行者,各罚一九牲畜,失察之该管喇嘛罚五九牲畜。如擅行住宿,将擅宿、留宿之人各罚三九牲畜,失察之该管喇嘛罚一九牲畜"。⑤ 由此可见,清代立法一直强调宗教行为中喇嘛僧官、信众和喇嘛当事人等多方法律责任,责任承担方式始终为"罚畜",对念经治病这种宗教行为采用疏导而非堵截的方式进行规范。

(五)对喇嘛僧侣服色的法律规范

喇嘛僧侣服色是藏传佛教的重要宗教行为之一。它不仅是藏传佛教区

---

① 《蒙古律例》,台湾成文出版社有限公司1968年影印手抄本,第45页。

② (清)理藩院修、杨选第等校注:《理藩院则例》,内蒙古文化出版社1998年版,第414—415页;该条康熙十年定,参见光绪朝《钦定大清会典事例》卷993《理藩院三一·禁令·喇嘛禁令》(中华书局1990年影印版)。

③ 清政府出于军事等目的对蒙古地方的成年人口设定有严格的统计制度,并且规定了较为严厉的法律责任,禁止私卖人丁和逃散人口。这些法律规定与禁止蒙古地方信众私自出家的制度相互补充,一直执行至清末,且逐渐完善。请参见(清)李宗昉等修:《钦定理藩院则例》,故宫珍本丛刊本,海南出版社2000年影印版,第250—260页;上海大学等点校:《钦定理藩部则例》,天津古籍出版社1998年版,第106—111页。

④ 《蒙古律例》,台湾成文出版社有限责任公司1968年影印手抄本,第212—213页。

⑤ (清)理藩院修、杨选第等校注:《理藩院则例》,内蒙古文化出版社1998年版,第412页。

分于其他宗教的重要标志，而且也隐含着宗教组织内部的等级秩序。清政府从清初即开始对喇嘛服色进行法律调整，各个时期的规定不尽相同，迄止康熙时期相关规范与制度才逐渐明晰和完善。康熙六年规定："喇嘛等许服金黄、明黄、大红等色，班第等许服大红色，其余不得擅服。曾蒙恩赏赐者，各色均准服用。违者，达喇嘛罚牲畜一九，班第以下鞭一百。"乾隆朝《蒙古律例》规定更加详细，格隆等穿用黄色、金黄色衣服，班第等穿红色衣服，班第之帽准用素色，乌巴什、乌巴三察不许穿用黄色、金黄色；喇嘛等若御赐各样衣服，准其穿用；大喇嘛等违此穿用者，罚一九牲畜；班第、乌巴什、乌巴三察等，鞭八十。[①] 嘉庆朝以降的《钦定理藩院则例》规定：

> 喇嘛等例服金黄、明黄、大红等色，其余颜色不准擅服。其扎萨克喇嘛并由藏调来之堪布等，并准其服用貂皮、海龙皮褂外，其余达喇嘛以下及胡图克图喇嘛等之跟役徒众，不准僭服。此外一切服饰，均不得滥用。违者，照违制例治罪，并将失察之胡图克图喇嘛等，一并随案拟议。[②]

该规定实际是重申康熙、乾隆年间确立的制度。《大清律例》规定，违式僭用，有官者杖一百，罢职不叙；无官者笞五十，罪坐家长。[③] 由此可见，对喇嘛违法着装行为的处罚有着一套较为严格规范体系，并强调管理喇嘛僧官的法律责任。

（六）对喇嘛违反清规行为的法律调整

违反清规行为虽然不能从正面定性为宗教行为，但是对其进行规范却是对藏传佛教相关宗教行为与信仰的保护和认可，进而有助于维护一定的宗教活动秩序，也是保证社会稳定的重要条件。

1. 对喇嘛通奸行为的法律规制

格鲁派是藏传佛教中宗教戒律最为严格的教派，这也是格鲁派在藏地

---

① 《蒙古律例》，台湾成文出版社有限责任公司 1968 年影印手抄本，第 211 页。

② （清）理藩院修、杨选第等校注：《理藩院则例》，内蒙古文化出版社 1998 年版，第 411 页。

③ 张荣铮等点校：《大清律例》，天津古籍出版社 1998 年版，第 288 页。

发展迅速与受到敬仰的重要原因之一。① 其中禁止娶妻和通奸是重要的戒律之一，与儒家思想中的"男女有别"思想有着一种暗合的关系。清朝历代以法令的形式禁止寺庙容留妇女，也禁止僧侣随便留宿于施主家中，主要出于该方面的考虑。这种规范具有国法和教法的双重性质。禁止喇嘛娶妻与通奸的立法在关外时期业已开始。② 清朝入关后基本上继承了此种立法及其精神。法律不但对通奸喇嘛进行较为严厉的处罚，而且对犯奸妇女也进行惩罚。乾隆朝《蒙古律例》规定，喇嘛宿于无夫之妇女家内，革退喇嘛，鞭一百，外地妇女亦鞭一百，内地妇女交部治罪；若齐巴汗察行奸者，将其革退，鞭一百，该管大喇嘛罚三九牲畜，扎萨克喇嘛等罚二九牲畜，德木齐等各罚一九牲畜，存公备赏；喇嘛等住房内容留妇女者，大喇嘛罚二九牲畜，德木齐等一九牲畜，格隆、班第等各罚五牲畜，存公备赏。③《钦定理藩院则例》则规定，喇嘛所住庙宇内不准妇女行走，违者，容留之大喇嘛罚二九牲畜，德木齐罚一九牲畜，格隆、班第等罚五牲畜，存公备赏；所住妇女之夫若是内地官员和民人则一并交部治罪。④ 由此可见，罚畜刑和鞭刑是处罚喇嘛通奸行为的主要惩罚方式。但是，已出家当喇嘛的家奴与其原家主的妻妾通奸的行为依照刑例"家奴奸家长妻妾例"办理，其中奸家长之妻者各斩决，奸家长之妾者绞监候；已当喇嘛之属下阿勒巴图奸所属台吉之妻者，奸夫奸妇俱绞监候，奸台吉等之妾者，奸夫奸妇俱枷号两个月，鞭一百，奸妇鞭决枷赎。⑤ 由此可见处罚之严厉，体现了尊卑有别的儒家原则。

2. 对班第违犯清规行为的法律调整

对于班第违犯清规，清政府规定："凡各寺庙班第等不守清规，该师

---

① 参见柳陞祺：《西藏的寺与僧（1940 年代）》，中国藏学出版社 2010 年版，第 47 页。

② （康熙朝）《大清会典》，近代中国史料丛刊三编第 72 辑，台湾文海出版有限公司 1992 年影印版，第 3628 页。

③ 《蒙古律例》，台湾成文出版社有限公司 1968 年影印手抄本，第 211 页。

④ （清）理藩院修、杨选第等校注：《理藩院则例》，内蒙古文化出版社 1998 年版，第 415 页。

⑤ （清）理藩院修、杨选第等校注：《理藩院则例》，内蒙古文化出版社 1998 年版，第 327 页。

呈请驱逐，必须该管之达喇嘛等讯明，果有实迹方准驱逐，如有屈抑之处概不准行。倘该喇嘛等知情徇庇、故意容留，该达喇嘛降二级调用，德木齐随同隐匿，降一级调用。"① 由此可见，班第违犯清规的处理程序是：师傅呈请——达喇嘛（大喇嘛）讯明——（若实）驱逐。隐匿不报者的法律责任是达喇嘛降二级调用，德木齐降一级调用，强调喇嘛僧官的行政责任。

（七）对藏传佛教僧侣人数、身份等方面的法律调整

清政府对藏传佛教僧侣人数、身份的法律调整首先表现于严格控制僧侣人数，实行喇嘛注册制度。关外时期，皇太极出于当时形势的考虑，禁止喇嘛广收门徒，命令将喇嘛收集的徒弟各归本主。天聪七年规定，宗教组织招收徒弟应当呈报吏部。② 入关之后，清政府逐渐加强对喇嘛人数的控制和管理。顺治时期，规定除院册有名喇嘛之外，不许增添；康熙十八年（1679 年），规定宗教组织若不向政府注册喇嘛班第的人数，则依照隐丁罪予以处罚。③

其次，推行度牒制度。学者杨健通过分析喇嘛与汉地僧人名称的区别，认为关外时期尚未在藏传佛教管理中使用汉地的度牒制度。④ 入关之后，清政府逐渐将对汉传佛教相关立法经验部分用于对藏传佛教事务的调整。至今明确记载清朝推行度牒制度的文献与法规是康熙朝《钦定大清会典》。康熙十六年（1677 年）清政府规定：

> 札萨克首领喇嘛，给与印信，其余喇嘛、班第等，给与禁条度牒。盛京、西勒图库伦、归化城首领喇嘛，亦给与印信。部册有名喇嘛、班第给与度牒。外藩四十九旗，每旗设首领喇嘛一员，给与

---

① （清）理藩院修、杨选第等校注：《理藩院则例》，内蒙古文化出版社 1998 年版，第 424 页。

② （康熙朝）《钦定大清会典》，近代中国史料丛刊三编第 72 辑，台湾文海出版有限公司 1992 年影印版，第 3628 页。

③ （雍正朝）《钦定大清会典》，近代中国史料丛刊三编第 77 辑，台湾文海出版有限公司 1994 年影印版，第 14404—14405 页。

④ 杨健：《清王朝佛教事务管理》，社会科学文献出版社 2008 年版，第 474—475 页。

度牒。①

由此可见，度牒制度在藏传佛教僧众管理中有两层含义：一为授予首领喇嘛以管理属下喇嘛班第等权力的意义，二为确定喇嘛班第的僧人身份，其中与汉传佛教度牒制度的一个区别是禁条度牒的出现。②

雍正时期，清政府推广度牒制度于陕甘地区藏传佛教僧侣的管理之中。陕甘总督年羹尧曾奏准在西宁地区实行度牒制度，其奏折称：

> 臣请自今以后，定为寺院之例：寺屋不得过二百间，喇嘛多者止许三百人，少者不过数十人而已。仍请礼部给以度牒，填写姓名、年貌于上，每年令地方官稽查二次，取寺中首领僧人出给不致容留匪类奸徒甘结存案。如喇嘛遇有物故者，即追其度牒缴部。每年另给度牒若干张，交地方官查收，遇有新近披剃之人，查明填给。③

由上可知，雍正时期向藏传佛教僧侣颁发度牒的机构仍然是礼部，度牒的基本内容包括僧侣的姓名、年貌等信息。清政府在甘肃循化等地区也开始推行度牒制度。《循化厅志》记载河州口内外藏族寺院曾"各照度牒名数分领口粮、衣单"④。

乾隆时期清政府继续对藏传佛教推行度牒制度。乾隆元年（1736年）清廷发布上谕：

> 从前部议发给僧、道度牒一事，每岁发给数目，作何题奏，未经议及，恐有司视为具文，无从稽考。着各省将给过实数及事故开除者，每年详晰造册报部，该部于岁底汇题。今年初次奉行，其题奏之

---

① （康熙朝）《钦定大清会典》，近代中国史料丛刊三编第73辑，台湾文海出版有限公司1993年影印版，第7071—7072页。

② "禁条"，顾名思义，应当是指含有某种禁止性行为法律规范，此处将禁条与度牒同用说明其内容与普通度牒内容不同。杨健先生认为禁条的出现与清初中央政府与准噶尔等蒙古部关系紧张有关，是一种新的度牒形式。著者认为立法之所以将札萨克首领喇嘛及其下属喇嘛、班第单独列出，并强调给其下属的是禁条度牒是为了强调后者的法律义务。请参见杨健《清王朝佛教事务管理》，社会科学文献出版社2008年版，第474页。

③ 李永海等翻译点校：《年羹尧满汉奏折译编》，天津古籍出版社1995年版，第287页。

④ （清）龚景瀚编、李本源纂修：《循化厅志》，台湾成文出版社1968年影印版，第9页。

处，着于乾隆二年为始。至喇嘛给发度牒，亦照此例行。①

由此可知，在雍正以前，度牒制度并不完备。此次上谕是对喇嘛度牒制度的完善，强调相关官员的办理程序。乾隆八年（1743 年）以后，清朝中央开始授权理藩院主管度牒的发放与管理。② 清代西部宗教立法中有关度牒制度的规定一直坚持推行至清末。③ 光绪朝《钦定理藩院则例》规定："凡内外扎萨克等旗喇嘛等，呈请札付度牒者，由院给与，年终汇奏。"④ 由此可知，度牒后来成为一种喇嘛权利的象征，也可视为清政府通过鼓励喇嘛僧侣领取度牒来调整出家行为的一种特殊方式。

综上所述，清代中国西部宗教立法对藏传佛教的活佛转世行为、跨地区宗教行为、出家行为、宗教仪轨等方面进行了较为系统而全面的调整，调整方式主要以行政引导方式为主，将度牒制度扩大适用于藏传佛教管理，具有突出强调合法宗教行为的程序性的特征，即宗教活动必须依法定程序接受国家的监督，所有宗教行为应以维护国家的政治稳定为前提，遵循了因势利导的基本原则。

二、清代中国对西部伊斯兰教宗教行为的法律调整

（一）对普通穆斯林礼拜行为的法律调整

礼拜是伊斯兰教"五功"之一，是穆斯林向安拉表示感恩、赞美、恳求和禀告的一种宗教仪式，穆斯林每周星期五举行一次聚礼，每年开斋节和宰牲节到清真寺举行会礼。⑤ 清代对新疆地区穆斯林礼拜行为进行法律调整的资料至今笔者还未发现。清政府对陕甘地方穆斯林礼拜行为的法律调整首先表现于"强令清真寺设立万岁龙牌，加强皇权统治，让穆斯

---

① 中国第一历史档案馆：《乾隆朝上谕档》第 1 册，中国档案出版社 1991 年影印版，第 101 页。

② 《钦定大清会典则例》，文渊阁四库全书史部政书类，总第 624 册，台湾商务印书馆影印版，第 519 页。

③ 张其勤原稿、吴丰培增辑：《清代藏事辑要》，西藏人民出版社 1984 年版，第 442 页。

④ （清）理藩院修、杨选第等校注：《理藩院则例》，内蒙古文化出版社 1998 年版，第 412 页。

⑤ 张世海：《中国回族暨伊斯兰教研究》，甘肃民族出版社 2007 年版，第 137 页。

林诵经,恭祝皇帝万寿无疆"①。清末左宗棠的《谕回民告示》曾经提及
"万岁龙牌",内称:

> 乾隆间,两江总督部堂萨、江苏巡抚部院朱奏回教不宜留于中
> 国,高宗纯皇帝天语训饬,各省回寺恭奉谕旨,泐立石碑且供奉万岁
> 牌以志感戴,是国家久宏复怖之施,而回民于国家亦极深怙冒之
> 感也。②

有关万岁牌的记载最早出现于乾隆四十六年(1781年)两广总督巴延三
和广东巡抚李湖所上的奏折中,内称广东省城有礼拜寺四所,正中供奉万
岁牌,每月朔望掌教率众向万岁牌叩头。③ 而乾隆四十六年正是全国伊斯
兰教信仰受到沉重打击的一年。甘肃省苏四十三事变/起义被镇压之后,
乾隆帝在全国对伊斯兰教实行高压立法,令各省伊斯兰宗教组织取消掌
教、总掌教等名号,导致政教关系非常紧张。④ 穆斯林为保护宗教信仰和
自身安全,所以才在清真寺中刻碑立牌,表示对清政府的政治忠诚,从此
以后成为惯例,得到朝廷的认可,并非左宗棠所说系回民对清政府表示
"感戴"。事实上这种做法最后成为得到清政府认可的习惯法,一直推行
到清末民初。⑤ 其次,表现于对陕甘地方,尤其是对甘肃河州等地区的穆
斯林礼拜行为进行严格限制。《甘肃善后章程》曾经规定穆斯林不得聚集
礼拜寺念经;乾隆五十四年(1789年),陕甘总督又规定该地不许容留外
来人教经、学经,不许此村之人前往彼村念经,不许保存《卯路经》、
《明沙经》等新教经典,禁止穆斯林信仰新教。⑥

（二）对伊斯兰教职人员宗教行为的法律调整

清政府对陕甘地方伊斯兰教职人员宗教行为的法律控制非常苛刻,尤

---

① 余振贵:《中国历代政权与伊斯兰教》,宁夏人民出版社1996年版,第183页。
② (清)左宗棠:《左宗棠全集》第16册,上海书店1986年版,第14583—14584
页。
③ 余振贵:《中国历代政权与伊斯兰教》,宁夏人民出版社1996年版,第184页。
④ 《清高宗实录》卷1130,乾隆四十六年五月己卯。
⑤ 李兴华等:《中国伊斯兰教史参考资料选编(1911—1949)》(上),宁夏人民出版
社1985年版,第158页。
⑥ (清)龚景瀚编、李本源纂修:《循化厅志》,台湾成文出版社1968年影印版,第
182—184页。

其于苏四十三回民事变/起义之后。《甘肃善后事宜》等相关法律规定：教职人员不许在宗教活动过程中念习《明沙经》、《卯路经》等新兴宗教之经典，否则以邪教罪论处；宗教仪式必须依照传统方式进行，不得摇头脱鞋念经和添建礼拜寺；应将掌教改称乡约、循化总掌教改称总练，不得复称掌教、总掌教、老师傅等旧称；只准于本村寺内念经，不许至外村地方从事宗教活动；出任管寺乡约的教职人员必须每年向清政府出具没有违法行为的具结。① 清政府也对宗教布施进行干预。清廷认为："若地方官留心劝导，使旧教舍多取少，新教自无从招集，或竟能使旧教所取念经钱文更减于新教，则小民希图省费，新教亦自必皆归旧教，其新教不禁而自止矣"②，并因此并多次谕令地方官劝令甘肃地方老教减少宗教布施，以获得更多穆斯林的信仰与支持。③ 这些规定遭到新教和老教的一致反对。其中花寺门宦教主马一一拒绝向清政府出具改习旧教具结。④ 穆斯林信众对这些行为规范的抵制使其逐渐成为具文。田五事变/起义之后，清廷逐渐放弃这些规范的使用。

清政府对回疆地方伊斯兰教职人员宗教行为的调整表现于多方面。首先，要求阿訇必须熟悉经典、为人诚实公正，要求相关荐举人员承担相应的法律责任。《钦定回疆则例》规定：

> 回疆阿浑为掌教之人，回子素所遵奉，遇有缺出，由各庄伯克回子查明通达经典、诚实公正之人，公保出结，准阿奇木伯克禀明该管大臣点充。并于每月朔望赴大臣衙门叩见，日久熟认。如有不知经典、化导无方，或人不可靠及剥削回户者，即行惩革，并将原保之阿奇木伯克等，一并参办。⑤

其次，禁止莫洛回子念习黑经。《钦定回疆则例》规定：

> 各城莫洛回子，如有习念黑经者，查出即行报明审实，分别久

---

① （清）龚景瀚编、李本源纂修：《循化厅志》，台湾成文出版社 1968 年影印版，第182—184 页。

② 《清高宗实录》卷 1341，乾隆五十四年十月甲戌。

③ 《清高宗实录》卷 1343，乾隆五十四年十一月辛亥。

④ 《清高宗实录》卷 1202，乾隆四十九年闰三月癸亥。

⑤ 《钦定回疆则例》卷 8，张锐智、徐立志主编：《中国珍稀法律典籍集成》丙编第 2 册，科学出版社 1994 年版，第 519 页。

暂，酌拟发遣枷责，咨部核复遵办。仍于每岁孟春，由该管大臣申明
定例，出示晓谕，严行饬禁，该管伯克等亦不得籍端滋扰。①

莫洛，又称毛拉，是伊斯兰教职人员之一种。据《回疆志》记载："又有
识字之回，号莫洛，惟粗识文义"。② 莫洛回子不仅从事宗教服务，而且
还为清政府办差。《钦定回疆则例》卷五规定："回疆各城驻扎大臣衙门
各准用通事十二名、毛拉十名。"在处理回疆事务的过程中，那彦成等大
臣奏称："各城大小衙门通事、毛拉及护役回子原不可少。臣现经酌定各
城大臣衙门各准用通事十二名、莫洛十名、护役回子二十名。"③ 由此可
见，莫洛回子拥有重要社会政治地位，是沟通地方政府与当地居民的重要
社会阶层。所谓"黑经"系指回疆伊禅派神秘经典。清政府禁止莫洛回
子念习伊禅派经典，主要是担心其参加和卓的反叛活动，鼓动白山派信众
反清。再次，禁止内地回族至回疆充当阿訇，④ 以防范内地穆斯林与回疆
穆斯林相连结，反抗清政府的统治。总之，清政府对回疆伊斯兰教上层教
职人员及其宗教行为有关的宗教修为、道德品质等较为重视，重点通过限
制其念习经典、人员拣选范围以维护该地方的政治稳定。

综上所述，清代中国西部宗教立法对伊斯兰教普通信众和教职人员的
宗教行为进行了严格的限定和规范。其中，调整对象与范围涉及宗教经
典、宗教活动地点、宗教布施、宗教仪式等核心宗教行为与私密宗教行
为，禁止性规范较多，引导性规范较少；法律责任方式以刑事方式居多，
严重违背了因势利导与循序渐进的基本原则，也颠覆了传统的对伊斯兰教
宗教行为的宽容政策，使清政府对伊斯兰教宗教行为的法律调整失去了平
衡的支点，尤其是动辄以武力为后盾，以邪教罪裁处相关教争和对待新兴
的伊斯兰教派，为西部陕甘、青海、云南等地方的民族宗教歧视与矛盾埋
下了祸根，几乎使其在西部的统治受到致命的威胁，也造成了清末中国西

---

① 《钦定回疆则例》卷 6，张锐智、徐立志主编：《中国珍稀法律典籍集成》丙编第 2
册，科学出版社 1994 年版，第 500 页。

② （清）苏尔德：《回疆志》，台湾成文出版社 1968 年影印版，第 48 页。

③ （清）那彦成：《那文毅公奏议》，续修四库全书史部诏令奏议，总第 497 册，上海
古籍出版社影印本，第 723 页。

④ 《钦定回疆则例》卷八，张锐智、徐立志主编：《中国珍稀法律典籍集成》丙编第
2 册，科学出版社 1994 年版，第 523 页。

部社会秩序的严重动荡。①

第二节　清代中国对西部宗教财产的法律调整

所谓宗教财产，是指由"宗教团体、宗教活动场所合法使用的土地，合法所有或者使用的房屋、构筑物、设施，以及其他合法财产、收益"②。清代中国西部宗教财产权的主体主要指国家、宗教组织及其上层教职人员，宗教财产权的客体包括耕地、房屋、牧地、农奴、化缘收入及其他宗教服务收入等，占有方式包括教职人员占有和宗教组织占有等。清政府对宗教财产及其占有进行调整的法律形式较多，如成文法律和惯例等。

一、清代对藏传佛教财产的法律调整

（一）清代藏传佛教财产权的主体

清代藏传佛教财产权的主体较为复杂，除宗教组织外，还包括国家、教职人员等。

1. 清代国家

国家，是清代中国西部宗教财产权较为特殊的主体。清政府将藏传佛教纳入国家信仰体系之后，在热河、多伦诺尔等建立起许多国有寺庙。这些寺院的财产所有权属于皇家或国有，寺庙宗教活动所使用的法器、房屋等宗教财产，若有遗失或遭受偷盗，相关喇嘛僧官与当事人应当对国家负一定法律责任。《钦定理藩院则例》规定：

> 凡各寺庙供器什物，如被班第等偷窃，除将该犯僧送部治罪外，若系本管之喇嘛等自行查出，咎止先事疏防，达喇嘛罚钱粮三个月，德木齐罚钱粮六个月。若该管之喇嘛并未查出，别经告发者，该喇嘛等革职，胡图克图罚钱粮六个月。知情隐匿者连坐，掌印之胡图克图

---

① 请参见杨永福：《国内五十年来回民起义研究述评》，《云南社会科学》2001 年第 5 期。

② 《宗教事务条例》，宗教文化出版社 2005 年版，第 10—11 页。

各罚钱粮一年。①

该规范中的寺庙即指国有或皇家寺院。由此亦看见清政府对于国有寺庙财产保护之严密。

2. 僧侣贵族

僧侣贵族是清代中国西部地区重要的社会阶层，拥有较高的政治、经济和法律地位。如西藏的寺院、地方政府和世俗贵族构成了三大领主阶层。② 其中寺院主要控制于僧侣贵族手中。高级僧侣贵族，即活佛，又称朱古，在西藏拥有自己的拉章，管辖自己的私人财产。按照惯例，僧侣贵族的庄园一般都领有免除差役的执照，受到清朝中央和地方的法律保护。③

3. 宗教组织

僧侣贵族是宗教组织的领导阶层，在宗教组织建立初期，僧侣贵族是宗教财产的主要占有者，但是随着组织的扩大和分化，寺庙也逐渐成为宗教财产权的重要主体之一。活佛转世制度的创立和发展即是为了更好的保有和扩大宗教团体的财产份额。在活佛转世制度之下，寺庙逐渐成为较为稳定的财产权主体，成为蒙藏地区社会财富的重要占有者，以至于西方学者认为"喇嘛教和召庙不动产制度，成了分割而不是联合蒙古人的工具"。④ 西藏的寺庙组织也占有大量社会财富，以不动产计，西藏地方政府、寺院组织和世俗贵族所占土地的比例大致为 40：25：35。⑤

（二）清代藏传佛教财产权的客体

清代藏传佛教财产权的客体包括寺庙、宗教组织所属房屋、耕地、牧地、山地、信众布施、政府补贴等。

1. 寺庙

此处所指的"寺庙"不是一种社会组织体，而是一种物化的不动产，

---

① （清）理藩院修、杨选第等校注：《理藩院则例》，内蒙古文化出版社1998年版，第424页。

② 参见孙镇平：《清代西藏法制研究》，知识产权出版社2004年版，第64页。

③ 参见徐晓光：《藏族法制史》，法律出版社2000年版，第196页。

④ ［美］拉铁摩尔著、唐晓峰译：《中国的亚洲内陆边疆》，江苏人民出版社2005年版，第57页。

⑤ 多杰才旦：《西藏封建农奴制社会形态》，中国藏学出版社2005年版，第116页。

是清代藏传佛教僧侣居住及其信众获得宗教体验的重要场所，作为"佛、法、僧"三宝之一，是藏传佛教最具有宗教性的主要宗教财产。满洲贵族崛起于东北之时对包括藏传佛教在内的所有寺庙都注意进行保护。皇太极等清朝君主曾经多次颁布保护寺庙的军令和谕旨。在清朝中央政府尊崇黄教政策的引导之下，蒙古地方各盟旗也在自己的辖区内建立起盟旗所属的寺庙。以内札萨克蒙古地区为例，据清代内阁蒙古堂档统计，"康熙末年御赐寺名的内札萨克蒙古地区寺院共有60座"①。藏地的寺庙经过一千多年的建设更是数以千计。据乾隆时期统计，大小寺庙约有2000余所。②

2. 宗教组织所属土地、房屋、山地及其收入

宗教组织所属房屋除寺庙本身外，还有大量自建的与宗教活动无关而与商业活动有关的构筑物。寺庙所在之地一般常常成为蒙藏地区重要的经济文化较为发达的地区，商业繁荣、人口丛集，如内蒙古多伦诺尔、呼和浩特、库伦等地已成为漠南、漠北与内地商业贸易交流的中心。宗教组织是本地商业的重要参与者，宗教消费品是商品交换的重要内容。寺庙为补贴宗教费用，常常在自己所有的土地上建立起较为简易的房屋向商人出租。寺庙不仅出租房屋，而且出租自己占有的耕地、牧地和山地，向承租的农牧民收取租金。以呼和浩特地区较大的寺庙为例，清政府赋予其土地所有权，允许将所占有的土地出租给商人等需要者，根据土地所在位置的不同每年收取不同的租金，"这样各个召可以得到的租金有三千五百两到一万或一万五千两"。③此外，内蒙古地区的寺庙还占有大量的禁山、禁地等土地资源。清末，这些土地也开始得到开发，其收益由国家、寺庙等多方面按照不同的比例分配。即使在较为动乱的环境之中，宗教组织的财产依然可以得到国家保护。如福音寺、乌拉特西公旗与乌拉特中公旗台吉争控水地，多次翻控，同治四年（1865年）清政府谕令署副都统穆精阿会同副盟长"传集人证，秉公讯断，务须禽服三造之心，讼端永息"。④

① 胡日查：《清代内蒙古地区寺院经济研究》，辽宁民族出版社2009年版，第18页。
② 中国藏学研究中心等：《元以来西藏地方与中央政府关系档案史料汇编》，中国藏学出版社1994年版，第608页。
③ ［俄］阿·马·波兹德涅耶夫著、刘汉明等译：《蒙古及蒙古人》第2卷，内蒙古人民出版社1983年版，第90页。
④ 中国第一历史档案馆：朱批奏折，档案号：04—01—30—0079—007。

次年，经过委员审理，最后判决：将水地"以十分为率，中公旗经营六成，随泉水十七股，俾资备办军台差务、养赡度日；福因寺经管四成，随泉水十七股，作为香火养赡之资，从此各守各业"。①

外蒙古地方寺院所属沙毕纳尔是宗教财产的重要来源。由于国家法律给予寺院所属沙毕纳尔免除赋税等优待，所以沙毕纳尔的数量增加很快。至1809年，据《蒙古及蒙古人》记载，哲布尊丹巴所属沙毕纳尔已达到50000余人。② 清抄本《乌里雅苏台志略》则记载，哲布尊丹巴所属沙毕纳尔已达83600余人，骆驼30000余头、马200000余匹、羊900000余只，而此时车臣汗部与土谢图汗部人口总数才70000余人。③ 这些沙毕纳尔为蒙古地区的僧侣贵族和宗教组织源源不断地提供着马匹、骆驼、牛、羊等收入。沙毕纳尔的数量成为衡量蒙古地方宗教组织经济政治实力的重要标志之一。

西藏地区各级宗教组织不但拥有大量的动产，而且还拥有大量的土地等不动产及其上的农奴。这些农奴每年向宗教组织缴纳一定的实物或货币。这些农奴具有双重性，既是宗教信众，又是宗教团体和僧侣贵族"活的财产"，在宗教贵族和世俗贵族统治的双重束缚下为宗教团体和僧侣贵族提供着源源不断的宗教收入。④ 此外，现存的档案资料也显示，西藏宗教组织也对外经营高利贷，以此增加财产收入。⑤

3. 信众布施

信众布施是宗教组织与僧侣贵族获得宗教财产的重要途径。布施的主体既有蒙藏世俗贵族，又有普通的农牧民。布施的客体也多种多样，既有货币，也有马、牛、羊、土地等实物财产。蒙古贵族经常"把自己的主

---

① 中国第一历史档案馆：朱批奏折，档案号：04—01—30—0379—006。

② ［俄］阿·马·波兹德涅耶夫著、刘汉明等译：《蒙古及蒙古人》第1卷，内蒙古人民出版社1989年版，第575页。

③ 佚名：《乌里雅苏台志略》，台湾成文出版社1968年版，第14—15页。

④ ［美］梅龙·C.高尔德史泰恩著、陈乃文译、柳陞祺校订：《西藏庄园的周转》，《中国藏学》1988年第4期，第40页。

⑤ 扎西旺都编、王玉平译：《西藏历史档案公文选·水晶明鉴》，中国藏学出版社2006年版，第31页。

要财产——牲畜和属下人捐献给佛教僧侣。"① 以漠南蒙古为例，在蒙古王公贵族和广大蒙民信众的布施和支持下，漠南蒙古大部分寺院逐渐建立起来，而且蒙古各个阶层的信众在宗教组织举行的大小法会上经常不断布施。据清代喀喇沁中旗和硕特庙嘉庆十年至十九年的账本记载，每年两次甘珠尔经会获得的布施收入分别为"嘉庆十年 1028442 文；十一年 1050926 文；十二年 1016150 文；十三年 1023990 文；十四年 1177472 文；十五年 1160218 文；十六年 1264856 文；十七年 1389736 文；十八年 1546222 文"②。这样详细的统计表明信众布施在宗教组织财产收入中的重要地位。有些旗还通过立法保护宗教组织的财产，而这些立法又被中央政府所认可。如光绪三十二年（1907 年）漠南蒙古扎赖特旗规定大寺庙可以拥有土地 5 平方里，小寺庙可以拥有 3 平方里土地。③ 总之，各种方式的布施是宗教组织逐渐积累起雄厚的资产的路径之一。

4. 清政府的津贴和赐物

京师、热河、内蒙等地区藏传佛教僧侣可以从清政府获得保持其基本生活的费用。清朝法律称之为"额设喇嘛钱粮"，主要包括货币、粮食、马草等。《钦定理藩院则例》对不同等级的喇嘛、跟役徒弟的数目及各自应领钱粮均有详细的规定，详见下表：

表 26　额设喇嘛钱粮表④

喇嘛名称	跟役徒弟		每日钱粮（跟役徒弟钱粮已计入）						
	格隆	班第	共给银	共给米	拴马	拴牛	黑豆	谷羊草
札萨克达喇嘛	6	6	五钱零四厘六丝七忽四微	三斗二升五合	4 匹	3 头	共 3 升	各 7 束

① ［苏］符拉基米尔佐夫著、刘荣焌译：《蒙古社会制度史》，中国社会科学出版社 1980 年版，第 287 页。
② 内蒙古档案馆档案，全宗号 504—1—957。转引自胡日查《清代内蒙古地区寺院经济研究》，辽宁民族出版社 2009 年版，第 23 页。
③ Miller, Robert James, *Monasteries and Culture change in Inner Mongolia*, Otto Harrassowitz Wiesbaden, 1959, p.100.
④ （清）理藩院修、杨选第等校注：《理藩院则例》，内蒙古文化出版社 1998 年版，第 419—421 页。

续表

喇嘛名称	跟役徒弟		每日钱粮（跟役徒弟钱粮已计入）					
	格隆	班第	共给银	共给米	拴马	拴牛	黑豆	谷羊草
副札萨克达喇嘛	5	6	四钱六分三厘三毫二丝二忽四微	三斗	2匹	3头	共6升	各4束
札萨克喇嘛	4	6	四钱三分三厘三毫五丝四微	二斗七升	2匹	2头	共6升	各4束
达喇嘛	2	6	三钱七分三厘四毫六忽四微	二斗二升五合	2匹	2头	共6升	各4束
副达喇嘛	2	4	三钱一分五厘七毫二丝一忽六微	一斗七升五合	2匹	2头	共6升	各4束
苏拉喇嘛	—	2	一钱二分四厘三毫五丝一忽四微六纤六沙六尘	七升五合	1匹	—	共2升	各1束
德木齐	—	1	九分五厘五毫九忽六纤六沙六尘	五升	—	—	—	—
每月食二两格隆、班第	—	—	—	二升五合	—	—	—	—
每月食一两五钱格隆、班第	—	—	—	二升五合	—	—	—	—
每月食一两格隆、班第	—	—	—	一升三勺七抄五撮	—	—	—	—
食折色格隆	—	—	二分九厘九毫七丝二忽	—	—	—	—	—
食折色班第	—	—	二分八厘八毫四丝二忽四微	—	—	—	—	—

由上表可见清政府按照喇嘛的等级发给不同的钱粮，在普通格隆和班第中又按照所发廪饩的不同划分为不同的等级。这些廪饩在京师、热河、蒙古等地区构成了藏传佛教组织及其僧侣的基本财产。

此外，清代国家每年还给地方一些重要的寺庙以一定的制度性的财政支持。这些财政支持通过各级政府拨给的俸银、经费而实现。中央政府方面，对蒙古地方的宗教组织，如《钦定理藩院则例》卷十二《征赋》"归化城支用记档银两"条规定："驻扎多伦诺尔庙之土默特喇嘛四名，每年给盘费银一百九十二两，由记档项下支领"；"每年果必脱力布拉克地方之仁佑寺，支香灯供献银不得过五十两。该寺达喇嘛，每月给盘费银二两，徒众六名，每月各给盘费银五钱，念经喇嘛二十名，每月各给盘费银一两，均由记档项下支领。"① 对于西藏地区的宗教组织，从乾隆三年（1738 年）开始，清政府每年从打箭炉所征税银内拨出白银 5000 两给予达赖喇嘛；② 另外，每年拨给达赖喇嘛茶叶 5000 斤，拨给班禅茶叶 2500 斤。③ 这种制度性财政补贴一直持续至清末。地方政府对寺庙的财政支持也成为较为稳定的习惯。如嘉庆时期，漠南蒙古喀喇沁中旗法轮寺（敕建）每年举行丹珠尔经会时，该旗札萨克"向所辖之 51 个苏木（佐领）摊派每苏木 5000 文"。④ 清政府还给予蒙藏地方的宗教组织以免税的优待。⑤

清代中央也不时将某些动产和不动产赏赐给僧侣贵族或宗教团体。乾隆五十七年（1792 年）击退廓尔喀入侵之后，国家遂将红帽喇嘛之羊八井寺院赏给了济咙呼图克图，令其委派喇嘛管理。⑥ 咸丰八年（1858 年），西藏宗教组织因重修布达拉山上楼房工程和办理呼毕勒罕事务而财政紧张，清政府谕令从"备存察木多、拉里、西藏三台赢余生息银两内

---

① （清）理藩院修、杨选第等校注：《理藩院则例》，内蒙古文化出版社 1998 年版，第 148 页。

② 中国第一历史档案馆编：《乾隆帝起居注》第 3 册，广西师范大学出版社 2002 年影印版，第 198 页。

③ 《钦定大清会典则例》，文渊阁四库全书史部政书类，总第 624 册，台湾商务印书馆 1986 年影印本，第 509 页。

④ 内蒙古档案馆：全宗号 504，目录号 1，案卷号 1380，转引自赵旭霞《清代内蒙古地区寺院收支及其管理研究》，内蒙古师范大学 2008 年硕士学位论文，第 7 页。

⑤ 参见赵双喜：《清代内蒙古地区寺院兴衰研究》，内蒙古师范大学 2008 年硕士学位论文，第 9 页。

⑥ 吴燕绍辑、吴丰培增订：《廓尔喀纪略辑补》卷 41，中国社会科学院民族研究所历史室 1977 年油印本，中央民族大学图书馆藏。

赏给银一万两，毋庸按年归还"。①

（三）清政府对藏传佛教宗教财产的法律限制

1. 直接控制宗教组织财政收入

在不同地区，清政府直接控制僧团宗教收入的动机和目的不同。在陕甘地区，为防止宗教组织煽动或参加反对政府的叛乱。雍正元年（1723年），清政府镇压罗布藏丹津叛乱之后即将藏族寺庙与其管辖的藏族信众分离。藏族信众由国家管理，成为国家的编户齐民，赋税上交地方政府，由后者给寺院发放基本的生活津贴。在盛京等地为防止宗教组织妄加租税而造成政治动荡，清政府将赏赐给实胜寺等寺庙的国有土地收回，国家收取租税之后再给寺庙喇嘛发放津贴，并限制寺院自置私产招佃取租的比率。②

2. 限制寺庙的修建

当寺庙修建妨碍民众生产生活时，宗教组织必须停止修建或扩建行为。《钦定理藩院则例》规定："建造庙宇有碍民地者，永行禁止。"③ 此条定例从康熙时形成，直至清末仍然为清代国家所坚持。《酌拟裁禁商上积弊章程》第十二条规定："掌办之人，不准将商上田地人民，擅行给与寺院，又送与亲友，各寺院亦不准向掌办之人私行呈请，将商上庄田赏作香火养赡。违者将掌办参革，分别退还商上，以儆专擅。"④ 第二十五条规定："嗣后修建寺院，无论职分大小，一遵理藩院定例，不准有碍民地民房，违者许被害之人告发，处分退还。"⑤ 这样有关建造庙宇有碍民地民房的规定的适用范围即明确扩大至西藏。

3. 喇嘛财产被盗后不予补偿

由于喇嘛并不从事生产，其财产为贼盗窃时，政府并不将抄没盗贼的

① （光绪朝）《钦定大清会典事例》卷 991《理藩院·优恤·赈济》，中华书局 1990年影印版。

② 中国第一历史档案馆：朱批奏折，档案号：04—01—35—0601—020。

③ （清）理藩院修、杨选第等校注：《理藩院则例》，内蒙古文化出版社 1998 年版，第 424 页。

④ 张其勤原稿、吴丰培增辑：《清代藏事辑要》，西藏人民出版社 1984 年版，第422 页。

⑤ 张其勤原稿、吴丰培增辑：《清代藏事辑要》，西藏人民出版社 1984 年版，第428 页。

家产补偿给喇嘛。《钦定理藩院则例》规定："凡贼犯强劫喇嘛牲畜案内，抄出贼犯产畜，均存公备赏，不给喇嘛。"[①] 此条系乾隆三十七年（1772年）由理藩院奏定[②]，一直执行至清末。道光四年（1824年）所发生的一起强劫案件的处理表明此条规范在当时执行的大致情况。该年十二月十八日，噶勒桑拉什、硕拜等八人抢劫察哈尔蒙古正白旗喇嘛齐土木达尔济白银 800 两、元宝 12 个、碎银 200 两、红毾毦袍子 1 件等财物。理藩院理刑司员外郎给道光帝的奏折中判称："查事主系属喇嘛，所有籍没产畜，照例存公备赏。全案供招咨送理藩院查核。"[③] 此处所指的例即指《钦定理藩院则例》的上述规定。

二、清代对伊斯兰教财产的法律调整

（一）伊斯兰教财产权的主体

虽然清代没有明确规定伊斯兰教财产权的成文法，但是却存在这方面的习惯法。清代伊斯兰教财产权的主体主要包括以寺院为代表的宗教组织和以阿訇为代表的宗教贵族。[④] 清政府承认伊斯兰教信仰的合法性，并允许穆斯林在清真寺进行礼拜，这本身即说明其承认伊斯兰教组织及信众对清真寺等相关宗教财产的合法占有与使用。

（二）伊斯兰教财产权的客体

清代伊斯兰教财产权的客体，主要包括清真寺、宗教组织所购买的土地、房屋、穆斯林的宗教施舍、教职人员宗教服务的收入及其他合法收入。

清真寺是伊斯兰宗教组织最为重要的宗教财产。清代伊斯兰教信众认为："夫清真寺，原为传教立道之所设也。道非人不立，教无寺则无所传

---

① （清）理藩院修、杨选第等校注：《理藩院则例》，内蒙古文化出版社 1998 年版，第 312 页。

② 《蒙古律例》，台湾成文出版社有限责任公司 1968 年影印版，第 233—234 页。

③ 中国第一历史档案馆：朱批奏折，民族事务类，302 卷第 1 号，转引自赵云田《清代蒙古政教制度》，中华书局 1989 年版，第 209 页。

④ 刘广安等：《中国古代民族自治研究》，中央民族大学出版社 2009 年版，第 218 页。

也。"① 在回疆地区，清朝在继承传统伯克制度的基础上，保留了境内的清真寺。以清真寺为主要载体的伊斯兰宗教组织在当地人们的生活中保留了传统的调解民事纠纷等方面的权威。最能体现清政府对回疆传统宗教财产制度予以承认的是瓦哈甫制度的保留。清朝统一回疆后，少数阿訇、喀孜、谢赫、伊禅等利用其特权，仍然占有大量的土地；遍布城乡的清真寺、麻札、教经堂的数量不断增加；一些农民不堪清政府的剥削，将自己的土地捐给寺院，以逃避国家税收。所以，建立在瓦哈甫制度上的南疆寺院经济不仅没有被削弱，反而有扩大的趋势。据统计，在清代南疆被称为瓦哈甫地的名称有 20 余种，主要包括清真寺瓦哈甫地、纳克希旺瓦哈甫地（伊禅派清真寺瓦哈甫地）、麻札瓦哈甫地（用以管理历代宗教贵族家墓的土地）、宗教学校瓦哈甫地等。② 这四种瓦哈甫地的财产权属于宗教组织。清政府统一回疆之后虽然对叛乱宗教贵族的瓦合甫土地予以没收，将瓦哈甫土地上的"燕齐"编入民籍，由国家征收赋税，取消和卓宗教贵族强加的各种宗教杂税，打击了宗教贵族的经济基础，但是要在回疆确立起牢固的统治地位，就必须团结当地宗教贵族和世俗贵族，故而对和卓麻札原来占有的土地予以保留和保护，并规定：回疆喀什噶尔旧和卓坟墓，"原有三十帕特玛地亩钱粮，看守回人二十户，仍照旧管理，以供祭祀修茸，余为伊等养赡"。③

（三）清代伊斯兰教财产获得的方式

清代伊斯兰教财产的获得方式主要有政府赏赐、信众布施等。政府赏赐，如上述赏给旧和卓麻札的瓦哈甫土地。但最重要的方式是信众的施舍、地租和店铺等收入。

清朝政府默认传统布施方式获得宗教财产的合法性。学者们在新疆收集到大量的有关瓦哈甫的契约文书。如乾隆三十八年（1773 年）的一份契约文书内称：

> 我阿里胡孜伯克遵照真主"谁做善事，赐他十倍恩惠"之言，

① 余振贵等：《中国回族金石录》，宁夏人民出版社 2001 年版，第 37 页。

② 邓力群、谷苞：《南疆的瓦哈甫地问题》，新疆维吾尔自治区编辑组：《南疆农业社会》，新疆人民出版社 1980 年版，第 96—99 页。

③ 《清高宗实录》卷 614，乾隆二十五年六月癸酉。

向真主恩海乞求，愿在百什村奇里克修建礼拜寺一座，并将我在奇里克的一处院房连同家俱等和 15 帕特曼土地、一座磨房捐献给寺院作为瓦合甫。对这些财产任何人无权干涉。8 帕特曼土地的界限（略），另 7 帕特曼土地的界限（略）。证明人（略）。①

契约的内容表明，清朝统一 10 余年后的回疆仍然存在瓦哈甫土地，而且是为官方伯克所布施。由此可见，宗教组织影响之大和清政府的基本法律态度。当这些瓦合甫地产受到侵犯或遇到纠纷时一般允许伊斯兰宗教法庭进行审理。下面一份契约文书可以为证：

伊斯兰教历 1267 年肉孜节第 10 日

我叫布维西克。经文学校在库尔玛村的土地中有 2 恰拉克地作为瓦合甫已达 30 年，但因找不出立约，一直被瓦合甫的捐献者胡赛因巴依的继承人阿依夏姁姁、托合塔西姁姁、托哈西姁姁作为遗产田掌握着。经了解情况的老年人证明，这两恰拉克地确系经文学校的瓦合甫地。阿依夏姁姁等人也已承认。故重立此约，以明真象。今后，凡维护此瓦合甫地者永远幸福，凡欲否认它、改变它、并制造纠纷者，今世和后世都要遭难。四界（略）证明人（略）宗教法庭印章。②

伊斯兰教历 1267 年即 1851 年，清咸丰元年，此时清政府仍然牢固地统治着南疆，在此情况下，宗教法庭对宗教财产的纠纷仍然具有拘束力。

清政府也承认伊斯兰宗教组织从地租和店铺收入等方面获得宗教财产的合法性。以清代叶尔羌和喀什噶尔为例，据记载，叶尔羌的 29 所经文院校共占有瓦合甫地 3670 巴特曼、房屋和店铺 198 所，每年经学院收入总额达 400 个银元宝；喀什噶尔的 15 所经学院瓦合甫地粮食收入共计 190000 察拉克。③

清政府对陕甘地方的伊斯兰宗教财产也按照惯例进行保护。乾隆四十六年（1781 年）以前，对清真寺的修建持较为宽容的态度。乾隆四十六

---

① 李进新：《新疆南部维吾尔族地区的瓦合甫制度问题》，《西域研究》1994 年第 2 期，第 22 页。

② 李进新：《新疆南部维吾尔族地区的瓦合甫制度问题》，《西域研究》1994 年第 2 期，第 25 页。

③ 陈国光：《清代维吾尔族中的伊斯兰教》，《新疆社会科学》2001 年第 3 期，第 68 页。

年之后，清政府曾经在甘省禁止增建礼拜寺，并将新教礼拜寺全部拆毁，没收参加事变的宗教上层和普通信众的财产。但是为维护统治稳定，不得不再次承认穆斯林正常宗教活动占用的财产的合法性。乾隆以后，陕甘总督松筠、那彦成、杨昌濬等为兰州南关清真大寺题过牌匾。松筠的题词是"生活"，那彦成的题词是"道冠古今"，杨昌濬的题词是"开天古教"。①这些官员的题词行为虽然不是正式的法律文件，但是也表明清朝陕甘地方政府和中央政府对伊斯兰教清真寺的基本保护态度。

---

① 余振贵等：《中国回族金石录》，宁夏人民出版社 2001 年版，第 754 页。

第 六 章

清代中国西部宗教立法的
特征及现代启示

有清一代，清政府在追求国家政治统一与西部地区政治稳定的历史环境之中，经过近三百年的时间与顺治、康熙、乾隆等历代君臣的努力，以维护国家政治统一、因势利导和循序渐进为基本立法原则，以藏传佛教和伊斯兰教为宗教立法的主要对象，逐渐确立起中国西部宗教立法的有机法律规范体系。其中利弊得失颇值得系统总结与深思。本章拟考察与探讨清代西部宗教立法的特征与现代启示。

第一节　清代中国西部宗教立法的特征

一、以维护国家政治统一为首要原则

作为少数民族入主中原所建立的大一统王朝，其兴起之时，中国国内与国际形势已发生较大的变化。国内蒙古各部相继改信藏传佛教，一盘散沙，尚未统一。清初，漠北蒙古与清朝政治关系一度较为紧张，且从康熙元年开始内讧不断，严重威胁着清朝西部的安全以及满蒙联盟的巩固；漠西蒙古准噶尔部兴起后，表现出咄咄逼人之势，试图以武力统一蒙古各部。这些因素对清朝的政治治理提出了较为严峻的挑战。为稳定满蒙联盟，巩固满洲贵族的政治统治，清政府在关外时期即已确立起统一蒙古各

部的基本国策，以此彻底解决威胁满蒙联盟重要民族因素，而彻底解决蒙古问题则须首先关注和解决藏传佛教的法律地位问题。

以当时国际形势而言，俄罗斯经过几个世纪的扩张，自 17 世纪后半期伊始，逐渐在东北、蒙古等地方展开与清朝的全面竞争。清朝面临的已经并非传统的游牧部族因素的威胁，而是西方民族国家的竞争和冲击。在统一准噶尔部的过程中，俄罗斯的势力曾经插手蒙古问题，欲图建立准噶尔与俄罗斯的联盟。清代前期，清政府以藏传佛教为解决蒙古问题的切入点，以雄厚的国家实力为后盾终于赢得漠北蒙古喀尔喀部的政治归附。然而，部分漠北蒙古贵族则以撤驿之变为契机掀起"归属"俄罗斯的政治运动，虽然该事件以二世哲布尊丹巴的否决而告终，但是已对清政府形成强大的压力。① 如何合理处理国内西部民族与宗教问题，防止漠北蒙古世俗贵族与宗教贵族的结合，使二者形成分立与制衡的形势，以维护国家统一，再次成为清政府面临的新的重要政治与法律问题。乾隆帝曾尝试通过西藏喇嘛僧官使哲布尊丹巴呼图克图自三世开始世世转世于西藏，但是却造成达赖喇嘛、班禅额尔德尼、哲布尊丹巴呼图克图以及西藏的僧俗贵族之间较为复杂的姻娅关系，使蒙藏两地之间的藏传佛教大有一统之势。这些因素均构成对清朝的政治统一的潜在威胁，也促使蒙藏地区各种矛盾增加，政治动荡加剧。

正是在上述背景之下，清政府不断加强对藏传佛教进行立法，以廓尔喀战争为契机，尝试以较为完善的宗教立法解决自己所面临的国家统一和西部政治稳定问题。这一努力的结果是清代西部宗教立法在编纂体例上逐渐成熟、内容上不断完善。

首先，在法典的编纂体例方面，清代中国对藏传佛教立法的体例逐渐统一。《蒙古律书》、《钦定大清会典》、《钦定西藏善后章程二十九条》的制定与修改，为清代对藏传佛教立法的体系化奠定了基础。这些法典与法律文件将有关藏传佛教的法律规范进行了初步的清理，使清代中国西部宗教立法的稳定性、明确性、规范性增强，为后来系统编纂法典提供了必

---

① 参见祁杰：《历世哲布尊丹巴呼图克图与清政府的对喀尔喀蒙古人政策》，《内蒙古社会科学》1997 年第 3 期。

要的基础性条件。乾隆时期《蒙古律例》中的"喇嘛例"篇目开始形成，虽然内容较为简单，但是为嘉庆朝《钦定理藩院则例》中的"喇嘛事例"篇目的形成奠定了重要基础。经过乾隆、嘉庆、道光三朝的努力，《喇嘛事例》已逐渐形成较为完善的法律规范体系，分为五卷，标志着清代中国西部宗教立法体例与技术的成熟，为蒙藏地区藏传佛教的管理提供了较为统一的法律依据。

其次，立法内容的完善主要表现于金瓶掣签制度、喇嘛僧官制度、敕封制度、呈递丹书克制度、朝贡制度等方面的法制建设。金瓶掣签制度虽然其伊始主要系针对西藏地方宗教弊端的立法，但是随着蒙古地方政教形势的发展，尤其是漠北蒙古贵族向该地中小活佛转世的渗透，希望自己的子孙能够被选定为中小活佛的转世灵童，该立法与制度遂逐渐被清政府推广适用于广大的蒙古地区，以防范和禁绝该地方僧俗贵族的联合。喇嘛僧官制度建设方面，清政府逐步将漠南喇嘛僧官等级建制逐渐适用于西藏、新疆、四川等地。丹书克制度虽然起源于西藏，但是却被清政府将扩展使用于蒙古地方，法律规定漠北蒙古地方最大的活佛哲布尊丹巴呼图克图也有权呈递丹书克。清代后期，琦善等所奏定的《酌拟裁禁商上积弊章程二十八条》将理藩院有关建立寺庙不得有碍民生的规定适用于西藏的宗教管理，从而使《钦定理藩院则例》的适用范围明确地扩大，并越来越具有统一适用的趋向。

二、以加强国家管理为基本思路

清政府在统一和治理中国的过程中，较为重视满蒙联盟的巩固，以藏传佛教为切入点，将其纳入国家信仰体系，使其成为沟通中央政府与蒙藏地方的重要精神纽带，同时防止藏传佛教的传布和发展削弱清政府对蒙藏地方的政治统治。

清代中国西部宗教立法加强国家管理的表现之一是提高驻藏大臣的权力，加强驻藏大臣对西藏宗教组织与僧侣宗教行为的监督。西藏在宗教上是蒙古信众心中的圣地，是清代对藏传佛教立法调整的核心地区。清政府虽然在乾隆前期即于西藏确立起政教合一的地方政治体制，但是在对西藏政教关系的法律调整过程中，却不断扩大驻藏大臣的行政权力，细化驻藏大臣参与决定西藏政、教事务的法律程序，至乾隆末期使其逐渐朝向地方最高行政长官的方向发展。《钦定理藩院则例》将驻藏大臣的职权单列于《西藏通制》首条，并明确规定其拥有总理前后藏一切事务的权力。① 驻藏大臣不但对西藏地方世俗事务拥有最高的管理权，而且对该地重要的宗教问题也具有监督和管理的权力。如驻藏大臣拥有对西藏较大寺庙主持堪布的拣选权，宗教组织推荐人选须经过其上报理藩院审批后才能任命。驻藏大臣有责任照护达赖喇嘛和班禅额尔德尼的安全，负责处理拣选达赖喇嘛和班禅额尔德尼转世灵童、受戒、坐床、选定经师等重要宗教事务。

清代中国西部宗教立法加强国家管理的表现之二是确立金瓶掣签制度，将大活佛转世灵童的审批权收归中央政府。两次廓尔喀战争之后，清政府针对活佛转世的弊病，开始对西藏宗教制度进行全面改革。通过《钦定西藏善后章程二十九条》的制定过程，对护法降神指认转世灵童宗教行为的弊端进行猛烈批判；以打击护法降神妄指呼毕勒罕为切入点，收回对大活佛转世灵童的审批权，合理确定起宗教立法的边界，加强中央政府对西藏重要宗教事务的决定权与监督权。

清代中国西部宗教立法加强国家管理的表现之三是在一定层次上实行政教分立，② 禁止宗教及其组织干预国家行政、司法。在蒙古地方，经过乾隆时期对漠北蒙古政教关系的法律调整，加强库伦办事大臣对哲布尊丹巴僧众的行政管理，将哲布尊丹巴的影响限制于宗教领域，以防止蒙古贵族与宗教贵族的联合。19世纪末，在中国西部旅行的俄国人波滋德涅耶夫曾报道："喇嘛应当知道自己的宗教事务，他不应当干预俗事。"③ 清政

① （清）理藩院修、杨选第等点校：《理藩院则例》，内蒙古文化出版社1998年版，第431页。

② 完全的政教分立是一种不可能的事情，毕竟宗教是人的宗教，而人是社会关系的主体。离开这一主体的本质属性去谈论政教关系是一种过于理想的态度。此外，以西方的经验审视和要求中国，离开中国具体的历史和现实环境谈论中国的政教关系，也是一种政治上的冒险；以现代政教分立的概念和理论去评价清代宗教立法则近于苛求。从法律的角度而言，重要的是在尊重宗教信仰的前提下如何设定宗教组织、宗教信徒应当承担的法律义务，如何合理确定国家干预宗教事务的法律边界，国家和宗教组织如何在法制的层面上保持一种规范的互动和联通。

③ ［俄］阿·马·波兹德涅耶夫著、刘汉明等译：《蒙古及蒙古人》第2卷，内蒙古人民出版社1983年版，第386页。

府所设置的喇嘛旗虽然系政教合一的体制，但是在宗教事务与世俗事务方面均应接受国家的最高监督和盟长等自治官员的管辖。以锡勒图库伦札萨克喇嘛旗为例，该喇嘛旗享有较大的自治权力，但是在行政管辖方面，清初隶属于邻近的卓索图盟盟长管辖；乾隆三十九年（1774 年），锡勒图库伦蒙古与汉人的交涉事件则依法由三座塔厅管辖；乾隆四十三年（1778年），承德府附带管理该旗；嘉庆六年（1801 年），清政府改由朝阳府管辖；嘉庆十六年（1811 年）划归热河道都统管辖。① 这种行政管辖的改革表明喇嘛旗政教合一的体制是以国家行政法制统一为前提，宗教组织的影响范围较为有限。在西藏地方，清政府从中央与地方两个层面对该地政教关系进行全面法律调整，努力逐渐缩小以达赖喇嘛为首的宗教组织对世俗事务的影响；清朝末年在开发西藏、保护边疆思想的指导下，尝试在该地建立政教分离的政治体制，坚持将达赖喇嘛的权力限制于纯宗教范围之内。在陕甘地方，随着乡约制度的推行，尤其于乾隆四十六年（1781 年）之后，清政府在该地方，尤其是甘肃河州、循化地区推行管寺乡约和管会乡约，分割民族事务的管理权限，实行初步的政教分立。在新疆回疆地方，清政府规定阿訇与伯克不得相互兼任，担任阿訇者之子弟不得担任伯克，同时加强对阿訇等教职人员的管理，对大小和卓及其后裔的反叛活动进行坚决镇压，以政治认同与忠诚作为处理回疆宗教事务的基本原则，建立行省之后进一步加强对宗教活动的监督和管理。包括中国西部宗教立法在内的清代法律制度是对中国传统官僚体制的继承和发展，其对各种宗教表现出的态度较为理性，正如韦伯所说："这种官僚体制一向都是包含广泛的、冷静的理性主义之担纲者。"②

三、以世俗性规范为主要内容

清代中国西部宗教立法以世俗性规范为主要内容，一定程度地体现了儒家人本主义的关怀。

首先，在国家与宗教关系调整方面，清政府以政治忠诚为原则对西部

① 胡日查：《清代内蒙古地区寺院经济研究》，辽宁民族出版社 2009 年版，第 36 页。
② ［德］韦伯著、康乐等译：《宗教社会学》，广西师范大学出版社 2005 年版，第116 页。

宗教所有派别实行宽容的政策。清政府虽然确立有尊崇黄教的政策，但是并未在宗教立法的过程中将其他宗教或宗派视为邪教进行打击。如在处理廓尔喀战争善后事宜的过程中，乾隆帝曾命福康安勒令红教喇嘛改信黄教，如此行为系出于政治而不是宗教价值观方面的原因，其本质也仅仅是令沙玛尔巴的徒众改换寺庙。对于萨迦派向廓尔喀军队投递哈达的行为，清政府在维护西藏政治稳定的前提下，依据萨迦派后来在战争过程中的表现进行了灵活处理，仅仅在政治方面要求其服从达赖喇嘛的领导。① 对伊斯兰教的立法虽然涉及教义等深层次核心宗教行为，但是这种规范制定于回民事变/起义的历史背景之下。随着事变/起义的平息，清政府也逐渐确立起依据政治态度处理政教关系的政治忠诚原则，左宗棠禁绝新教的奏折被中央政府否决即为明证。

其次，在规范的具体内容方面，清代国家将宗教组织视为世俗性的社会组织，将宗教看作世俗的行业，尊重正常的宗教行为和活动。清代的喇嘛钱粮、喇嘛朝贡、喇嘛朝觐、喇嘛年班、喇嘛僧官等制度均依世俗的行政体制为标准进行构建，将藏传佛教领袖作为一个世俗贵族对待，并以此加强各族信众对清朝中央政府的政治认同。清政府将喇嘛视为普通之人，当其违犯刑法时，仍然将儒家思想指导下形成的"存留养亲"制度适用于该犯罪喇嘛僧侣；在支持藏传佛教传布的同时，禁止宗教组织以妨碍百姓民生为代价建立寺庙；蒙古贵族领取度牒出家当喇嘛后，在无子的情况下，禁止其他亲属继承本人所属部民和财产；严惩喇嘛通奸、容留妇女和私自宿于人家等行为；尊重藏传佛教信众宗教信仰的权利，在维护社会稳定和遵守相关法律程序的前提下，允许信众跨地区从事宗教活动；以行政或财产刑调整藏传佛教信众的违法宗教行为，禁止喇嘛诓骗蒙古信众的财产；对漠北、漠南等地区宗教组织的财产给予免税的优待。在对伊斯兰教立法方面，清政府尊重伊斯兰宗教组织和穆斯林从事正常的宗教活动；当教派发生纠纷时以世俗的法律对纠纷进行审判，逐渐在陕甘地区确立起"只问逆顺，不论教之新旧"的处理政教关系的重要法律原则；在回疆以政治忠诚为原则较为平等地对待黑山派和白山派。

---

① 《清高宗实录》卷1339，乾隆五十四年九月辛丑。

再次，将宗教与政治问题相分离，以政治事务为主导。从清朝统治者的宗教法观念来看，努尔哈赤和皇太极将宗教信仰和国家世俗的政治事务做了初步的分离，主张国家的统治者应当在政治上有所作为，应该有治理天下的宽广胸怀，而不是整日吃斋念佛。顺治时期，清政府迎请达赖喇嘛至京师，满洲贵族们坚持认为延请喇嘛仅仅是为使漠北蒙古归附，"我以礼敬喇嘛，而不入喇嘛之教"①，对政、教划分已非常分明；清朝历代君主均以世俗的态度对待藏传佛教，其中以世俗的角度系统的表达对藏传佛教的看法的君主是乾隆帝。其在《御制喇嘛说》中以理性和务实的态度，对清政府的藏传佛教政策予以明确而系统地阐述，即"若我朝虽护卫黄教，正合于王制，所谓修其教不易其俗，齐其政不易其宜，而惑众乱法者仍以王法治之，与内地齐民无异"。②

四、以因势利导为主要方法

清代中国西部宗教立法以因势利导、循序渐进为路径，体现出清政府对中国西部宗教问题较为重视的态度。

首先，以立法进程而言，清政府牢牢把握不同的政治契机。其藏传佛教的立法经过了一个渐进的漫长的过程，较为注意依据宗教教义教理引导藏传佛教信众接受中央政府的相关立法以及维护蒙藏地区的政治稳定。如前述立法规定西藏宗教组织应减少宗教税收和免除债务时，先是依据藏传佛教的教理说明立法之原因，然后再规定法律规范的具体内容。确立驻藏大臣对达赖喇嘛和班禅收支的监管权时也是以宗教理论为立法依据。在处罚仲巴呼图克图私自离开寺庙、放弃保护札什伦布寺时，清政府的宗教说理更为透彻和生动。在确立金瓶掣签制度的过程中，清政府从宗教的角度批评护法不能认真降神，并且令钦差大臣亲自试探护法降神的真假，以此说服西藏僧俗贵族接受中央政府对活佛转世传统的改革。

其次，以规范内容与调整方式而言，清政府对藏传佛教与伊斯兰教信众的宗教行为主要以引导为主。清代中国西部宗教立法允许藏传佛教信众

---

① 《清世祖实录》卷68，顺治九年九月壬申。
② （清）方略馆编、季垣垣点校：《钦定廓尔喀纪略》，中国藏学出版社2006年版，第64页。

和穆斯林从事日常的宗教活动。如藏传佛教信众出境（非出国）从事佛事活动为法律所许可，但须严格遵守出境活动的程序与条件，即应当先到本旗札萨克或本盟盟长处申领票照或路引后才能出发，否则给予财产刑的处罚。国家通过这样的引导将藏传佛教信众的宗教活动纳入法律秩序的范畴，使其能够有秩序的进行。其对伊斯兰教的法律调整虽然在镇压苏四十三等回民事变／起义之后一段时间曾经以刑事法律规范为主要调整手段，且对相关宗教行为的干预有些极端，然而在付出沉重代价之后，逐渐确立起以政治忠诚原则为主要调整标准，在处理相关伊斯兰教事务过程中亦强调伊斯兰教劝人为善的重要作用，并且逐渐成为一种较为稳定的规则。

五、具有严重的不平衡性

清代中国西部宗教立法以藏传佛教和伊斯兰教为主要对象。藏传佛教和伊斯兰教是清代中国西部地方的主要宗教，其政治地位和影响不同。清政府对这两种民族宗教的法律调整在立法主体、调整方式等方面存有较大的歧视。

首先，立法主体方面，对藏传佛教立法的主体具有复合性，而对伊斯兰教立法的主体则具有单一性。在对藏传佛教立法的过程中，清朝中央政府始终处于主导地位，但是依然积极听取藏传佛教高层喇嘛僧侣的建议与意见，主动与藏传佛教上层进行沟通，后者也以国家给予的合法地位努力影响宗教立法之内容。正是在宗教上层的参与和影响之下，清政府才决定在西藏地方确立起政教合一的政治法律体制，设立译仓，"掌管除班禅系统以外的西藏地方宗教事务，负责达赖喇嘛的印信、文书、命令等一应事务，管理僧官培养、任免和调动"①，使宗教贵族通过译仓牢固地将地方政权控制于宗教组织手中。而对伊斯兰教的立法则是在清政府歧视伊斯兰教的法律观念指导之下，在平定大小和卓为首的宗教贵族的叛乱和回民事变／起义的背景下，逐渐展开。故而，其立法主体较为单一，伊斯兰教上层人士无权参与和影响相关立法，充斥着武力的专横。

其次，立法进程方面，清政府对藏传佛教立法的关注时间较长、态度

① 任继愈：《佛教大辞典》，江苏古籍出版社 2002 年版，第 694 页。

较为严谨，而对伊斯兰教的立法整体上则长期停滞不前。清政府以循序渐进和因势利导的方式，紧紧把握不同的政治契机，努力作好立法宣传，认真进行立法沟通，对藏传佛教适时进行立法改革。从关外时期到嘉庆时期，经过历代君主的努力，终于逐渐确立起以《喇嘛事例》为代表的法律规范体系。与此形成显明对比，伊斯兰教在清代中国一直处于被歧视、被边缘化的政治地位。乾隆四十六年之前，清政府对其进行调整的法律形式主要为谕旨与习惯法，缺乏明确而稳定行为规范体系与制度体系；乾隆四十六年之后，清政府立法严格限制伊斯兰教信众的宗教活动，在回民事变/起义的打击下，最后不得不放弃"新教即邪教"的原则，确立起以政治上的"逆顺"作为对待不同教派的准则——政治忠诚原则，但是直到清末，再也没有突破性立法；嘉道时期，清政府不断完善阿訇的管理制度，但是此后再未制定成文法律对伊斯兰教事务进行调整。

再次，调整方式方面，清代中国西部宗教立法对藏传佛教事务的调整方式以行政和罚畜刑为主，而对陕甘地方伊斯兰教事务的调整方式则以内地刑律为主。包括僧官在内的藏传佛教信众对其违法宗教行为法律责任的承担一般为行政责任或财产刑，如罚俸、逐回原籍、罚钱粮多少月、罚一九等，较为严厉的刑罚为鞭刑。伊斯兰教信众违法宗教行为的法律责任一般按照邪教罪承担刑事责任，如充军、发遣、死刑等刑罚。如管寺乡约不在本寺礼拜，至别寺挢夺，照光棍扰害良民例极边充军；回民延请别寺之人教经读经，将为首者和所延请之人照左道惑人为从律边远充军。①

最后，管理制度方面，国家对藏传佛教事务的管理制度较为完善，而对伊斯兰教事务的管理制度较为简陋。清代中国西部宗教立法对藏传佛教的管理权进行了较为合理的分配，设立了权责较为明晰的主管机关，建立了较为完善的喇嘛僧官体制，通过喇嘛敕封、喇嘛朝觐、喇嘛年班，喇嘛度牒等制度，实现了国家与宗教组织在宗教管理方面有效的对接。而清代对西部伊斯兰教事务的管理则显得极为被动，缺乏较为明晰的管理制度作为保证，管理主体权责不清晰。无论是陕甘地区的乡约制度，还是回疆的

① （清）龚景瀚编、李本源纂修：《循化厅志》，台湾成文出版社1968年影印版，第183页。

伯克制度，均处于清代国家体制的边缘。

第二节　清代中国西部宗教立法的现代启示

一、宗教立法应当坚持平等原则

所谓平等原则，即在宗教立法过程中，立法主体平等地对待所有的宗教和教派，不做宗教信仰价值方面的判断，以中立与超然的姿态进行宗教事务立法；各种宗教、教派拥有平等的法律地位，国家有义务保证其和平相处。我国现代宗教立法中尚未明确规定宗教、教派平等的基本原则。这是一个较大的缺陷。中国是一个多民族、多宗教的国家，尤其在西部地区，藏传佛教与伊斯兰教是该地各民族信仰的主要宗教。清代中国西部宗教立法的一个极为重要的缺陷在于自清初开始，统治者即对伊斯兰教抱有歧视和偏见。这种歧视和偏见的法律态度最早见于陕甘总督孟乔芳。他认为："（回回）从来叵测，与百姓同城居住，习俗不一，终为疑二。"① 雍正帝也对伊斯兰教抱有鄙视的态度，认为伊斯兰教本"一无所取"，信仰伊斯兰教者均是一些"鄙薄之徒"，而且数量有限，国家能够有效控制。② 清朝统治者对伊斯兰教的这种歧视性看法与态度不但使清代中国西部宗教立法轻视对伊斯兰教的法律调整，而且严重助长社会对伊斯兰教的歧视和偏见。随着宗教歧视和偏见的加深，国家和社会将这种歧视与偏见最终逐渐转移到信仰伊斯兰教的信众身上，民族隔阂与矛盾因此而逐渐增加。20世纪50年代，马长寿先生在陕西华州、大荔县等地发现有"杀一汉人，十回抵命；杀十回民，一汉抵命"的判词。③ 这是清朝地方政府民族歧视和宗教歧视的司法表现。该种歧视的最早源头应当是来自清朝中央政府对伊斯兰教及其信仰者的歧视性态度。由于清政府对伊斯兰教抱有歧视和偏见，所以国家成文法中有关伊斯兰教事务的法律较少，直至清朝灭亡，清

---

① 中国第一历史档案馆：军机处录副奏折，缩微号：1809—2。
② 金吉堂：《中国回教史研究》，宁夏人民出版社 2000 年版，第 78 页。
③ 马长寿：《同治年间陕西回民起义历史调查记录》，陕西人民出版社 1993 年版，第 28 页。

政府对伊斯兰教事务的立法仍然停留于乾隆后期的水平，未制定出处理陕甘地方教争的详细系统的程序和实体规范，以至于陕甘地方一直教争不断，民族矛盾较为尖锐。①

二、宗教立法应因势利导、循序渐进

宗教现象是一种较为复杂的社会文化现象，其中包含着非常复杂的社会关系与社会行为。如何对这些社会关系与社会行为进行立法规范、规范的内容与范围应当如何设定是一个较为复杂的宗教立法问题。清朝近三百年的西部宗教立法的成功之处在于根据藏传佛教的特点，因地制宜、因时制宜地引导藏传佛教与清朝国家治理相适应，维护清代国家的政治稳定和民族团结，并形成一整套以正面引导为主，同时防范其负面作用，与清代国情较为适应的管理体制和宗教行为法律规范体系，较为合理地设定了对藏传佛教立法的边界。

宗教作为一种社会制度，具有独特的社会整合的功能。② 由于清政府对藏传佛教的尊重和引导，在漠北蒙古的政治文化心理深处，蒙古人与清朝统治者之间几乎没有隔阂。康熙时期漠北蒙古流行的一些民间歌曲表明

---

① 在陕甘地方的历次教争中，纠纷双方起初均将纠纷解决的希望寄托于政府的公平处理，且以邪教罪控诉对方，老教代表马应焕最后曾至京师控诉，乾隆帝仅仅批示甘肃巡抚黄廷桂等迅速、谨慎处理此案，没有程序和制度方面的建设。在处理教争的法律依据方面，对哲赫忍耶门宦和花寺门宦之间教争，清朝地方官员曾经以"罚服"草草结案，苏四十三回民事/起义变爆发之前，清朝地方官面对教争漫不经心，循化同知在省城迁延不回，副将新柱至循化后偏袒老教，称若新教不守法即将其全部净除，致使教争发展成为反对政府的事变；平息苏四十三回民事变/起义之后，清政府仍然将教争视为"邪教争控"，程序上要求总督、巡抚亲自审理，"严审究拟、据实具奏、以净根株"。这种立法改革仍然是处理邪教犯罪的思路，无任何创新。在法律实践上，苏四十三回民事变/起义的善后立法也没有得到执行。在光绪年间的河湟事变/起义中，陕甘总督杨昌濬没有亲自出面审理新教老教争，令西宁知府就近提审，而西宁知府令循化同知处理此案，后者没有调处即将双方头目放回，其后陕甘总督又派遣武官嘉绩驻防循化相机办理，循化地区的撒拉族穆斯林焚香跪迎，但嘉绩到后立即处决 11 名穆斯林，将教争推向反对政府的民变/起义。参见中国第一历史档案馆朱批奏折，卷号：04—01—0155—058；杨怀忠点校《钦定兰州纪略》，宁夏人民出版社 1988 年版，第 101—102 页；（清）龚景瀚：《循化厅志》，台湾成文出版社 1968 年影印版，第 176—179 页；慕寿祺：《甘宁青史略》卷 24，第 7 册，台湾广文书局有限责任公司 1982 年影印版。

② 彭康生等：《宗教社会学》，社会科学文献出版社 2000 年版，第 167 页。

了当时蒙古人的政治认同：

叩谢圣恩之歌

我大成阿穆呼郎皇帝，弘扬释迦牟尼佛教，恩施贫苦之邦，我等衷心赞美，叩谢圣恩。

我文殊师利阿穆呼郎皇帝，弘扬宗喀巴佛教，拯救苦难生灵，我等欢欣鼓舞，美语嘉言，祈祷祝福。

我神奇之文殊师利呼毕勒罕皇帝，统驭红缨臣民，恩施国人，我等无比欢喜，叩谢圣恩。

我神圣长寿天子，恩施诸大国，我们不胜欢忭，叩谢圣恩。

我呼毕勒罕皇帝天子，恩施一无所有之穷国，我众不胜喜悦，叩谢圣恩。

我汗主，富如财宝天王，且善如雅苏达里汗，恩施饥如饿鬼之人，我众喜悦，嘉语谢恩。

我天命大皇帝，富如赞巴拉佛，恩施馋饥之国，我众甚喜，叩谢圣恩。

我文殊师利呼毕勒罕皇帝，扶佑红缨臣民，恩施卑小之国，我众甚喜，叩谢圣恩。

我文殊师利呼毕勒罕皇帝，乃隆业八十神主，且赋命八天，于大国永远施恩，我众欢然跃舞，美语嘉言，祈祷谢恩。[1]

由此可见，漠北蒙古归附清朝，除清政府的政治救助措施得当之外，对藏传佛教的立法也使得蒙古人与清政府之间在心理深处获得了沟通和认同。

清政府在处理不同时期回民事变的善后过程中制定是压制型法律不仅没有没有能够实现其限制伊斯兰教的传布目的，反而"又强化了伊斯兰教发展"。[2]

三、宗教立法应当完善宗教管理机构和管理体制

专门的宗教管理机构和完善的宗教管理体制是国家及时有效地处理宗

---

[1] 中国第一历史档案馆：《康熙朝满文朱批奏折全译》，中国社会科学出版社 1996 年版，第 1723 页。

[2] 郑传斌：《清代西北回民起义中的人地关系》，《文史哲》2003 年第 6 期，第 91 页。

教问题的重要法制保障，当今应当加强对各种宗教协会的制度建设，进一步完善其组织结构、提高其自治水平。清代在中央设立理藩院专门管理藏传佛教，遇有藏传佛教相关重要案件须上报至理藩院，甚至有时清朝君主也直接过问。清政府在地方设立驻藏大臣、西宁办事大臣等机构，专门负责不同地区的民族与宗教事务，拥有较为明晰的管理权责，依据《钦定理藩院则例》管理各地藏传佛教。清代对藏传佛教的管理具有组织化与制度化的特点。如嘉庆年间，哲蚌寺向驻藏大臣诉称西宁红教札乌喇嘛占有哲蚌寺从前在该地建立的寺庙，驻藏大臣将该案件转给西宁办事大臣审理，原被告双方仍然争执不服，清政府谕令那彦成亲赴青海会同西宁办事大臣福克精阿秉公审理。那彦成调查后称：

> 扎乌喇嘛世袭百户，从前有奏定案据，世代承袭，布赉绷寺喇嘛不知原委，系属妄控，其彭错岭寺实属扎乌喇嘛之地，并非西藏布赉绷寺之地，扎乌百户自雍正十年至今纳贡当差，由来已久，且地界、户口、粮赋等项，青海衙门旧有印册可凭，该处俱系红教，旧有西藏黄教喇嘛二人来寺坐床教经，每届六年换班一次，近年来因在扎乌坐床年久，希图并占扎乌之粮户，以致案结复翻。①

清政府最后判决西藏哲蚌寺败诉，并谕令驻藏大臣瑚图礼等向西藏摄政第穆呼图克图告知，且令其向哲蚌寺转达政府判决的结果和依据，训令此后西藏毋庸派往喇嘛教经，以防止再生弊端。清政府利用较为健全的管理制度很快将这起纠纷审理完毕，使事件平息下来，其中除驻藏大臣、西宁办事大臣和钦差大臣那彦成的恪尽职守外，摄政所起的作用也不容忽视，他在审判者与原告之间起到了较为重要的桥梁作用，且原告本身即是摄政的行政下属。而清代对伊斯兰教事务的管理则缺乏一定组织和制度的保证。

四、宗教立法应广泛征求宗教组织的建议

宗教问题是一种较为复杂的社会问题。宗教观念、宗教体验等因素在宗教内部纠纷与教派纠纷中发生着重要的作用。有较高宗教修为的高僧大德和其他宗教人士能够洞悉宗教问题产生的深层原因，并且能够通过广泛

---

① 《清仁宗实录》卷 272，嘉庆十八年八月癸酉。

参与宗教问题的探讨帮助国家处理好复杂的宗教管理问题。

　　清政府对藏传佛教事务立法的重要成功之处在于宗教立法过程中能够较为主动地接受藏传佛教高僧大德的建议，灵活地处理宗教管理过程中出现的一些矛盾和分歧，使国家与藏传佛教组织和信众的关系较为融洽，避免了与各方关系的僵化和对立局面的产生。确认达赖喇嘛转世灵童是西藏宗教管理中较为重要的一个宗教问题和政治问题，若处理不好即会激化西藏各种社会矛盾，破坏清政府与藏传佛教组织的政治法律关系。七世达赖喇嘛圆寂之后，各方对转世灵童的确认问题争议较大。章嘉呼图克图的参与其中，向清政府提出自己的处理该问题的思路，即妥善安排前后藏找到的有争议的灵童，先依据班禅的意见确定后藏找到的灵童为转世灵童，若此后宗教内部在转世灵童问题上分歧依旧，且导致藏地政治动荡，则可以重新确认前藏先前所寻到幼孩为转世灵童。[①] 清政府因此而较为顺利地解决了七世达赖喇嘛转世灵童的认定问题，既平息了藏传佛教组织内部矛盾，又避免了国家与宗教关系的僵化，为其处理此后可能出现的宗教问题留下了一定的余地。此后不久，围绕七世达赖喇嘛转世灵童的确认又出现一些纠纷，前藏格仓静修寺的扎德格西认为山南寻找到的某位幼孩是真正的转世灵童，并将其接到本寺。乾隆帝拟将该幼孩与扎德格格西押送至京师治罪，章嘉呼图克图则建议赦免两人的死罪，将其送至后藏充当班禅的侍从。这样再次以较为平和的方式处理了此类矛盾，未引起西藏政局的动荡。[②]

　　① 中国第一历史档案馆：《清宫历世达赖喇嘛档案荟萃》，宗教文化出版社 2002 年版，第 151—152 页。

　　② （清）土观·洛桑却吉尼玛著、陈庆英等译：《章嘉国师若必多吉传》，民族出版社 1988 年版，第 294—295 页。

结　论

一、清代中国西部宗教立法以维护国家统一为目的，具有多种法律形式

清代中国西部宗教立法是清朝维护国家政治统一的产物。清朝面临着巩固满蒙联盟和抵御俄罗斯南向扩张两项重要的政治问题。清政府以解决西部政治统一和民族问题为根本目的，以对藏传佛教和伊斯兰教的立法为切入点，逐渐确立起维护国家政治统一、因势利导和循序渐进三个基本立法原则。清代中国西部宗教立法的法律形式有"律"、"例"、"谕旨"、"令"、"章程"、"会典"、"习惯法"等，这些法律形式互相补充，相互贯通。

二、清代中国西部宗教立法具有因势利导的特征

清代对藏传佛教的立法主要以各种重要政治事件为契机逐渐展开，具有因势利导、循序渐进的特征。天命至顺治时期确立起对藏传佛教立法的基本思路和框架，即以藏传佛教促进国家统一，以维护国家政治统一为原则指导宗教立法，形成对达赖喇嘛的敕封制度；康雍时期，对藏传佛教的立法成为国家相关法典《蒙古律书》和《钦定大清会典》的重要内容，规范稳定性不断增强，喇嘛僧官、喇嘛朝贡等具体制度逐渐形成；乾嘉时期，对藏传佛教立法的编纂体例逐渐发展，"喇嘛例"成为《蒙古律例》的重要篇目，以金瓶掣签为首要内容的《钦定西藏善后章程二十九条》的制定标志着对藏传佛教立法内容的成熟，《钦定理藩院则例》将"喇嘛

例"改为"喇嘛事例",标志着对藏传佛教立法编纂体例的成熟和核心法律文本的形成,经过道光以后的不断补充,西部宗教立法逐渐发展成较为完善的规范体系。

清代对伊斯兰教的立法起步较晚。在陕甘地区,乾隆四十六年(1781年)之前,以谕旨为主要法律形式,以习惯法为重要补充,对伊斯兰教的政策较为宽容。乾隆四十六年(1781年)之后,《甘肃善后事宜》等成文法的制定标志着对陕甘地区伊斯兰教立法的法律形式的发展,立法从传统的宽容政策立即转换为严厉的限制政策,最后逐渐确立起以不同教派对清政府的政治态度为标准对其予以区别对待的重要法律原则——政治忠诚原则;道光朝以降,对陕甘地区伊斯兰教的立法在各地发生回民事变的形势下停滞不前,至清末仍然停留在乾隆后期的水平。新疆建省之前,《钦定回疆则例》对回疆阿訇的选任、宗教文化教育的管理、跨地区的宗教活动等问题进行了较为系统的规定;新疆建省之后,该地区对伊斯兰教的立法向内地化方向发展。

三、清代中国西部宗教立法具有加强国家管理的特征

加强国家管理是清代宗教立法的基本思路,也是维护国家政治统一的要求,这主要表现在,清代西部宗教立法在调整政教关系时,注重加强国家管理和监督的权力、限制教权影响范围,根据宗教团体的政治态度,灵活地授予大小不同的宗教权力。清政府对西藏地区政教关系的调整始终以增加驻藏大臣权力,缩减达赖喇嘛权力,维护地方政治稳定为原则;在蒙古地区以防止世俗贵族权力与宗教贵族权力相结合为原则,禁止宗教组织干预国家司法、行政等事务;在甘肃、青海、新疆等地区,根据宗教组织对清政府的政治态度,授予宗教组织以大小不同的宗教权力。乾隆四十六年(1781年)之前,清政府调整陕甘地区国家与伊斯兰教的方法是通过伊斯兰宗教组织实现对回民世俗生活的政治管理,并尝试将其纳入国家基层组织体系;乾隆四十六年(1781年)之后,清政府对该地区穆斯林社区进行大规模改革,使政治事务与宗教事务初步分离,设立管会乡约和管寺乡约,并使两者互相制衡;在处理国家与教派的关系方面,从禁绝新教的原则逐渐转变为政治忠诚原则,直至清末未有大的变化;同时,以政教

分离的原则调整回疆地区的政教关系，逐渐确立起阿訇及其亲属不得出任国家官职的制度，以政治忠诚原则处理国家与伊斯兰教各派的关系。

四、清代对藏传佛教的管理具有组织化与自治性的特征

清政府对藏传佛教管理主体的设置较为完善，其中理藩院总理藏传佛教事务，驻藏大臣、库伦办事大臣、西宁办事大臣、盟长、副盟长等相关机构负责管理蒙藏地方藏传佛教事务，各自权责较为明晰，构成了一个有机管理体系。在管理体制方面，清政府将宗教管理权分为两种权力，即国家的宗教管理权和喇嘛僧官的宗教管理权，通过喇嘛敕封制度和喇嘛僧官制度实现了对第二种宗教管理权的再次分级和配置，并进而通过喇嘛朝贡制度和喇嘛年班制度在法律上形成了国家和受权者之间较为稳定的互动和沟通的机制，以保证喇嘛僧官制度和喇嘛敕封制度的有效运行。而喇嘛僧官本身所具有的宗教领袖的身份，则使清代对藏传佛教管理呈现出较强的组织化和自治性的特色。清代对伊斯兰教管理的主体的种类也较多，但是这些管理主体除回疆的专职伯克外，其他主体均为非专职机构，对伊斯兰教的管理仅仅是这些主体的众多管理事务中的一种。清代对西部伊斯兰教管理体制存在较大的缺陷，未形成较为完善的管理制度。乡约制度从一开始即处于国家体制的边缘，而伯克制度在国家行政管理体制中处于逐渐被边缘化的状态，新疆建省之后，伯克制度退出了国家正规的行政管理体制。由上述比较可见，清代对藏传佛教管理的特色和成功之处即表现为管理的组织化和自治性。

五、清代中国西部宗教立法具有世俗性的特征

清代中国西部宗教立法形成了较为系统的行为规范体系，对藏传佛教活佛转世行为、跨地区宗教行为、僧侣违犯清规行为、信徒出家行为、僧侣身份的确认等问题进行了细致的调整，规范结构较为严密，内容较为稳定，调整方式以行政处罚和财产刑为主，引导信仰者按照世俗的法定程序从事宗教活动。尽管清代中国西部宗教立法对伊斯兰宗教信徒行为的调整范围涉及宗教经典、宗教仪式、礼拜行为等伊斯兰教深层次问题，但是至乾隆四十九年（1784年）清政府从法律上已将其废除。在对西部宗教财

产的法律调整方面，清政府确立了较为完备的调整藏传佛教财产的法律制度，而对伊斯兰教财产的调整则以习惯法为主；注意保护合法宗教组织和教职人员的财产，并给予一定的优待。

六、清代中国西部宗教立法具有严重的不平衡性缺陷

由于对伊斯兰教存在歧视和偏见，清政府对西部宗教的立法是以对藏传佛教的立法为核心，确立起尊崇藏传佛教的宗教政策，伊斯兰教始终处于边缘化的法政地位。以宗教立法主体而言，对伊斯兰教的立法主体具有单一性，宗教人士无权参与立法进程；以立法内容而言，对伊斯兰教立法内容较为匮乏，并未形成如藏传佛教那样的组织化和制度化管理；以立法体例而言，有关伊斯兰教的立法相当分散，不能如藏传佛教那样构成法典相对独立的组成部分；以立法进程而言，对伊斯兰教的立法进程乾隆以后即停滞下来，虽然道光年间对《钦定回疆则例》有所修改，但其基本调整范围与内容未有大的发展，近代以来历次回民事变后仍然依政治标准处理善后事务，清政府否定地方高级官员禁绝"新教"的立法建议，并且回到乾隆时期的立法原点，重申"只论逆顺，不问教之新旧"的"政治忠诚"法律原则。

总之，有清一代，在追求国家政治统一和西部地区政治稳定的历史环境之中，清政府经过近三百年的努力，在维护国家政治统一、因势利导和渐进性基本立法原则的指导下，以藏传佛教和伊斯兰教为西部宗教立法的主要对象，逐渐确立起较为完善的法律规范体系。整体而言，清代西部宗教立法以维护国家统一为首要原则，具有加强国家管理、因势利导、世俗性和不平衡性等特征，在立法主体设置、立法技术、管理制度等方面对当代中国宗教立法具有重要的启示意义与价值。

参 考 文 献

一、古籍（按出版时间）

1. 中国第一历史档案馆：军机处录副奏折，缩微号：1446—057。
2. 中国第一历史档案馆：军机处录副奏折，缩微号：1809—2。
3. 中国第一历史档案馆：朱批奏折，卷号：04—01—01—0865。
4. 中国第一历史档案馆：朱批奏折，卷号：04—01—0155—058。
5. 中国第一历史档案馆：朱批奏折，档案号：04—01—01—0102—1149。
6. 中国第一历史档案馆：朱批奏折，档案号：04—01—01—0384—025。
7. 中国第一历史档案馆：朱批奏折，档案号：04—01—01—0460—039。
8. 中国第一历史档案馆：朱批奏折，档案号：04—01—14—0092—079。
9. 中国第一历史档案馆：朱批奏折，档案号：04—01—14—0821—048。
10. 中国第一历史档案馆：朱批奏折，档案号：04—01—30—0379—006。
11. 中国第一历史档案馆：朱批奏折，档案号：04—01—30—0079—007。
12. 中国第一历史档案馆：朱批奏折，档案号：04—01—30—0378—010。
13. 中国第一历史档案馆：朱批奏折，档案号：04—01—35—0601—020。
14. 中国第一历史档案馆：朱批奏折，民族事务类，302卷第1号。
15. 中国第一历史档案馆：朱批奏折，民族事务类，第1442号第4号。
16. （清）椿园七十一：《西域闻见录》，中央民族大学图书馆藏刻本。
17. （清）潘颐福：《东华续录》，上海图书集成书局1911年版。
18. （清）和宁等：《回疆通志》，1925年刊本，国家图书馆藏。
19. （清）魏象枢：《寒松堂集》，王云五主编丛书集成初编本，上海商务印书馆1936年版。
20. （清）朱寿朋：《光绪朝东华录》，中华书局1958年影印版。
21. （清）袁大化等：《新疆图志》，台湾文海出版有限公司1965年版。
22. 杨增新：《补过斋文牍》第5册，中国边疆丛书第1辑第14种，台湾文海出版社1965年影印版。

23. 章家容安辑：《那彦成奏议》，收入沈云龙主编《近代中国史料丛刊》第21辑，台湾文海出版社 1966 年影印版。

24.《蒙古律例》，台湾成文出版社有限责任公司 1968 年影印版。

25.（清）苏尔德：《回疆志》，台湾成文出版社 1968 年影印版。

26.（清）龚景瀚编、李本源纂修：《循化厅志》，道光二十四年抄本，台北成文出版社 1968 年影印版。

27. 佚名：《乌里雅苏台志略》，台湾成文出版社 1968 年版。

28.（清）姚明辉辑：《蒙古志》，台湾成文出版社 1968 年影印版。

29. 蒙文原著、陈仁先译：《蒙古逸史》，台北广文书局有限公司 1976 年版。

30. 赵尔巽等：《清史稿》，中华书局 1977 年版。

31. 吴燕绍辑、吴丰培增订：《廓尔喀纪略辑补》，中国社会科学院民族研究所历史室 1977 年油印本，中央民族大学图书馆藏。

32.（清）萨囊彻辰著、道润梯步译注：《蒙古源流》，内蒙古人民出版社 1980 年版。

33.［俄］尼古拉·斑蒂—卡缅斯基：《俄中两国外交文献汇编（1619—1792)》，商务印书馆 1982 年版。

34. 佚名：《番僧源流考》，西藏人民出版社 1982 年版。

35. 张其勤原稿、吴丰培增辑：《清代藏事辑要》，西藏人民出版社 1983 年版。

36. 台湾故宫博物院：《宫中档雍正朝朱批奏折》第 3 辑，台湾故宫博物院 1984 年影印版。

37. 刘义棠校注：《钦定西域同文志校注》，台湾商务印书馆 1984 年版。

38. 中国第一历史档案馆：《康熙起居注》，中华书局 1984 年版。

39.《大清历朝实录》（天聪至宣统朝），中华书局 1985 年影印版。

40. 西藏历史档案馆编：《藏文史料译文集》，西藏自治区历史档案馆 1985 年印。

41.（清）阿桂等：《皇清开国方略》，文渊阁四库全书史部编年类，总第 341 册，台湾商务印书馆 1986 年影印版。

42.（清）刘统勋等：《钦定皇舆西域图志》，文渊阁四库全书史部地理类，总第 500 册，台湾商务印书馆 1986 年影印本。

43.（清）左宗棠：《左宗棠全集》第 7 册，上海书店 1986 年影印版。

44.（清）左宗棠：《左宗棠全集》第 16 册，上海书店 1986 年影印版。

45.（清）张廷玉等：《皇朝文献通考》，四库全书史部政书类，总第 632 册，台湾商务印书馆影印 1986 年影印版。

46. 中国第一历史档案馆：《清初内国史院满文档案译编》上册，光明日报出版社 1986 年版。

47.（清）允裪等：《钦定大清会典（乾隆朝）》，文渊阁四库全书史部政书类，总第 619 册，台湾商务印书馆 1986 年影印版。

48.（清）允裪等：《钦定大清会典则例》，文渊阁四库全书史部政书类，总第

624 册，台湾商务印书馆 1986 年影印本。

49.（清）永瑢：《钦定历代职官表》，四库全书本史部职官类，总第 602 册，台湾商务印书馆 1986 年影印版。

50.（清）温达等：《亲征平定朔漠方略》，文渊阁四库全书史部纪事本末类，总第 354 册，台湾商务印书馆 1986 年影印版。

51. 吴忠礼等：《清实录宁夏资料辑录》，宁夏人民出版社 1986 年版。

52. 杨怀忠点校：《钦定石峰堡纪略》，宁夏人民出版社 1987 年版。

53.《蒙古律例 回疆则例》，全国图书馆文献缩微中心 1988 年版。

54. 马塞北：《清实录穆斯林资料辑录》，宁夏人民出版社 1988 年版。

55.（清）马注撰、余振贵校注：《清真指南》，宁夏人民出版社 1988 年版。

56.（清）土观·洛桑却吉尼玛著、陈庆英等译：《章嘉国师若必多吉传》，民族出版社 1988 年版。

57. 杨怀忠点校：《钦定兰州纪略》，宁夏人民出版社 1988 年版。

58. 中国第一历史档案馆：《雍正朝汉文朱批奏折汇编》，江苏古籍出版社 1989 年版。

59.（清）固始噶居巴·洛桑泽培著、陈庆英等译：《蒙古佛教史》，天津古籍出版社 1990 年版。

60.（清）昆冈等：（光绪朝）《钦定大清会典事例》，中华书局 1990 年影印版。

61. 中国第一历史档案馆：《满文老档》，中华书局 1990 年版。

62. 中国社会科学院中国边疆史地研究中心：《清代蒙古高僧传译辑》，全国图书馆文献缩微复制中心 1990 年版。

63. 中国社科院中国边疆史地研究研究中心：《清代新疆稀见史料汇集》，全国图书馆文献缩微复制中心 1990 年版。

64.（清）托津等：《钦定大清会典（嘉庆朝）》，近代中国史料丛刊第 64 辑，台湾文海出版社有限公司 1991 年版。

65. 中国第一历史档案馆：《乾隆朝上谕档》第 1 册，中国档案出版社 1991 年影印版。

66. 吴丰培编纂：《抚远大将军允禵奏稿》，全国图书馆文献缩微复制中心 1991 年版。

67.（清）伊桑阿等：《钦定大清会典（康熙朝）》，近代中国史料丛刊三编第 73 辑，台湾文海出版有限公司 1993 年影印版。

68. 张锐智、徐立志主编：《中国珍稀法律典籍集成》丙编第二册，科学出版社 1994 年版。

69. 中国藏学研究中心等：《元以来西藏地方与中央政府关系档案史料汇编》，中国藏学出版社 1994 年版。

70.（清）尹泰等：《钦定大清会典（雍正朝）》，近代中国史料丛刊三编第 77 辑，台湾文海出版有限公司 1994 年影印版。

71. 李永海等译校：《年羹尧满汉奏折译编》，天津古籍出版社 1995 年版。

72. 西藏自治区档案馆：《西藏历史档案荟萃》，文物出版社 1995 年版。

73. 中国第一历史档案馆：《康熙朝满文朱批奏折全译》，中国社会科学出版社 1996 年版。

74. 包文汉整理：《清朝藩部要略稿本》，黑龙江教育 1997 年版。

75. 马大正、吴丰培主编：《清代新疆稀见奏牍汇编（同治、光绪、宣统朝卷)》（上册），新疆人民出版社 1997 年版。

76. 马大正、吴丰培主编：《清代新疆稀见奏牍汇编（同治、光绪、宣统朝卷)》（中册），新疆人民出版社 1997 年版。

77. （清）五世达赖喇嘛著、陈庆英等译：《五世达赖喇嘛传——云裳》（第一函），中国藏学出版社 1997 年版。

78. （清）理藩院修、杨选第等校注：《理藩院则例》，内蒙古文化出版社 1998 年版。

79. 中国第一历史档案馆：《雍正朝满文朱批奏折全译》，黄山书社 1998 年版。

80. 张荣铮等点校：《大清律例》，天津古籍出版社 1998 年版。

81. 故宫博物院：《清高宗御制文》，海南出版社 2000 年影印版。

82. 故宫博物院：《钦定理藩院则例》，海南出版社 2000 年影印版。

83. 中国第一历史档案馆等：《清初五世达赖喇嘛档案史料选编》，中国藏学出版社 2000 年版。

84. 乌兰：《〈蒙古源流〉研究》，辽宁民族出版社 2000 年版。

85. 张永江：《清代藩部研究：以政治变迁为中心》，黑龙江教育出版社 2001 年版。

86. 余振贵：《中国回族金石录》，宁夏人民出版社 2001 年版。

87. （清）那彦成：《那文毅公奏议》，续修四库全书史部诏令奏议，总第 497 册，上海古籍出版社 2002 年影印版。

88. 喇秉德等：《青海回族史料集》，青海人民出版社 2002 年版。

89. （清）祁韵士等：《皇朝藩部要略》，续修四库全书史部地理类，第 740 册，上海古籍出版社 2002 年影印版。

90. 中国第一历史档案馆：《乾隆朝起居注》，广西师范大学出版社 2002 年影印版。

91. 中国第一历史档案馆：《清宫历世达赖喇嘛档案荟萃》，宗教文化出版社 2002 年版。

92. 王先谦等：《东华续录》，续修四库全书史部政书类，总第 357 册，上海古籍出版社 2002 年影印版。

93. （清）张彦笃等：《洮州厅志》，载张羽新主编《中国西藏及甘青川滇藏区方志汇编》第 22 册，学苑出版社 2003 年版。

94. （清）汪元綱等：《岷州志》，载张羽新主编《中国西藏及甘青川滇藏区方志汇编》第 26 册，学苑出版社 2003 年影印版。

95.（清）魏源：《魏源全集》（第三册），岳麓书社 2004 年版。

96.（清）余正燮撰、于石等点校：《余正燮全集》第一册，黄山书社 2005 年版。

97.（清）孟保撰、黄维忠等点校：《西藏奏疏》，中国藏学出版社 2006 年版。

98.（清）方略馆编、季垣垣点校：《钦定廓尔喀纪略》，中国藏学出版社 2006 年版。

99.（清）第穆·图丹晋美嘉措著、王维强译：《九世达赖喇嘛传》，中国藏学出版社 2006 年版。

100.（清）章嘉·若必多吉著、蒲文成译：《七世达赖喇嘛传》中国藏学出版社 2006 年版。

101. 扎西旺都编、王玉平译：《西藏历史档案公文选·水晶明鉴》，中国藏学出版社 2006 年版。

102. 赵云田点校：《乾隆朝内府抄本〈理藩院则例〉》，中国藏学出版社 2006 年版。

103.（清）五世达赖喇嘛著、陈庆英等译：《一世——四世达赖喇嘛传》，中国藏学出版社 2006 年版。

104.（清）五世达赖喇嘛著、陈庆英等译：《五世达赖喇嘛传》，中国藏学出版社 2006 年版。

105. 凤凰出版社：《中国地方志集成·青海府县志辑·乾隆西宁府新志》，凤凰出版社 2008 年影印版。

二、著作（按出版时间，同年按作者姓名拼音顺序）

1.［俄］婆资特奈夜夫原著、北洋法政学会编译：《蒙古及蒙古人》，北洋法政学会 1913 年版。

2.［日］稻叶君山著、但焘译：《清朝全史》第二册，上海中华书局 1915 年版。

3. 刘廷赞：《驻藏大臣沿革考》下册，民族文化宫图书馆 1961 年油印本。

4.［苏］苏联科学院远东研究所等：《十七世纪俄中关系》，商务印书馆 1975 年版。

5. 李毓澍《外蒙古撤治问题》，台湾"中央"研究院近代史研究所专刊（一），1976 年。

6. 李毓澍：《外蒙政教制度考》，台湾"中央"研究院近代史研究所专刊（5），1978 年。

7. 新疆维吾尔自治区编辑组：《南疆农业社会》，新疆人民出版社 1980 年版。

8.［苏］伊·亚·滋拉特金著、马曼丽译：《准噶尔汗国史》，商务印书馆 1980 年版。

9. 宁夏哲学社会科学研究所：《清代伊斯兰教论集》，宁夏人民出版社 1981 年版。

10. ［法］孟德斯鸠著、张雁深译：《论法的精神》，商务印书馆 1982 年版。

11. 慕寿祺：《甘宁青史略》，台湾广文书局有限责任公司 1982 年影印版。

12. ［俄］阿·马·波兹德涅耶夫著、刘汉明等译：《蒙古及蒙古人》第二卷，内蒙古人民出版社 1983 年版。

13. 马通：《中国伊斯兰教与门宦制度史略》，宁夏人民出版社 1983 年版。

14. ［美］费正清编、中国社会科学院历史研究所编译室译：《剑桥中国晚清史》，中国社会科学出版社 1983 年版。

15. 牙含章：《达赖喇嘛传》，人民出版社 1984 年版。

16. 李兴华等：《中国伊斯兰教史参考资料选编（1911—1949）》，宁夏人民出版社 1985 年版。

17. 刘志霄：《维吾尔族历史》（上、中），民族出版社 1985 年版。

18. 黄奋生：《藏族史略》，民族出版社 1985 年版。

19. 赵云田：《清代蒙古政教制度》，中华书局 1985 年版。

20. 王森：《西藏佛教发展史略》，中国社会科学出版社 1987 年版。

21. 李范文等：《西北回民研究资料汇编》，宁夏人民出版社 1988 年版。

22. 张羽新：《清政府与喇嘛教》，西藏人民出版社 1988 年版。

23. ［俄］阿·马·波兹德涅耶夫著、刘汉明等译：《蒙古及蒙古人》第一卷，内蒙古人民出版社 1989 年版。

24. ［意］图齐等著、耿昇译：《西藏和蒙古的宗教》，天津古籍出版社 1989 年版。

25. 吴丰培、曾国庆：《清朝驻藏大臣制度的建立与沿革》，中国藏学出版社 1989 年版。

26. ［意］毕达克著、沈卫荣等译：《西藏的贵族和政府（1728—1959)》，中国藏学出版社 1990 年版。

27. 谢重光等：《中国僧官制度史》，青海人民出版社 1990 年版。

28. 孙玉兰等：《民族心理学》，知识出版社 1990 年版。

29. 张中秋：《中西法律文化比较研究》，南京大学出版社 1991 年版。

30. 吴迈善：《清代西北回民起义研究》，兰州大学出版社 1991 年版。

31. 邵宏谟等：《陕西回民起义史》，陕西人民出版社 1992 年版。

32. 马长寿：《同治年间陕西回民起义历史调查记录》，陕西人民出版社 1993 年版。

33. 刘广安：《清代民族立法研究》，中国政法大学出版社 1993 年版。

34. 乌云毕力格等：《蒙古民族通史》第四卷，内蒙古大学出版社 1993 年版。

35. 马通：《中国伊斯兰教门宦溯源》，宁夏人民出版社 1995 年版。

36. 郭松义：《清代全史》第三卷，辽宁人民出版社 1995 年版。

37. 赵云田：《清代治理边陲的枢纽——理藩院》，新疆人民出版社 1995 年版。

38. 王荣笙：《清朝全史》，辽宁人民出版社 1995 年版。

39. 恰白·次旦平措等：《西藏通史——松石宝串》，陈庆英等译，西藏古籍出版社 1996 年版。

40. 余振贵：《中国历代政权与伊斯兰教》，宁夏人民出版社 1996 年版。

41. 德勒格：《内蒙古喇嘛教史》，内蒙古人民出版社 1998 年版。

42. 吕大吉；《宗教学通论》，中国社会科学出版社 1998 年版。

43. 张晋藩：《清朝法制史》，中华书局 1998 年版。

44. 任继愈：《宗教大辞典》，上海辞书出版社 1998 年版。

45. 苏发祥：《清代治藏政策研究》，民族出版 1999 年版。

46. 陈慧生：《中国新疆地区伊斯兰教史》，新疆人民出版社 1999 年版。

47. 于本源：《清王朝的宗教政策》，中国社会科学出版社 1999 年版。

48. 马大正：《中国边疆经略史》，中州古籍出版社 2000 年版。

49. 彭康生等：《宗教社会学》，社会科学文献出版社 2000 年版。

50. 金吉堂：《中国回教史研究》，宁夏人民出版社 2000 年版。

51. 金启孮：《清代蒙古史札记》，内蒙古人民 2000 年版。

52. 徐晓光：《藏族法制史》，法律出版社 2000 年版。

53. 蒲文成：《青海佛教史》，青海人民出版社 2001 年版。

54. 张永江：《清代藩部研究——以政治变迁为中心》，黑龙江教育出版社 2001 年版。

55. 王中复：《清代西北回民事事变——社会文化适应与民族认同的省思》，台湾联经出版事业有限公司 2001 年版。

56. 刘广安：《中华法系的再认识》，法律出版社 2002 年版。

57. 刘建等：《宗教问题探索 2001 年文集》，宗教文化出版社 2002 年版。

58. 张羽新：《清朝治藏典章研究》，中国藏学出版社 2002 年版。

59. 陈庆英：《蒙藏关系史大系·政治卷》，西藏人民出版社、外语教学与研究出版社 2002 年版。

60. 任继愈：《佛教大辞典》，江苏古籍出版社 2002 年版。

61. 云毕力格等：《蒙古民族通史》（第四卷），内蒙古大学出版社 2002 年版。

62. 王东平：《清代回疆法律制度研究》，黑龙江教育出版社 2002 年版。

63. ［美］伯尔曼著、梁治平译：《法律与宗教》，中国政法大学出版社 2003 年版。

64. 白寿彝：《中国回回民族史》，中华书局 2003 年版。

65. 陈庆英等：《西藏通史》，中州古籍出版社 2003 年版。

66. 颜厥安：《法与实践理性》，中国政法大学出版社 2003 年版。

67. 彭建英：《中国古代羁縻政策的演变》，中国社会科学出版社 2004 年版。

68. 孙镇平：《清代西藏法制研究》，知识产权出版社 2004 年版。

69. 中央民族大学历史系：《民族史研究》第五辑，民族出版社 2004 年版。

70. 杨强：《清代蒙古盟旗制度》，民族出版社 2004 年版。

71. 王钟翰：《王钟翰清史论集》第 2 卷，中华书局 2004 年版。

72. 多杰才旦：《西藏封建农奴制社会形态》，中国藏学出版社 2005 年版。

73. ［美］拉铁摩尔著、唐晓峰译：《中国的亚洲内陆边疆》，江苏人民出版社 2005 年版。

74. ［英］克尔巴奇著、张毅等译：《政策》，吉林人民出版社 2005 年版。

75. 《宗教事务条例》，宗教文化出版社 2005 年版。

76. ［德］韦伯著、康乐等译：《宗教社会学》，广西师范大学出版社 2005 年版。

77. 马大正等：《卫拉特蒙古史纲》，新疆人民出版社 2006 年版。

78. 达力扎布：《蒙古史纲要》，中央民族大学出版社 2006 年版。

79. 刘澎：《国家·宗教·法律》，中国社会科学出版社 2006 年版。

80. 廖祖桂等：《〈钦定藏内善后章程二十九条〉版本考略》，中国藏学出版社 2006 年版。

81. 韩敏：《清代同治年间陕西回民起义史》，陕西人民出版社 2006 年版。

82. 张曼涛：《西藏佛教教义论集》，北京图书馆出版社 2006 年版。

83. 任杰、梁凌：《中国的宗教政策——从古代到当代》，民族出版社 2006 年版。

84. 嘎达哇才仁主编：《藏传佛教活佛转世制度研究论文集》，中国藏学出版社 2007 年版。

85. 乔吉：《蒙古佛教史》，内蒙古人民出版社 2007 年版。

86. 中国伊斯兰百科全书编辑委员会：《中国伊斯兰百科全书》，四川辞书出版社 2007 年版。

87. 王建平：《露露集：略谈伊斯兰教与中国的关系》，宁夏人民出版社 2007 年版。

88. 马连龙：《历辈达赖喇嘛与中央政府关系》，青海人民出版社 2008 年版。

89. 杨健：《清王朝佛教事务管理》，社会科学文献出版社 2008 年版。

90. 杨玉辉：《宗教管理学》，人民出版社 2008 年版。

91. 妙舟：《蒙藏佛教史》，广陵书社 2009 年版。

92. 刘广安等：《中国古代民族自治研究》，中央民族大学出版社 2009 年版。

93. 胡日查：《清代内蒙古地区寺院经济研究》，辽宁民族出版社 2009 年版。

94. 张晋藩：《中国法律的传统与近代转型》，法律出版社 2009 年版。

95. 顾肃：《宗教与政治》，译林出版社 2010 年版。

96. 张晋藩：《中华法制文明的演进》，法律出版社 2010 年版。

97. 朱勇：《中华法系》（第 1 卷），法律出版社 2010 年版。

98. Russell Sandberg, *Law and Religion*, Cambridge University Press, 2011.

99. 刘广安：《中国古代法律体系》，高等教育出版社 2012 年版。

100. 张践：《中国古代政教关系史》，中国社会科学出版社 2012 年版。

101. 胡日查：《清代蒙古寺庙管理体制研究》，辽宁民族出版社 2013 年版。

三、期刊论文（按发表时间）

1. 东噶·洛桑赤列：《论西藏政教合一制度》，《西藏民族学院学报》1981 年第 4 期。

2. 陈国干：《清代对蒙古的喇嘛教政策》，《内蒙古社会科学（汉文版）》1982 年第 1 期。

3. 柳陞祺等：《清代在西藏实行金瓶掣签的经过》，《民族研究》1982 年第 4 期。

4. 王辅仁：《略论清朝前期对西藏的施政》，收入中国人民大学清史研究所编《清史研究集》第 2 辑，中国人民大学出版社 1982 年版。

5. 赵云田：《清代前期利用喇嘛教政策的形成和演变》，《西藏民族学院学报》1984 年第 1 期。

6. 牙含章：《达赖喇嘛和〈达赖喇嘛传〉》，《社会科学战线》1984 年第 1 期。

7. 韩官却加：《西藏佛教的活佛转世制述略》，《西藏研究》1984 年第 4 期。

8. 徐晓光：《清朝政府对喇嘛教立法初探》，《内蒙古社会科学（汉文版）》1988 年第 1 期。

9. 蒲文成：《清代以来西藏的第巴、藏王和摄政》，《青海民族学院学报》（社会科学版）1988 年第 2 期。

10. ［美］梅龙·C.高尔德史泰恩著、陈乃文译、柳陞祺校订：《西藏庄园的周转》，《中国藏学》1988 年第 4 期。

11. 马林：《从礼仪之争看驻藏大臣同达赖喇嘛及西藏地方政府摄政的关系》，《青海社会科学》1989 年第 6 期。

12. 蔡家艺等：《西宁办事大臣的设置及其对青海地区的管治》，《青海民族研究》1990 年第 1 期。

13. 房建昌：《清代西藏护法考》，《思想战线》1990 年第 4 期。

14. 申新泰：《略谈甘丹颇章地方政权建立初期的行政体制和清初对西藏地方的施政》，《藏学研究论丛》第 2 辑，西藏人民出版社 1990 年版。

15. 李凤珍：《清代西藏喇嘛朝贡概述》，《中国藏学》1991 年第 1 期。

16. 李进新：《新疆南部维吾尔族地区的瓦合甫制度问题》，《西域研究》1994 年第 2 期。

17. 罗润苍：《西藏佛教史上的政教关系》，《中国藏学》1994 年第 2 期。

18. 徐晓光等：《清朝对"蒙古例"、〈理藩院则例〉的制定与修订》，《内蒙古社会科学》1994 年第 3 期。

19. 张虎生：《御制惠远庙碑文校注》，《中国藏学》1994 年第 3 期。

20. 高占福：《中国西北回族等穆斯林民族的门宦宗教教理》，《回族研究》1995 年第 3 期。

21. 李凤珍：《试论清代西藏递丹书克制》，《西藏民族学院学报》1997 年第 1 期。

22. 桑丁才仁：《略述清代西藏丹书克的有关问题》，《中国藏学》1997 年第

1 期。

23. 祁杰：《历世哲布尊丹巴呼图克图与清政府的对喀尔喀蒙古人政策》，《内蒙古社会科学》1997 年第 3 期。

24. 王东平：《清代回疆地区法律典章的研究与注释》，《西北民族研究》1998 年第 2 期。

25. 齐木德道尔吉：《1640 年以后的清朝与喀尔喀的关系》，《内蒙古大学学报（人文社科版）》1998 年第 4 期。

26. 李凤珍：《试析五世达赖喇嘛与西藏政教合一制》，《西藏民族学院学报》1999 年第 2 期。

27. 陈国光：《清代维吾尔族中的伊斯兰教》，《新疆社会科学》2001 年第 3 期。

28. 李保文译：《蒙古律书（康熙六年）》，载《历史档案》2002 年第 4 期。

29. 陈庆英等：《喀尔喀部哲布尊丹巴活佛转世的起源新探》，《青海民族学院学报》2003 年第 3 期。

30. 达力扎布：《〈蒙古律例〉及其与〈理藩院则例〉的关系》，《清史研究》2003 年第 4 期。

31. 郑传斌：《清代西北回民起义中的人地关系》，《文史哲》2003 年第 6 期。

32. 张中秋：《乡约的诸属性及其文化原理认识》，《南京大学学报（哲社版）》2004 年第 5 期。

33. 达力扎布：《康熙三十五年〈蒙古律例〉研究》，载中央民族大学历史系主编《民族史研究》第 5 辑，民族出版社 2004 年版。

34. 马宗保：《宗教社会学视野中的门宦》，《宁夏社会科学》2006 年第 1 期。

35. 白文固：《清代的驻京呼图克图》，《文史知识》2006 年第 2 期。

36. 赵丽君：《清代新疆乡约制度研究三题》，《新疆大学学报》2006 年第 4 期。

37. 武沐等：《清代河州穆斯林乡约制度考述》，《西北师大学报（社会科学版）》2006 年第 5 期。

38. 陈庆英：《清代金瓶掣签制度的制定及其在西藏的实施》，《西藏民族学院学报》2006 年第 3—6 期。

39. 达力扎布：《清太宗邀请五世达赖喇嘛史实考略》，《中国藏学》2008 年第 3 期。

40. 梁海峡：《浅析清朝对回疆阿訇的管理政策》，《青海社会科学》2008 年第 3 期。

41. 路卫东：《掌教、乡约与保甲册——清代户口管理体系中的陕甘回民人口》，《回族研究》2010 年第 2 期。

42. 田庆锋：《60 年来西藏法制史料整理、立法制度研究述评》，《西部法学评论》2010 年第 2 期。

四、学位论文（按完成时间）

1. 廖瑞芳：《宗教立法的法理思考》，湖南师范大学 2004 年硕士学位论文。

2. 李勤璞：《蒙古之道：蒙古佛教与太宗时期的清朝国家》，内蒙古大学 2007 年博士论文。

3. 赵旭霞：《清代内蒙古地区寺院收支及其管理研究》，内蒙古师范大学 2008 年硕士学位论文。

4. 赵双喜：《清代内蒙古地区寺院兴衰研究》，内蒙古师范大学 2008 年硕士学位论文。

后　记

　　首先，感谢我的老师张晋藩先生和刘广安教授，他们使我这个浪子有了一个心灵的归宿。在张晋藩先生的鼓励和提携之下，2008 年我有幸进入中国政法大学攻读法学博士学位，与法大喜结善缘；业师刘广安教授不仅给我在学业上提供了宝贵的指导，而且在生活上给予我父亲般的呵护与关怀。同时，我也非常感谢法大导师组的郭成伟教授、朱勇教授、徐世虹教授、崔永东教授、曾尔恕教授、张中秋教授、怀效锋教授、张生教授、林乾教授等老师的教导和关爱。他们的言传身教使我在学术殿堂和生活中受益终生。

　　其次，感谢甘肃政法学院各级领导的关心和支持。甘肃政法学院各级领导的关心使我在攻读博士期间和本书修改过程中的后顾之忧。甘肃政法学院重点学科建设经费和 2011 国家司法文明协同创新中心兰州基地的资助使本书出版的美好愿望得以实现。

　　再次，感谢人民出版社杨美艳编审。在本书出版过程中，杨老师给予了大量辛苦的指导和帮助，并作了大量的相关辛苦工作。没有杨老师的帮助，本书的出版也是难以实现。

　　最后，感谢我的妻子铁爱春女士和家人。他们承担了我在攻读博士期间和本书修改过程中所有的家务，并且给我以巨大的精神支持。本书的出版也是他们辛勤劳动的结果。

　　宗教法学是一门新兴的法学学科，内容丰富多彩。本书的出版是我在此领域研究一个重要的新的起点，由于能力所限，难免存在一些错误，敬请各位读者批评指正。

责任编辑:杨美艳　刘　畅

图书在版编目(CIP)数据

清代中国西部宗教立法研究/田庆锋 著. –北京:人民出版社,2014.12
ISBN 978 - 7 - 01 - 014336 - 1

Ⅰ.①清…　Ⅱ.①田…　Ⅲ.①宗教事务-立法-研究-中国-清代
　Ⅳ.①D922.192

中国版本图书馆 CIP 数据核字(2014)第 310726 号

清代中国西部宗教立法研究

QINGDAI ZHONGGUO XIBU ZONGJIAO LIFA YANJIU

田庆锋　著

人民出版社 出版发行
(100706　北京市东城区隆福寺街 99 号)

北京汇林印务有限公司印刷　新华书店经销

2014 年 12 月第 1 版　2014 年 12 月北京第 1 次印刷
开本:710 毫米×1000 毫米 1/16　印张:16.25
字数:258 千字

ISBN 978 - 7 - 01 - 014336 - 1　定价:39.80 元

邮购地址 100706　北京市东城区隆福寺街 99 号
人民东方图书销售中心　电话 (010)65250042　65289539

版权所有 · 侵权必究
凡购买本社图书,如有印制质量问题,我社负责调换。
服务电话:(010)65250042